經管華信 创新系列

U0837351

Fundamental Accounting

基础会计学

王　娟　闫　梅□主　编
吕　丽　张世举　张　浩□副主编

電子工業出版社
Publishing House of Electronics Industry
北京·BEIJING

内 容 简 介

本书在反映我国新会计准则体系及其应用指南的基础上，主要阐述会计核算的基本原理、基础知识和基本技能；内容按照复式记账原理、凭证、账簿和报表这一顺序加以展开，依次阐述了会计核算基础、会计等式、会计科目、账户和复式记账、供产销基本业务的核算、资金来源和财务成果的核算、会计凭证、会计账簿、财产清查、会计报表和账务处理程序等基本的会计技术和方法，具有可操作性。

本书可作为高等院校经济管理类专业相关课程教材，也可作为会计培训教材和会计从业人员的参考用书。

图书在版编目（CIP）数据

基础会计学 / 王娟，闫梅主编. —北京：电子工业出版社，2016.8
（华信经管创新系列）
ISBN978-7-121-29789-2

I. ①基… II. ①王… ②闫… III. ①会计学—高等学校—教材 IV. ①F230

中国版本图书馆 CIP 数据核字（2016）第 205202 号

策划编辑：石会敏 王二华
责任编辑：王二华
印 刷：北京虎彩文化传播有限公司
装 订：北京虎彩文化传播有限公司
出版发行：电子工业出版社
北京市海淀区万寿路 173 信箱 邮编：100036
开 本：787×1092 1/16 印张：17.5 字数：436 千字
版 次：2016 年 8 月第 1 版
印 次：2020 年12月第 4 次印刷
定 价：38.00 元

凡所购买电子工业出版社图书有缺损问题，请向购买书店调换。若书店售缺，请与本社发行部联系，联系及邮购电话：(010)88254888，88258888。

质量投诉请发邮件至 zlts@phei.com.cn，盗版侵权举报请发邮件至 dbqq@phei.com.cn。

本书咨询联系方式：(010) 88254532。

前　言

2014年，财政部相继对2006年2月颁布的会计准则体系中的《企业会计准则--基本准则》、《企业会计准则第2号——长期股权投资》、《企业会计准则第9号——职工薪酬》、《企业会计准则第30号——财务报表列报》、《企业会计准则第33号——合并财务报表》和《企业会计准则第37号——金融工具列报》进行了修订，并新发布了《企业会计准则第39号——公允价值计量》、《企业会计准则第40号——合营安排》和《企业会计准则第41号——在其他主体中权益的披露》等三项具体准则。为了反映新会计准则体系及其应用指南，我们编写了这本书。

本次重印，除了对本书第一次印刷时的一些错误进行了更正外，我们还结合2016年以来新修订的《企业会计准则第22号——金融工具确认和计量》（财会〔2017〕7号）、《企业会计准则第23号——金融资产转移》（财会〔2017〕8号）、《企业会计准则第24号——套期会计》（财会〔2017〕9号）、《企业会计准则第37号——金融工具列报》（财会〔2017〕14号）、《企业会计准则第14号——收入》（财会〔2017〕22号）、《企业会计准则第21号——租赁》（财会〔2018〕35号）、《财政部关于修订印发2019年度一般企业财务报表格式的通知》（财会〔2019〕6号）准则和新颁布的《企业会计准则第42号——持有待售的非流动资产、处置组和终止经营》（财会〔2017〕13 号）准则及其指南等，对教材相关内容进行了修改、补充和完善。

本书主要内容是阐述会计核算的基础知识，为学习和理解后续专业会计课程打好基础。本教材有以下特点：

1.本教材注重吸收中外会计界对会计理论与实务的研究成果，注重提高教材的科学性、先进性和学术水准；

2.本教材突出会计的基本理论、基本方法和基本技能的讲解，力求概念清楚，简明易懂；

3.考虑到基础会计学课程实践性强、理论抽象，对于从未接触过会计工作的初学者来说难以理解和掌握，本教材在每章内容后配有章节练习题，以帮助初学者对本章主要知识点的理解和掌握，同时加强操作练习，培养动手能力。

本教材由王娟、闫梅任主编，负责全教材大纲的制定和各章的修改、总纂和定稿。吕丽、张世举、张浩任副主编，分别参加了初稿的修纂工作。各章初稿撰写分工为：王娟撰写第三章、第十章、第十一章；闫梅撰写第四章、第六章；吕丽撰写第一章、第五章、第十二章；张世举撰写第七章、第八章、第九章；张浩撰写第二章、第十三章。

本教材得到了电子工业出版社王二华先生和石会敏女士的大力支持，在此表示感谢！

本教材可作为经济、管理类专业用教材，也可作为会计培训教材。

尽管对书稿做了很认真的校对，但仍难免有疏误之处，恳请广大师生及读者批评指正。

编　者

2019年8月

目　录

第一章　总论……1
第一节　会计的含义……1
一、信息系统论观点……1
二、管理活动论观点……2
第二节　会计的基本职能……2
一、核算职能……2
二、监督职能……3
第三节　会计对象与会计要素……4
一、会计对象……4
二、会计要素……5
第四节　会计方法体系……9
一、设置科目与账户……9
二、复式记账……10
三、填制与审核凭证……10
四、登记账簿……10
五、成本计算……10
六、财产清查……10
七、编制会计报表……11
第五节　会计学科体系……11
第六节　会计的产生与发展……12
一、会计的产生……12
二、我国会计的发展……13
三、西方会计的发展……14
练习题……15

第二章　会计核算的基础……18
第一节　会计核算的基本前提……18
一、会计主体假设……18
二、持续经营假设……19
三、会计分期假设……19
四、货币计量假设……20
第二节　会计信息质量要求……20
一、可靠性……20
二、相关性……20
三、可理解性……21
四、可比性……21
五、实质重于形式……21
六、重要性……21
七、谨慎性……21
八、及时性……22
第三节　会计要素的确认和计量……22
一、会计要素的确认……22
二、会计要素的计量……23
第四节　会计记账基础……25
一、收付实现制……25
二、权责发生制……25
练习题……26

第三章　会计科目、账户和复式记账……27
第一节　会计等式……27
一、会计等式的含义……27
二、经济业务及其对会计恒等式的影响……28
第二节　会计科目……34
一、会计科目的基本概念……34
二、设置会计科目的意义……34
三、设置会计科目的原则……35
四、会计科目的分类……38
第三节　账户……39
一、账户的基本概念……39
二、账户的结构……40
第四节　复式记账……41
一、复式记账原理……41
二、借贷记账法……42
三、借贷记账法应用示例……48
练习题……51

第四章　供产销基本业务的核算……56
第一节　供应阶段的核算……56

一、业务分析及账户设置 ……………56
二、材料采购业务的账务处理举例
（假定该企业采用计划成本）……57
三、材料采购成本的计算 ……………60
第二节 生产阶段的核算 ……………61
一、业务分析和账户设置 ……………61
二、产品生产过程的账务处理 ………64
三、产品生产成本的计算 ……………70
第三节 销售阶段的核算 ……………71
一、业务分析和账户设置 ……………71
二、销售业务的账务处理 ……………73
练习题 …………………………………78

第五章 资金来源和财务成果的核算……82
第一节 投入资本的核算 ……………82
一、业务分析及账户设置 ……………82
二、投入资本业务的账务处理 ………83
第二节 借入资金的核算 ……………85
一、短期借款的核算……………………85
二、长期借款的核算……………………86
第三节 财务成果的核算 ……………88
一、财务成果的构成……………………88
二、其他业务收支的核算 ……………89
三、投资业务的核算 …………………90
四、营业外收支的核算 ………………94
五、利润实现的核算……………………95
六、所得税的核算 ……………………96
七、利润分配的核算……………………97
练习题 …………………………………101

第六章 账户的分类…………………………104
第一节 账户按经济内容分类………104
一、资产类账户 ………………………105
二、负债类账户 ………………………105
三、所有者权益类账户 ………………106
四、成本类账户 ………………………106
五、损益类账户 ………………………106
第二节 账户按用途和结构分类……108
一、盘存类账户 ………………………108
二、结算类账户 ………………………108
三、资本类账户 ………………………110
四、集合分配类账户 …………………111
五、跨期摊提类账户 …………………111
六、成本计算类账户 …………………111
七、收入类账户 ………………………112
八、费用类账户 ………………………113
九、财务成果类账户 …………………113
十、计价对比类账户 …………………114
十一、调整类账户 ……………………115
第三节 账户的其他分类 ……………119
一、按账户提供指标的详细程度
分类 ………………………………119
二、按与报表的关系分类 ……………119
三、按与会计主体的关系分类………119
四、按期末余额分类……………………119
练习题 …………………………………120

第七章 会计凭证……………………………122
第一节 会计凭证的意义和分类……122
一、会计凭证及其意义 ………………122
二、会计凭证分类 ……………………123
第二节 原始凭证的填制与审核……128
一、原始凭证的基本内容 ……………128
二、原始凭证的填制 …………………128
三、原始凭证的审核……………………129
第三节 记账凭证的填制与审核……130
一、记账凭证的基本内容 ……………130
二、记账凭证的填制 …………………130
第四节 会计凭证的传递与保管……133
一、会计凭证的传递……………………133
二、会计凭证的保管……………………134
练习题 …………………………………135

第八章 会计账簿……………………………140
第一节 会计账簿的意义与种类……140
一、会计账簿及其意义 ………………140
二、设置账簿的原则……………………141
三、账簿的种类 ………………………141
四、会计账簿的基本内容 ……………143
第二节 日记账的设置与登记………144

一、日记账的设置……144
二、日记账的登记……146
第三节 分类账的设置与登记……147
一、总分类账的格式和登记方法……147
二、明细分类账的设置与登记……147
三、总分类账与明细分类账平行登记……149
第四节 登账技术与错账的更正方法……154
一、启用会计账簿的规则……154
二、登记账簿的基本要求……154
三、更正错账规则……155
第五节 对账……157
一、对账的意义……157
二、对账的内容……158
第六节 结账……160
一、结账的意义……160
二、结账的程序和内容……160
练习题……162
第九章 财产清查……166
第一节 财产清查的意义和种类……166
一、财产清查及其意义……166
二、财产清查的种类……167
第二节 财产清查的方法……168
一、财产清查的准备工作……168
二、财产清查的方法……169
第三节 财产清查结果的处理……171
一、认真分析差异的性质和产生差异的具体原因，按规定进行处理……172
二、积极处理多余积压物资，认真清理长期不清的债权、债务……172
三、认真总结经验教训，建立健全财产管理制度……172
四、及时调整账目，做到账实相符……172
练习题……173
第十章 财务会计报告……178
第一节 概述……178
一、财务报告及其意义……178
二、会计报表的种类……179
三、会计报表列报的基本要求……181
四、会计报表列报的程序……182
五、会计报表的基本要素和格式……184
六、会计报表间的相互关系……185
第二节 资产负债表及其编制……185
一、资产负债表的作用……185
二、资产负债表的内容和结构……185
三、资产负债表的编制方法……189
四、资产负债表的编制举例……193
第三节 利润表及其编制……194
一、利润表的作用……194
二、利润表的内容和结构……195
三、利润表的编制方法……198
四、利润表编制举例……200
第四节 现金流量表……201
一、现金流量表及其意义……201
二、现金流量表的编制基础……201
三、现金流量表的内容和格式……202
四、现金流量表的编制……203
第五节 所有者权益(或股东权益)变动表……206
一、所有者权益变动表及其内容……206
二、所有者权益变动表的格式……206
三、所有者权益变动表的编制……207
第六节 会计报表附注……209
第七节 财务报告的报送、审批和公证……210
一、财务报告的报送……210
二、财务报告的审批……210
三、财务报告的批复……211
四、财务报告的公证……211
练习题……211
第十一章 账务处理程序……215
第一节 账务处理程序概述……215
一、账务处理程序的概念……215
二、合理组织账务处理程序的要求……215
三、账务处理程序的分类……216

第二节 记账凭证账务处理程序……216
一、记账凭证账务处理程序的特点…216
二、记账凭证账务处理程序的记账凭证、账簿的种类和格式 ……216
三、记账凭证账务处理程序的工作步骤 ……………………………216
四、记账凭证账务处理程序的优缺点和适用范围 ……………………217
第三节 汇总记账凭证账务处理程序 ……………………………222
一、汇总记账凭证账务处理程序的特点 ……………………………222
二、汇总记账凭证账务处理程序的记账凭证、账簿的种类和格式·222
三、汇总记账凭证账务处理程序的工作步骤……………………………222
四、汇总记账凭证的编制 …………223
五、汇总记账凭证账务处理程序的优缺点和适用范围 ………………223
第四节 科目汇总表账务处理程序··231
一、科目汇总表账务处理程序的特点 ……………………………231
二、科目汇总表账务处理程序记账凭证、账簿的种类和格式 ……231
三、科目汇总表账务处理程序的工作步骤……………………………231
四、科目汇总表的编制 …………232
五、科目汇总表账务处理程序的优缺点和适用范围 ………………232
第五节 多栏式日记账账务处理程序 ……………………………233
一、多栏式日记账账务处理程序的特点……………………………233
二、多栏式日记账账务处理程序记账凭证、账簿的种类和格式 ····234
三、多栏式日记账账务处理程序的工作步骤……………………………234
四、设置多栏式日记账 ……………234
五、多栏式日记账账务处理程序的优缺点和适用范围 ……………235
练习题 ……………………………235
第十二章 会计工作的组织 ……………238
第一节 概述…………………………238
一、会计组织与管理的意义 ………238
二、我国会计工作的管理体制………239
三、会计模式………………………240
第二节 会计机构 …………………240
一、会计机构的含义………………240
二、会计机构的组织形式 …………241
三、总会计师………………………242
四、会计师事务所 …………………244
第三节 会计人员 …………………245
一、会计人员的任免、职责和权限…245
二、会计专业职务 …………………247
三、会计人员的职业道德 …………249
四、会计工作的交接………………250
第四节 会计内部控制制度…………250
一、会计内部控制制度的作用………250
二、会计内部控制制度的内容………252
第五节 会计档案管理 ……………253
一、会计档案的内容………………253
二、会计档案管理的要求 …………253
第十三章 计算机会计学概述 ……………254
第一节 会计电算信息系统的基本概念与构成要素 ……………254
一、会计电算信息系统的基本概念…254
二、会计电算化信息系统的构成要素 ……………………………255
第二节 计算机会计系统与手工会计系统的区别 ……………………255
一、数据流程发生了变化 …………256
二、数据采集、传输自动化…………257
三、存储材料磁性化………………257
四、会计数据结构发生了变化………258
五、数据处理方式发生了改变………258
六、会计的管理职能进一步强化 …258

七、组织机构发生了变化…………258
八、系统运转环境要求提高…………258
九、会计信息系统的研制方式不同…258
十、会计档案的保管形式也有所不同………………………………258
十一、系统与外部信息交换的内容和方式有所改变………………258
十二、内部控制制度和方法发生了较大变化……………………259
第三节　国内外会计电算化的发展…259
一、国外会计电算化的发展…………259
二、我国会计电算化的发展…………260
第四节　会计电算化的管理…………261
一、会计电算化管理制度概论………261
二、对会计核算软件的基本要求……262
三、会计核算软件的评审和评审后的管理……………………………264
四、替代手工记账的管理……………266
第五节　计算机会计系统的结构……268

第一章

总　论

学习目标与要求：

1. 理解会计的本质含义；
2. 掌握会计的基本职能、会计核算方法体系；
3. 理解会计对象、会计要素的基本含义，明确两者之间的关系；
4. 了解会计学科体系及会计的产生和发展。

本章统驭全书，通过本章学习，为后续章节学习奠定基础。

第一节　会计的含义

所谓会计的含义，既会计的本质，解决会计到底是什么的问题。

虽然会计历史悠久，但对于会计的本质问题始终没有定论。会计是一门既古老又有着无限生机的年轻学科。由于所处的社会环境不同，人们的认识角度不同，对于会计本质的表述也不一样。当今最为流行的观点有信息系统论观点和管理活动论观点。

一、信息系统论观点

会计对经济过程中占有的财产物资和发生的劳动耗费的原始数据进行加工，产生信息，以供人们了解和管理经济过程之用。信息是会计工作的成果。从这一角度看，会计是一个信息系统。

会计信息系统论最早源于美国会计学家 A・C・利特尔顿（A・C・Littleton）。1953 年其出版的会计学名著《会计理论结构》（*Structure of Accounting Theory*）谈到：“会计是一种特殊门类的信息服务，会计的显著目的在于对一个企业的经济活动提供某种有意义的信息。”

1966 年，美国会计学会（AAA）发表著名的文件《会计基本理论说明书》（*A Statement of Basic Accounting Theory*）指出：“实质地说，会计是一个信息系统。”从而使得这一概念广为流传。

1977 年，悉德尼・戴维森（Sidney Davison）主编的《现代会计手册》序言的第一句话就指出：“会计是一个信息系统。他旨在向利害攸关的各个方面传输一家企业或其他个体的富有意义的经济信息。”

我国最早接受会计是一个信息系统的会计学家是余绪樱教授，著名会计学家葛家澍教授是会计信息系统论的倡导者及系统研究者。他在 1988 年出版的《会计学导论》中为会计所下的定义明确指出：“会计是旨在提高经济效益，加强经营管理和经济管理而在每个企业、事业机关等单位范围内建立的一个以提供财务信息为主的经济信息系统。”

二、管理活动论观点

会计的特点是主要用货币量度对经济过程中占用的财产物资和发生的劳动耗费进行系统的计量、记录、分析和检查，通过这些手段，以达到加强经营管理，提高经济效益的目的。从这个角度来看，会计直接参与经济活动的管理和控制，会计是一项管理活动。

将会计视为一项管理活动并使用“会计管理”概念，在现代西方不乏其人。古典管理理论的代表法约尔就把会计活动列为经营的六职能活动之一。

20 世纪 50 年代，美国出现了“管理经济会计学派”(Managerial Economics and Accounting School)。这个学派认为，进行经济分析和建立管理会计制度本身就是管理。

在中国，会计管理活动论思想始于 1980 年杨纪琬、阎达伍两位教授在中国会计学会成立大会上的报告《开展我国会计理论研究的几点意见——兼论会计学的科学属性》。会计管理活动论认为，会计不仅是管理经济的工具，而且本身就具有管理的职能，是人们管理经济的一种活动。会计的本质是一种管理活动，是经济管理的一个组成部分。广义的会计管理包括会计信息的处理过程，以及结合这一过程对经济活动的合理、合法和有效性进行的审查和监督。

我们认为，会计是一种管理活动，表述了会计的本质。

会计的定义可以表述为：会计是以货币为主要计量单位，以凭证为依据，借助于专门的技术方法，对特定主体的经济活动进行全面、综合、连续、系统的核算与监督，并向有关方面提供会计信息的一种管理活动。

该定义涵盖了会计的本质、对象、职能、方法、特点等基本问题，本书各章节将采用这一观点展开论述。

第二节　会计的基本职能

会计的职能是指会计本身所固有的功能，会计有两个基本职能：核算与监督。

此观点源于马克思的论述：会计是对生产“过程的控制和观念的总结”。对生产“观念的总结”即“核算”，或称“反映”；对生产“过程的控制”即“监督”。《中华人民共和国会计法》第三条也规定：“会计机构、会计人员必须遵守法律、法规，按照本法规定办理会计事务，进行会计核算，实行会计监督。”

一、核算职能

核算职能，也称反映职能，是指会计以货币为主要计量单位，通过确认、计量、记录、报告等环节，对特定对象的经济活动进行记账、算账、报账，为各个方面提供会计信息的功能。记账，是指对特定对象的经济活动采用一定的方法，在账簿中进行登记；算账是指在记账的基础上，对特定对象一定日期的资产、负债、所有者权益，以及一定时期的收入、费用、利润进行计算；报账是指在记账和算账的基础上，对特定对象的财务状况、经营成果和现金流动情况以会计报告的形式向有关方面进行报送。

核算职能是会计的首要职能，有以下特点。

(一)会计核算主要是从数量方面反映经济活动

企业的经济活动各式各样，错综复杂。要详尽地反映企业经济活动的情况，不但涉及定量的方面，还涉及定性的方面，不但需要从数量方面描述，还需要定性地描绘。会计核算从产生开始就是主要从数量方面来反映经济活动的全过程及其经营成果。

(二)会计核算具有全面性、综合性、连续性、系统性

全面性，是指对特定对象的经济活动要进行全面的确认、计量、记录和报告，不能有所遗漏。综合性，是指对各项经济活动，统一以货币为主要计量单位，进行综合汇总，从价值方面反映经济活动的过程和结果。会计从数字方面核算经济活动，可以采用货币量度、实物量度和劳动量度。在商品经济条件下，作为一般等价物的货币最具有综合性的特点。连续性，是指对经济活动的计算、计量、记录和报告，要按经济业务发生的时间顺序连续不断地进行，不能有任何中断。系统性，是指对经济活动的计算、计量、记录和报告，既要分类，又要汇总，要采用科学系统的方法使大量分散的业务得到有序的反映，从而揭示经济活动的规律。

后续的内容将体现这些会计核算的特点。

二、监督职能

监督职能是指会计人员进行会计核算的同时，对特定对象经济业务的合法性、合理性进行审查，以促使经济目标的实现。合法性审查是指审查经济活动是否按照国家的法律、法规进行，是否有违法乱纪行为；合理性审查是指审查经济活动是否符合客观经济规律及经营管理方法的要求，是否有利于提高经济效益。

监督职能是会计的第二大基本职能。具有以下特点。

(一)会计监督主要通过价值指标来进行

会计对经济活动的核算形成大量的价值指标，会计监督就是主要利用这些指标，同事先制定的计划、目标、标准等指标进行对比，以对经济活动的过程和结果进行分析评价，纠正偏差，奖优罚劣，以实现对经济过程的监督和控制。

(二)会计监督包括经济活动的事前、事中、事后全过程的监督

经济业务发生前，会计要参与预测、决策；经济业务发生过程中，会计要参与检查与控制；经济业务发生后，会计要对其进行审查、考评。会计对经济活动进行事前、事中、事后监督的主要目的是为了保证经济活动在健康、有效的方向上发展。

会计的核算职能与监督职能是相辅相成的、辩证统一的。会计核算是会计监督的基础，会计核算为会计监督提供资料，会计监督寓于会计核算过程之中；会计监督又为会计核算的质量提供保证，是会计核算作用得以发挥的前提。

需要注意的是，核算和监督是会计的基本职能。不少人认为，会计的职能随着经济的发展和会计本身的进步已经扩展了，会计在核算、监督经济业务的基础上，还具有预测、决策、控制、分析、责任考评等管理职能。会计核算、会计监督、会计管理各有特点，又密切关联，会计的管理职能是会计新领域——管理会计的主要内容。

第三节　会计对象与会计要素

会计对象是指会计工作的内容，即会计核算和监督的内容。为方便会计系统核算与管理，会计对象又具体分为六大要素。

一、会计对象

从会计的定义看，会计核算和监督的是特定主体的经济活动。但并非所有的经济活动都是会计的核算对象。由于会计核算要以货币为计量单位，所以，只有能够以货币计量的经济活动才能纳入会计核算和监督的范围。能够以货币计量的经济活动通常被称为价值运动或资金运动，因此，会计的对象可以高度概括为特定主体的资金运动。

资金运动过程一般包括资金投入、资金运用、资金退出三个阶段。具体到不同的会计主体，如营利组织(企业)、非营利组织(事业、行政单位)，资金运动的具体过程又有较大差异；同是营利组织(企业)，工业、农业、商业、交通运输、建筑业及金融业等不同行业的资金运动过程也各有特点。

本书以工业企业为例，介绍作为会计对象的资金运动的一般过程。

(一)资金的投入

任何企业要开展经营活动，必须有一定的物资条件。例如，工业企业要有现金、原材料、机器设备、厂房等。从来源上看，这些资金无非从两种渠道取得：一是所有者投入，二是向债权人借款。

所有者和债权人之所以向企业投资，都是为了谋求自身的经济利益，所有者和债权人向企业投入资金后对企业都有一定的要求权。企业会计有必要记录其金额大小以使投资者的利益不受侵犯。会计上，所有者对企业的要求权称作所有者权益，债权人对企业的要求权称作债权人权益，简称为负债。

所有者权益的特点：(1)不能随意抽回投资，企业可在存续期内长期使用；(2)参与企业的经营管理，享有经营管理权；(3)按投资比例参与利润分配和承担风险；(4)按投资比例享有剩余财产的分配权。

债权人权益的特点：(1)不参与企业的经营管理；(2)要求企业定期支付利息、到期偿还；(3)有企业破产财产的分配权。

所有者及债权人的投入资金形成企业可以支配的各项资产，构成企业开展经营活动的基础。

(二)资金的运用

工业企业的资金主要运用于供产销三个环节。此外，企业还可以以一定的方式将资金投放于其他单位，形成短期投资或长期投资。

在供应环节，一方面通过固定资产投资，兴建房屋、建筑物，购置机器设备等；另一方面通过使用货币资金购买原材料、燃料等，形成生产所需的各种生产资料。在供应环节，资金从货币资金形态转化为固定资金形态或储备资金形态。

在生产环节，劳动者借助于劳动手段将劳动对象加工成特定的产品，同时消耗原材料形成材料费，消耗固定资产形成折旧费，消耗工人劳动形成人工费等，各种耗费的货币化表现就是产品等有关对象的成本。在生产环节，资金从固定资金、储备资金形态转化为未完工产品资金，随着产品的完工，进一步转化为成品资金形态。

企业投放和耗费资金的目的是为了取得一定的收益。在销售环节，随着产成品的出售，取得销售收入，企业资金从成品资金又回到货币资金形态。销售收入补偿成本以后，形成企业的营业利润。除产品销售利润外，企业还可取得投资收益和其他收入。企业要从利润中提取盈余公积金和公益金，分别用于扩大生产和职工集体福利设施等，其余利润可以向所有者进行分配。

资金运用阶段，随着企业供产销活动的依次展开，资金的形态由货币资金形态开始，依次转化为储备资金、未完工产品资金、成品资金形态，最后又回到货币资金形态，这一运动过程通常称为资金的循环；资金的这种周而复始的循环过程称为资金的周转。只要企业持续经营，企业资金总是这样周而复始地循环和周转着。

(三)资金的退出

在资金运动的过程中，企业的一部分资金会陆续退出企业。例如，企业偿还各项债务、上缴各种税金、向所有者分配利润等。

上述资金运动的三个阶段，构成了企业开放式的资金运动形式，如图 1-1 所示。

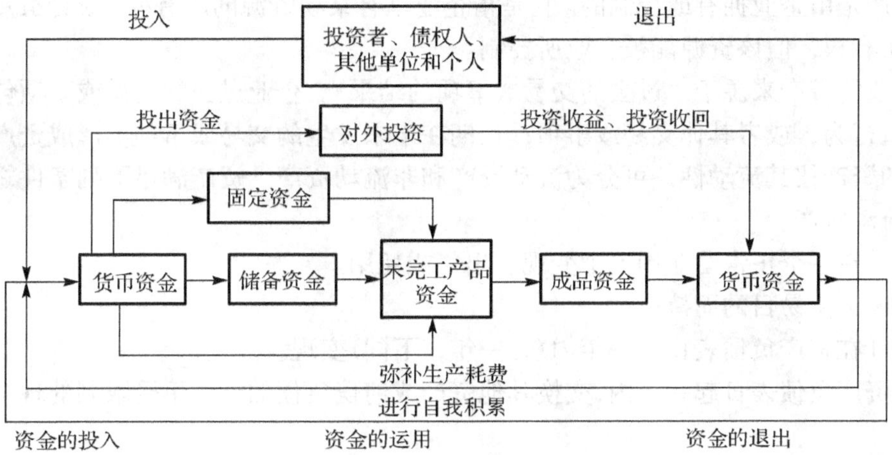

图 1-1 企业的资金运动

二、会计要素

会计要素是对会计对象的基本分类，是会计核算对象的具体化。我国 2006 年颁布的《企业会计准则——基本准则》第十条规定："企业应当按照交易或者事项的经济特征确定会计要素。会计要素包括资产、负债、所有者权益、收入、费用和利润。"

从一定时点资金的相对静止状态来考察，企业的资金都是由债权人和所有者提供的，表现为企业可以动用的各项资产。债权人因投入资金而对企业拥有债权人权益，构成企业的负债，所有者因投入资金而对企业拥有所有者权益，因此，企业的资产总额与负债和所有者权益的合计必然相等。这就分离出资产、负债、所有者权益这三项资金运动相对静止状态的三大会计要素，这三大要素反映了企业一定时点的财务状况，是企业编制资产负债表的基础。

另一方面，企业的资金都处于运营之中，从一定时期资金的显著运动状态来考察，企业的资产经过一定时期的经营，将发生一定的耗费，生产出一定数量和质量的产品，产品销售后取得一定的货币收入，收入、费用相抵后确认出当期利润，这就分离出收入、费用、利润这三项资金显著运动状态的三大会计要素，这三大会计要素反映了一定时期的经营成果，是企业编制利润表的基础。

（一）反映财务状况的会计要素

财务状况是指企业一定时期的资产及权益构成情况，是资金运动相对静止状态的表现。反映财务状况的会计要素有资产、负债和所有者权益。

1．资产

我国2006年颁布的《企业会计准则——基本准则》将资产定义为："资产是指企业过去的交易或事项形成的、由企业拥有或者控制的、预期会给企业带来经济利益的资源。"资产具有以下几个特征。

（1）资产的内涵是一项资源，该资源预期会给企业带来经济利益。预期会给企业带来经济利益是指直接或间接导致现金和现金等价物流入企业的潜力。

（2）资产是由企业拥有或控制的。它是指企业享有某项资源的所有权，或者虽然不享有某项资源的所有权，但该资源能被企业所控制。

（3）企业的资产来源于"过去的交易或事项的结果"。企业过去的交易或事项包括购买、生产、建造行为，或者其他交易或事项；预期在未来发生的交易或事项不形成资产。

企业的资产按其流动性，可分为流动资产和非流动资产。资产满足下列条件之一的，应当归类为流动资产。

（1）预计在一个正常营业周期中变现、出售或耗用。

（2）主要为交易目的而持有。

（3）预计在资产负债表日起一年内（含一年，下同）变现。

（4）自资产负债表日起一年内，交换其他资产或清偿负债的能力不受限制的现金或现金等价物。

正常营业周期，通常是指企业从购买用于加工的资产起至实现现金或现金等价物的期间。正常营业周期通常短于一年，在一年内有几个营业周期。但是，也存在正常营业周期长于一年的情况，如房地产开发企业开发用于出售的房地产，造船企业制造用于出售的大型船只等，往往超过一年才变现、出售或耗用，仍应划分为流动资产。正常营业周期不能确定的，应当以一年（12个月）作为正常营业周期。

流动资产包括货币资金、交易性金融资产、应收票据、应收及预付款项、应收利息、应收股利、其他应收款、存货等项目。

流动资产以外的资产应当归类为非流动资产。

非流动资产包括可供出售金融资产、持有至到期投资、长期应收款、长期股权投资、固定资产、在建工程、工程物资、固定资产清理、无形资产、开发支出、商誉、长期待摊费用、递延所得税资产等项目。

2. 负债

负债是指企业过去的交易或事项形成的、预期会导致经济利益流出企业的现时义务。负债具有以下几个特征。

(1) 负债是企业的现时义务。现时义务是指企业在现行条件下已承担的义务。未来发生的交易或事项形成的义务，不属于现时义务，不应当确认为负债。

(2) 负债的清偿预期会导致经济利益流出企业。

(3) 导致企业承担义务或责任的交易或事项已经发生。

企业的负债按其流动性，可分为流动负债和非流动负债。

负债满足下列条件之一的，应当归类为流动负债。

(1) 预计在一个正常营业周期中清偿。

(2) 主要为交易目的而持有。

(3) 自资产负债表日起一年内到期应予以清偿。

(4) 企业无权自主地将清偿推迟至资产负债表日后一年以上。

流动负债包括短期借款、交易性金融负债、应付票据、应付及预收款项、应付职工薪酬、应交税费、应付利息、应付股利、其他应付款、一年内到期的非流动负债等项目。

流动负债以外的负债应当归类为非流动负债。

非流动负债包括长期借款、应付债券、长期应付款、专项应付款、预计负债、递延所得税负债等项目。

对于在资产负债表日起一年内到期的负债，企业预计能够自主地将清偿义务展期至资产负债表日后一年以上的，应当归类为非流动负债；不能自主地将清偿义务展期的，即使在资产负债表日后、财务报告批准报出日前签订了重新安排清偿计划协议，该项负债仍应归类为流动负债。

企业在资产负债表日或之前违反了长期借款协议，导致贷款人可随时要求清偿的负债，应当归类为流动负债。

贷款人在资产负债表日或之前同意提供在资产负债表日后一年以上的宽限期，企业能够在此期限内改正违约行为，且贷款人不能要求随时清偿，该项负债应当归类为非流动负债。其他长期负债存在类似情况的，比照上述规定处理。

3. 所有者权益

所有者权益是指企业资产扣除负债后由所有者享有的剩余权益。公司的所有者权益又称为股东权益。所有者权益具有以下两个特征。

(1) 所有者权益的数额由资产减去负债的余额来确定。

(2) 所有者权益的增减变动不仅受所有者增资或减资及留存收益多少等的影响，还受资产和负债的计量的影响。

所有者权益的来源包括所有者投入的资本、直接计入所有者权益的利得和损失、留存收益等。

直接计入所有者权益的利得和损失，是指不应计入当期损益、会导致所有者权益发生增减变动的、与所有者投入资本或向所有者分配利润无关的利得或损失。其中利得是指由企业非日常活动所形成的、会导致所有者权益增加的、与所有者投入资本无关的经济利益的流入；

损失是指由企业非日常活动所发生的、会导致所有者权益减少的、与向所有者分配利润无关的经济利益的流出。

所有者权益包括实收资本(或股本)、资本公积(减：库存股)、盈余公积和未分配利润等。实收资本是指企业按照章程或合同、协议的约定，接受投资者实际投入企业的资本；资本公积包括资本(或股本)溢价、直接计入所有者权益的利得和损失；盈余公积是指企业从净利润中提取的各种公积金；未分配利润是指企业留待以后年度分配的利润或本年度待分配的利润。盈余公积和未分配利润统称为留存利润。

(二)反映经营成果的会计要素

经营成果是企业在一定时期内从事生产经营活动所取得的最终成果，是资金显著变动状态的主要体现。反映经营成果的会计要素包括收入、费用和利润。

1. 收入

我国2006年颁布的《企业会计准则第14号——收入》将收入定义为："收入是指企业在日常活动中形成的、会导致所有者权益增加的、与所有者投入资本无关的经济利益的总流入。本准则所涉及的收入，包括商品销售收入、提供劳务收入和让渡资产收入。企业代第三方收取的款项，应当作为负债处理，不应当确认为收入。"收入具有以下几个特征。

(1)收入是企业资产的增加或负债的减少，或两者兼而有之。伴随着企业收入的实现，往往引起企业资产的增加或负债的减少，这种资产的增加或负债的减少最终表现为企业经济利益的流入，会引起所有者权益的增加。

(2)收入是在企业经营过程中取得的。企业的收入是从其日常生产经营活动中产生的，如销售产品、提供劳务等；企业所发生的偶发事项虽然也可能会带来经济利益，但这种经济利益所表现出来的收入不是企业日常的生产经营所得，如出售固定资产取得的收入、罚没收入等，就不能作为企业收入进行确认与计量。

(3)收入是企业费用先期垫付的回报。企业的收入不仅是所有者权益的增加，还是企业先期垫付费用的一种回报。可以说，企业在生产经营中的各项耗费是为了获得收入而支付的；任何一项收入必然有其费用与之相对应；任何一笔费用都要求回报收入。

(4)收入只包括本企业经济利益的流入，不包括为第三方或客户代收的款项。如代收的税款、代收利息等，这些项目引起的资产增加由于不属于本企业的经济利益，不能视作企业收入进行确认和计量，而应作为负债处理。

按照重要性不同，收入可分为主营业务收入和其他业务收入。主营业务收入，是指企业通过主要生产经营活动所取得的收入，如在工业企业里销售产品、提供工业性劳务等取得的收入。主营业务收入一般占营业收入的主要部分。其他业务收入也称附营业务收入，是指主营业务以外的，企业附带经营的业务所取得的收入，如在工业企业里出售原材料、出租固定资产、出租包装物、技术转让、提供非工业性劳务等业务取得的收入。其他业务收入一般在企业的营业收入中所占比重不大。

企业收入的主要形式包括销售商品收入、提供劳务收入和让渡资产使用权收入。

2. 费用

费用是指企业在日常活动中发生的、会导致所有者权益减少的、与向所有者分配利润无关的经济利益的总流出。费用具有以下几个特征。

(1)费用是企业在日常经营活动中为取得收入而发生的各种耗费。与销售商品、提供劳务等日常经营活动无关的支出，如罚没支出、固定资产出售成本、发放现金股利等，虽然也引起经济利益的流出，但不能作为费用进行确认和计量。

(2)费用会导致企业经济利益的流出，具体表现为资产的减少或负债的增加或兼而有之。

(3)费用同一定时期相联系，属于期间性概念。

按经济功能不同，费用可划分为成本费用和期间费用两大类。其中成本费用是指从事经营业务发生的、能够直接计入产品成本的费用，包括直接材料、直接人工和制造费用等；期间费用是指企业在生产经营过程中支出的，与产品生产无直接联系的各项费用，包括销售费用、管理费用和财务费用。

3. 利润

利润是指企业在一定会计期间的经营成果，利润包括收入减去费用后的净额、直接计入当期利润的利得和损失等。直接计入当期利润的利得和损失，是指应当计入当期损益、会导致所有者权益发生增减变动的、与所有者投入资本或向所有者分配利润无关的利得或损失。利润具有以下两个特征。

(1)利润表示企业一定会计期间的经营成果，与一定的会计期间相联系。

(2)利润金额取决于收入和费用、直接计入当期利润的利得和损失金额。

利润总额是指营业利润加营业外收入，减营业外支出后的余额。其中“营业利润”是指营业收入减去营业成本、营业税金及附加、期间费用、资产减值损失，加上公允价值变动净损益、投资净损益后的余额。“营业外收入”是指企业发生的与其日常活动无直接关系的各项利得，主要包括非流动资产处置利得、盘盈利得、罚没利得、捐赠利得、确实无法支付而按规定程序经批准后转作营业外收入的应付款项等。“营业外支出”是指企业发生的与其日常活动无直接关系的各项损失，主要包括非流动资产处置损失、盘亏损失、罚款支出、公益性捐赠支出、非常损失等。

第四节　会计方法体系

会计学作为一门专门的学科，有其独特的专门方法。

会计方法是指会计为实现各项职能所运用的各种手段的总称，包括会计核算方法、会计预测方法、会计决策方法、会计控制方法等。会计学基础主要介绍会计核算的基本原理，会计核算方法也是最基本、最主要的方法，本书主要介绍会计核算的方法体系。

会计核算方法是实现会计核算与监督职能的手段，是为了对会计对象进行全面的、综合的、连续的、系统的核算和监督所采用的一系列相互联系的专门方法。在传统的手工记账程序下，主要包括下列专门方法：(1)设置科目与账户；(2)复式记账；(3)填制与审核凭证；(4)登记账簿；(5)成本计算；(6)财产清查；(7)编制会计报表。

一、设置科目与账户

设置科目与账户，是对会计对象的具体内容进行分类核算与监督的专门方法。

会计对象的内容是纷繁复杂的，为了对会计对象的内容进行系统的核算与监督，就需要对会计对象按照本身的性质和管理的要求进行科学的分类，划分为一个个的会计科目，并为每个会计科目设置具有一定结构、内容的账户，对该科目的内容进行核算与监督，从而实现分门别类地登记经济业务，取得核算所需要的各项指标。

科学地设置会计科目与账户，是满足经营管理的需要，是完成会计核算与监督任务的基础。

二、复式记账

复式记账是对每一项经济业务，都要以相等的金额同时在两个或两个以上的账户中进行记录的方法。

作为会计对象的每一项经济业务的发生都会引起两个或两个以上的科目发生变化，复式记账要求对每一项经济业务，都要以相等的金额同时在两个或两个以上的账户中进行记录，完整地反映资金的来龙去脉和经济业务的全貌。此外，复式记账法使得每项经济业务所涉及的两个或两个以上的账户之间产生一种平衡关系，可以检验会计记录的正确性。

三、填制与审核凭证

填制与审核凭证，是为会计记录提供真实的、完整的原始资料，并保证经济业务合理、合法而采用的一种专门方法。

会计凭证是记录经济业务、明确经济责任的书面证明，是登记账簿的依据。会计凭证分为原始凭证和记账凭证。对于已经发生的每一笔经济业务，都必须由经办人填制或取得原始凭证，签名盖章。所有的原始凭证都要经过会计或其他部门的审核，审核无误的原始凭证才能作为编制记账凭证、登记账簿的依据。所以，填制与审核凭证，一方面可以保证核算的完整性，另一方面还可以明确经济责任，对会计主体的日常经济活动进行有效的监督。

四、登记账簿

登记账簿，就是根据审核无误的会计凭证，采用复式记账的方法，在账簿上进行全面、连续、系统记录的一种专门方法。

账簿，是用来记录经济业务发生的簿籍。登记账簿应以记账凭证为依据，按照规定的会计科目开设账户，并将记账凭证中所反映的经济业务分别计入有关账户。这样，账簿记录就对会计凭证中分散记录的经济业务内容进行了进一步的分类、汇总，使之系统化，能够更加适应经济管理的需要。

账簿记录的各种数据资料，还是编制会计报表的重要依据，是会计核算的主要方法。

五、成本计算

成本计算，是对应计入一定对象上的全部耗费进行归集、计算，从而确定该成本计算对象总成本和单位成本的一种专门的会计方法。

成本计算是一种重要的会计方法。通过成本计算可以正确地对会计核算对象进行计价；还可以考核成本计划的完成情况，促进企业增收节支，提高经济效益；成本计算还是进行成本预测，编制成本预算，进行成本控制的基础。

六、财产清查

财产清查，是指通过实物盘点、往来款项的核对等方法来检查财物实存数额的一种专门方法。

财产清查对于保证会计信息的真实性及加强财产管理都具有重要的意义。对于在财产清查中发现的财物实存数额与账面数额不一致的情况，要及时查明原因，明确责任，并及时调整账面数额，使账实一致，然后才能编制会计报表，从而保证会计记录能够反映经济业务的实际情况。对于在财产清查中发现的管理中的问题，如存货的冷背呆滞，应收账款的呆账、坏账，要积极清理，以加强对财产的管理。

七、编制会计报表

编制会计报表，是指根据账簿记录的数据资料，采用一定的表格形式，概括地、综合地反映特定单位一定时期内的经营活动的过程及其结果的一种专门方法。

编制会计报表是在账簿记录基础上对会计核算资料的进一步加工整理，是对日常核算的总结。会计报表提供的信息更全面、更综合、更系统，会计报表是会计分析和检查的重要依据。

以上各种会计核算方法，主要应用在记账、算账和报账方面，它们虽然在内容上各不相同，却是相互联系、相互配合来应用的。为了开展会计核算，企业首先应根据本企业的业务特点和会计核算的要求设置科目与账户，每一项经济业务发生时，应填制和审核凭证，采用复式记账的方法在有关账簿中进行登记。会计期末，根据账簿记载的资料，进行成本计算、财产清查，在账实一致的基础上编制会计报表。各专门方法的内在联系如图 1-2 所示。

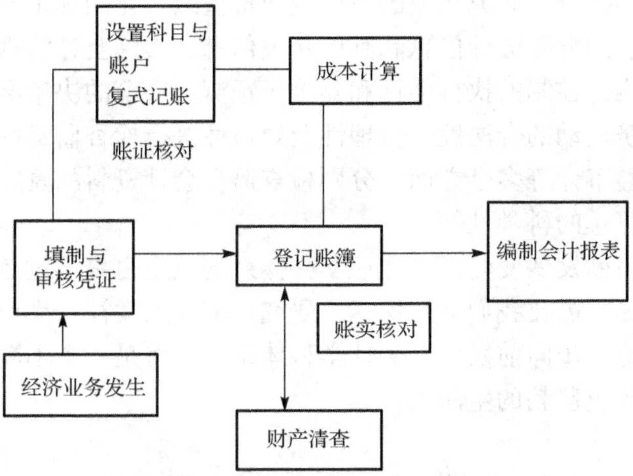

图 1-2　各专门方法的内在联系

上述各种专门方法将在以后各章中逐一阐述。

第五节　会计学科体系

会计学是研究会计理论和实践的一门应用型社会经济管理科学。会计学是管理科学的一部分，分担经济管理的特定方面，从事资金和成本方面的管理；会计学属于经济科学，经济学的一般理论是会计学的基本概念基础，会计学的深入研究和发展往往要寻求经济学的理论支持。会计学和数学关系密切，不但历史上会计学的产生与数学有着深刻的渊源，近代会计学以引进高等数学的某些方法为特点，从而使会计的计量分析更为准确。

按照研究内容的不同，会计学主要包括基础会计学、财务会计学、成本会计学、财务管理学、管理会计学和审计学等重要分支。相应内容的学科相互区别、相互联系，共同构成会计学科体系。一般高校的会计学专业均以上述内容开设骨干课程。

基础会计学阐述会计学的基本知识。因为核算在会计中的基础地位，所以“基础会计学”主要介绍会计核算的基本理论、方法和技术，是会计学的入门学科，是学习其他会计学科的基础。

财务会计学阐述如何运用原理所介绍的基本方法，遵照会计核算的一般原则和方法及有关会计规范的要求，对各经济单位的经济业务进行核算，向有关方面提供决策有用的财务信息。财务会计学又分为中级财务会计学和高级财务会计学。前者主要介绍各类单位的共同业务核算，一般按照资产负债表项目和利润表项目顺序安排教学内容，包括流动资产会计、投资会计、固定资产会计、无形资产会计、递延资产会计、流动负债会计、长期负债会计、所有者权益会计，收入、费用及利润的确定和分配会计，报表的编制等。后者则主要介绍一些复杂业务、特殊业务及其特殊行业业务的会计核算，一般如合并会计报表的编制、通货膨胀会计、租赁会计、所得税会计、外币业务会计等都属于高级会计的内容。

成本会计学阐述成本核算与管理的基本理论与方法。主要内容包括成本核算、成本分析、成本预测、成本决策、成本计划、成本控制与考评的理论与方法。

财务管理学阐述资金的管理与运用的基本理论与方法。主要内容包括资金的筹措、资金的运用、资金的分配与投资，研究相应的力求企业价值最大化的理论与方法。

管理会计学阐述利用财务会计信息和其他相关信息，实施会计管理的基本理论与方法。管理会计分为侧重于内部控制的执行会计和侧重于预测、决策的决策会计两部分。

审计学阐述对经济活动的合法性、合理性及效益性进行检查监督的基本理论和方法。包括财务审计、经济效益审计等多个方面，分别检查监督会计资料的真实性及会计资料体现的经济业务的效益性、管理的科学性等。

会计学科体系是不断发展变化的。上述学科体系的建立也只不过是 20 世纪 90 年代以来的事，其中有很多问题还需要我们继续探索、研究。随着人类社会生产实践和会计实践的不断丰富，会计理论将进一步向前发展，会计学科体系也必将是一个不断发展的过程，或渗透丰富或演进分化，呈现出蓬勃的生命力。

第六节　会计的产生与发展

会计是适应人类生产活动和经济管理的需要而产生的，并随着经济管理和科技的发展不断向前发展。会计与社会环境关系密切，社会政治、经济、法律等方面均对会计有重要的影响。由于所处环境的影响不同，各国会计的发展道路也有所不同。

一、会计的产生

人们在进行生产活动时，一方面是为了创造物资财富，要有一定的所得；另一方面要投入一定的物资资料和劳动，即要有一定的耗费。无论在何种社会形态下，人们总是要比较生产过程中的所费与所得，力求以最少的劳动耗费来取得最大的劳动成果，提高经济效益。为了达到这一目的，人们除了采用新工具、新技术、新工艺以外，还必须加强经济管理，其中会计登记生产账目，把生产过程的数量方面做成记录，进行计算、分析和比较，以控制和改进生产过程，是非常有用和必要的。会计就是基于这种经济管理的需要而产生的。会计的这种职能最初是从属于生产职能的，仅在生产过程中抽出一部分时间附带进行。后来，随着生产规模的扩大和生产过程的复杂化，它逐渐从生产职能中分离出来，成为一种独立的、特殊的、由专门人员从事的职能。

原始社会的“结绳记事”、“刻契记数”反映了人们对生产过程和结果的数量方面进行记录的情况，可以说是会计最早的萌芽，但还不能认为是会计的产生。

在我国，会计的产生可以追溯到三千多年以前的西周奴隶社会，《周礼·天观》篇中有关于会计的记载，西周王朝设立有专门管理钱粮赋税的官员——“司会”和单独的会计部门；在西方，早在原始古印度公社时期，就已经有专门的记账员，负责登记农业账目。

二、我国会计的发展

秦汉时期，封建国家逐渐统一，封建经济得到巩固和发展，尤其是货币的统一，使得以货币为量度的会计得到统一和发展。这时出现了单式收付记账法，“入-出=余”的结账公式得到广泛应用，有定期的会计账册和报表。

唐、宋两代是我国会计全面发展的时期，“四柱清册”的发展，使我国会计在世界上一度处于领先地位。所谓“四柱”，即将财务收支分为“旧管”、“新收”、“开除”、“实在”四个方面，通过“旧管+新收=开除+实在”的平衡公式（相当于现在的“期初结存+本期收入=本期支出+期末结存”）进行结账，既可检查平时记账的正确性，又可综合全面地反映经济活动的全貌，明确经管财务的责任。

明末清初，商业和手工业趋向繁荣。为适应这一环镜，出现了以四柱为基础的“龙门账”，用以计算盈亏。它把全部账目划分为“进”（各项收入）、“缴”（各项支出）、“存”（各项资产）、“该”（各项资本及负债），运用“进-缴=存-该”的平衡公式，计算盈亏，编制“进缴表”和“存该表”（相当于现在的“损益表”和“资产负债表”），两表计算的盈亏数相等，称为“合龙门”，以此判断账目的正误。

清末，资本主义经济关系逐步萌芽，又出现了“天地合账”。在这种方法下，一切账项，都要在“来”账和“去”账上分别登记，以反映账项的来龙去脉。账簿采用垂直书写，分上下两格，上格记收，为“天”，下格记付，为“地”，上下两格所记金额必须相等，称之为“天地合”。

四柱清册、龙门账、天地合账反映了我国历史上传统中式簿记的特色。在几千年的封建社会中，由于自给自足的自然经济阻碍了生产力的发展，使得会计的发展滞后，并逐渐落后于西方会计。随着资本主义经济输入我国，古老的中式会计也逐渐为西式会计所取代。

中华人民共和国成立以前，我国会计实际上是中西并存。中华人民共和国成立后，国家在财政部设会计司主管全国会计工作。建国之初，主要是借鉴苏联的模式建立了我国社会主义会计体系，基本上满足了当时经济恢复和发展的需要。1958 年的“大跃进”，推行“无账会计”，使会计工作出现严重混乱。1962 年，由于贯彻“调整、巩固、充实、提高”的方针，会计工作才得以恢复。1978 年党的十一届三中全会以来，社会主义现代化建设蓬勃发展，会计工作出现了以提高经济效益为中心，充分发挥会计工作对经济活动进行核算和监督作用的局面。1985 年 5 月 1 日实施了《中华人民共和国会计法》(以下简称《会计法》)，标志着我国会计工作从此走上法制轨道。

20 世纪 90 年代以来，随着社会主义市场经济的建立，会计也进入了一个蓬勃发展的新阶段。1992—1993 年，我国进行了重大的财务制度改革，财政部先后发布了《企业会计准则》和《企业财务通则》以及分行业的财务会计制度(简称“两则两制”)，并于 1993 年 7 月 1 日起在所有企业实施。“两则两制”的发布可以说是我国会计发展史上的一个里程碑。此次改革实现了我国会计核算模式的转换，由适应高度统一的计划经济体制的财务会计核算模式，转换为适应社会主义市场经济体制的财务会计核算模式，实现了会计核算模式的国际化，为引进外资、企业走出国门奠定了财务会计的基础。

随着市场经济的进一步发展，特别是证券市场的进一步开放，公众对会计信息质量尤其是上市公司会计信息质量提出了更高的要求。为此，财政部自 1997 年陆续发布了《关联方关系及其交易的披露》等一系列具体会计准则及《股份制企业会计制度》，对于提高股份公司，特别是上市公司的会计信息质量起到了良好的作用。但是，除股份制公司以外，其他企业仍然执行 “两则两制”时发布的分行业会计制度，而这些会计制度是在我国市场经济发展的初期制定的，带有较多的计划经济的痕迹，其中不能真实反映企业的财务状况和经营成果已成为企业会计信息不可靠的主要原因之一。随着我国市场经济的日渐成熟，财务报告使用者对会计信息可靠性越来越关注，为提高会计信息质量，提高会计透明度，1999 年 10 月 30 日国家第二次修订通过了《会计法》。为保证《会计法》的具体实施，2000 年 10 月 31 日由国务院发布了《企业财务会计报告条例》，2000 年 12 月 29 日，财政部又适时发布了《企业会计制度》，于 2001 年 1 月 1 日起暂在股份公司范围内实施，并拟向所有企业统一推行。适应经济全球化的需要，2006 年年初，财政部颁布了由一项基本原则、38 项具体准则构成的涵盖各类企业(小企业除外)、各项经济业务、独立实施的企业会计准则体系。新准则体系实现了与国际会计准则的实质趋同，为我国会计的国际接轨奠定了良好的平台，同时，也为我国转型经济的进一步深化改革提供了良好的微观制度基础。

2014 年，为了适应社会主义市场经济发展的需要，财政部新出台了一系列准则，修订或新增了多项会计准则、一项准则解释。包括：修订了《企业会计准则第 33 号——合并财务报表》、《企业会计准则第 9 号——职工薪酬准则》、《企业会计准则第 30 号——财务报表列报会计准则》、《企业会计准则第 37 号——金融工具列报》、《企业会计准则——基本准则》及《企业会计准则第 2 号——长期股权投资》相关内容等，发布了《企业会计准则第 39 号——公允价值计量》、《企业会计准则第 40 号——合营安排》、《企业会计准则第 41 号——在其他主体中权益的披露》、《企业会计准则解释第 6 号》等，要求企业自 2014 年 7 月 1 日起执行。最新企业会计准则变化的要点包括职工薪酬的分类、五险一金的核算、离职后福利的处理、带薪缺勤的会计处理的变化、资产负债表列报格式发生重要变化、利润表编制、其他综合收益的构成及转出规定、合并范围发生重大变化、长期股权投资分类发生重大变化、股权投资方法转换规则发生重大变化、关联交易抵销规则发生重大变化、合营安排、公允价值的定义和计量方法等，将对企业核算业务产生重大影响。

三、西方会计的发展

13—15 世纪地中海沿岸城市的商业和手工业兴旺发达，经济繁荣，产生了科学的复式记账方法。1494 年意大利数学家卢卡·帕乔利(Luca Pacioli)所著的《算术、几何及比例概要》一书在“计算与记录详论”一章中对借贷复式记账方法进行了详尽的介绍和理论总结，被认为是复式簿记最早形成文字的记载，也是会计发展史上一个光辉的里程碑。借贷记账法沿用至今，标志着近代会计的形成。

18 世纪末至 19 世纪初的产业革命，在若干个资本主义国家产生了空前的生产力，生产方式、企业组织形式发生了巨大的变化，信贷资本得以快速发展。机器大生产取代了原来的手工生产，产品成本计算复杂化，在会计方面出现了成本会计，劳伦斯和陀尔的《成本会计》相继问世。股份公司这种企业组织形式的产生、股份公司所有权与经营权的分离，需要核查经理人员的履职情况。信贷业务的开展，又产生了审阅企业偿债能力的需要，于是社会上出现了以查账为职业的特许或注册会计师。这一时期，税法、商法、公司法等的完善和陆续出台，也促进了会计的发展，逐步形成了包括财务会计、成本计算、会计报表分析、审计等内容的会计体系。

20 世纪 30 年代后，为了使会计工作规范化，提高会计信息的真实性和可比性，需要建立统一的会计规范。1946 年，佩顿和利特尔顿发表的《会计准则绪论》比较集中地体现了这一要求。西方各国先后研究和制定了会计准则，要求公司遵照执行，进一步把会计理论和方法提高到一个新的水平。

20 世纪 50 年代以后，由于信息论、控制论、系统论、现代数学、行为科学等引入会计，丰富了会计学的内容，在传统会计的基础上产生了管理会计分支，近代会计演化为包含财务会计和管理会计两大领域的现代会计。

电子计算技术应用于会计领域，使得会计信息的收集、分类、处理、反馈等操作程序摆脱了手工操作之劳，实现了自动化、电子化，使得大型企业集团每天成万上亿的财务数据的处理变得迅速无比。应该指出，会计电算化的应用，不仅是计算手段的改革，而且是在会计核算的各个环节发生了根本性的变革。

综上所述，可见无论是在中国，还是在外国，会计很早就产生了。随着生产的日益发展和生产规模的扩大，生产、分配、交换、消费活动的日益复杂，对管理的要求日趋提高，会计经历了一个从简单、低级到复杂、高级的发展过程。会计由简单地记录和计算财政、财务收支，发展到利用货币计量来综合地核算和监督经济过程；会计的方法技术，从全盘手工操作，发展到部分或全盘地电子计算机化。同时，会计在中国和国外的不同发展表明，在不同的社会环境里，会计理论和方法所受的经济、政治、法律、文化及日益发展的科学技术的影响不同，从而表现为不同的特色。会计就是在社会环境诸多因素的影响下产生和发展起来的。另一方面，也应该看到，在会计的发展过程中，利用会计管理经济的作用日益显著，日益为人们所重视。会计将经济信息反馈到有关方面，积极地影响并参与决策，从而反过来影响社会环境，为社会发展发挥一定的促进作用。

练 习 题

一、单项选择题

1. 会计的基本职能是(　　)。

A．核算与监督　　B．分析与考核　　C．预测和决策　　D．以上全部都对

2．会计以（　　）为主要计量单位进行核算。

A．实物　　B．劳动　　C．货币　　D．其他

3．流动资产是指（　　）。

A．可以在两年或超过两年的一个营业周期内变现或耗用的资产

B．可以在一年或超过一年的一个营业周期内变现或耗用的资产

C．可以在短期内变现或者耗用的资产

D．可以在较长期间内变现或耗用的资产

4．所有者权益是指企业投资人对企业净资产的所有权。它在数量上就是（　　）。

A．流动资产减去流动负债　　B．流动资产加上流动负债

C．全部资产减去全部负债后的净额　　D．全部资产加上全部负债后的数额

5．外部信息使用者了解单位会计信息最主要的途径是（　　）。

A．财务报告　　B．账簿　　C．财产清查　　D．会计凭证

6．（　　）是指会计核算和监督的内容。

A．会计职能　　B．会计本质　　C．会计对象　　D．会计方法

7．会计方法体系中最基本的方法是（　　）。

A．会计分析方法　　B．会计检查方法　　C．会计核算方法　　D．会计监督方法

8．企业资金运动的动态表现是（　　）。

A．资产　　B．权益

C．资产、负债及所有者权益　　D．收入、费用和利润

9．工业企业经营资金循环过程是（　　）。

A．储备资金→货币资金→商品资金→生产资金→储备资金

B．生产资金→储备资金→商品资金→货币资金→生产资金

C．商品资金→储备资金→生产资金→货币资金→商品资金

D．货币资金→储备资金→生产资金→商品资金→货币资金

10．下列各项中，不属于工业企业资金的循环与周转阶段的是（　　）。

A．供应过程　　B．生产过程　　C．销售过程　　D．分配过程

二、多项选择题

1．会计的特点具体表现在（　　）三个方面。

A．以货币为主要计量单位

B．以真实、合法的会计凭证为依据

C．以实物为主要计量单位

D．以真实、合法的会计账簿为依据

E．对经济活动进行综合、连续、系统、完整的核算和监督

2．反映财务状况的会计要素是（　　）。

A．费用　　B．资产　　C．负债　　D．所有者权益

3．反映经营成果的会计要素是（　　）。

A．间接费用　　B．收入　　C．费用　　D．利润

4．流动资产是指可以在一年或超过一年的一个营业周期内变现或耗用的资产，包括（　　）。

A．现金及各种存款　B．房屋及建筑物　C．短期投资

D．应收及预付款项　E．存货

5．下列项目中，属于会计核算方法的有（　　）。

A．复式记账　B．财产清查　C．填制和审核会计凭证　D．成本计算

三、判断题

1．会计的本质可以理解为一种经济管理活动。（　　）

2．会计计量单位只有一种，即货币量度。（　　）

3．预测和决策是会计的两个基本职能。（　　）

4．会计主要以货币计价进行监督，不必进行实物监督。（　　）

5．会计核算的是企业的经济活动而非企业投资者的经济活动。（　　）

第二章

会计核算的基础

学习目标与要求：

1. 理解会计核算的基本前提的含义及作用；
2. 理解会计信息质量的各项要求；
3. 掌握会计的确认与计量的含义，理解会计的初次确认和再确认、会计的计量属性；
4. 理解会计的记账基础。

第一节　会计核算的基本前提

企业的资金运动及会计对这种资金运动的反映和监督总是在复杂多变的经济环境中运行的，这种环境决定了会计核算中必然存在着许多不可测知或变化不定的因素，需要人为地做出合理假设，作为会计核算的前提条件。所谓会计核算的基本前提，也称会计的基本假设，是指进行会计核算时必须明确的前提条件。会计假设是全部会计工作的基础，国内外一般公认的会计基本假设有会计主体假设、持续经营假设、会计分期假设及货币计量假设四项，分别对会计核算的空间范围、时间界限、计量方式做出必要的限定和规定。

一、会计主体假设

会计主体又称会计实体、会计个体，是指会计对之进行核算和监督的特定单位。会计主体假设是指会计只能核算和监督所在主体的经济业务。

在商品经济条件下，各个商品生产者和经营者之间是相互独立又密切相联的，会计人员组织会计核算工作首先要明确核算谁及为谁核算的问题。无论是在账簿还是在报表上，所记录或报告的资产、负债与所有者权益，总是相对于一个特定主体的，所记录或报告的收入、费用和利润，也总是属于一个特定主体的。如果会计主体不明，就无法确定会计对象的明确范围，无法确认资产、负债、收入、费用等要素，各种会计核算方法的应用更是无从谈起。会计主体假设要求严格区分本主体与其他主体、主体与主体的所有者、主体与主体的职工之间的界限，只核算本主体范围内的经济活动和资金运动。

企业是典型的会计主体。我国 2006 年颁布的《企业会计准则——基本准则》第五条规定："企业应当对其本身发生的交易或事项进行会计确认、计量和报告。"

会计主体假设是四个会计基本假设中最基本的假设。其重要意义体现在，会计主体假设明确了会计核算的立场，界定了会计核算的空间范围，从而使会计能够独立地反映主体的财务状况和经营成果，提供主体的财务信息。

应该明确的是，会计主体和法律主体是不同的概念。法人是指在政府部门注册登记，有独立的财产，能够独立承担民事责任的法律实体。法人是从法律关系的角度来界定主体的。会计主体一般首先是个经济实体，具有一定资金，进行独立的经济活动，并能够实行独立核算、计算盈亏。实行独立核算是界定会计主体的重要特征。一般来讲，法人可以作为会计主体，但会计主体不一定都是法人。例如，独资和合伙企业通常不具有法人资格，这类企业的资产和债务在法律上被视为业主或合伙人的资产和债务，但在会计核算上，则必须将独资和合伙企业作为会计主体，将其经济活动与所有者个人的经济活动严格区分开，独立地进行核算。再如，有很多子公司组成的企业集团，为了反映集团整体的财务状况和经营成果，需要将包括母公司及所有子公司的集团整体作为一个会计主体，编制合并财务会计报表。这里的企业集团是会计主体，但通常不是法人。

二、持续经营假设

持续经营假设是指会计主体在可以预见的将来，将根据正常的经营方针和既定的经营目标持续经营下去。

会计主体确定下来以后，主体未来的经营状况存在着不确定的两种情况：长时间地生存发展，或者面临破产倒闭。虽然这两种情况同时存在，但前者是大量的、普遍的情况，而后者是特殊的、个别的状态。除非有明显的证据表明主体即将破产倒闭，会计核算假定主体会持续经营下去。

我国 2006 年颁布的《企业会计准则——基本准则》第六条规定：“企业会计确认、计量和报告应当以持续经营为前提。”

持续经营假设是会计主体假设的延伸，进一步假定了会计核算的时间界限。正是由于会计主体是持续经营的，主体的各项资产才能在正常的经营过程中被耗用、出售或转换，承担的债务才能在正常的经营过程中得以偿还，经营成果才会不断地形成，由此，资产才可以按取得时的历史成本计价，固定资产才可以分期计提折旧，待摊费用才可以按受益期限分摊下去，等等。持续经营假设的重要意义体现在，它使一系列会计原则、程序和方法建立在非清算的基础上，是许多资产计价和收益确认原则的基础，使会计报告系统建立在稳定的基础上。

在激烈竞争的商品经济条件下，企业终止经营、破产倒闭的情况是客观存在的。如果有明显的证据表明主体即将破产倒闭，则持续经营假设事实上不能成立，那么，主体就不能继续按持续经营假设下的会计核算原则和方法进行会计核算，而应改用清算基础的核算原则和方法。

三、会计分期假设

会计分期假设是指将企业的经营活动人为地划分为若干个相等的时间间隔，以便确认某个会计期间的收入、费用、利润，确认某个会计期末的资产、负债、所有者权益，编制会计报告。

会计分期假设又是持续经营假设的引申。既然会计主体是持续经营的，与主体利益相关的单位和个人要随时了解主体的财务状况和经营成果，要求对持续经营的经济业务人为地进行分期，以便分段进行结算，编制财务会计报告。

我国 2006 年颁布的《企业会计准则——基本准则》第七条规定：“企业应当划分会计期

间，分期结算账目和编制财务会计报告。会计期间分为年度和中期。中期是指短于一个完整的会计年度的报告期间。”

会计分期假设界定了会计核算的时间段落。正是由于有了会计分期假设，才有了本期与非本期的区别，才产生了权责发生制与收付实现制，才使不同的会计主体有了记账的基准，才有了跨期摊提、应收、应付、预收、预付等问题。会计分期假设是权责发生制、可比性原则、一贯性原则、划分收益性支出与资本性支出等会计原则和方法的基础。

四、货币计量假设

货币计量假设是指在会计核算过程中，以货币为统一计量单位。

用货币计量主体的经济业务是会计核算的一个前提条件，也是会计的一个基本特征。会计要综合地核算主体的经济活动，在商品经济条件下，货币是最好的统一计量尺度。企业的经济活动能够用货币计量的，就可以纳入会计的核算范围，成为会计核算的对象；否则，就不能纳入会计核算的范围，不能成为会计核算的对象。

我国2006年颁布的《企业会计准则——基本准则》第七条规定：“企业会计应当以货币计量。”

货币计量假设还包含着一重假定，即币值不变假定。只有假定货币本身的价值是稳定的，会计核算才可以忽略货币购买力的变动，现行的一系列会计核算方法才具有合理的根据。但如果发生恶性通货膨胀，一般认为如果年通货膨胀率达到26%，或者三年的通货膨胀率达到100%，则该假设事实上不成立，就需要采用特殊的会计核算方法来对经济业务进行会计处理。

第二节　会计信息质量要求

会计信息质量要求是对企业财务报告中所提供会计信息质量的基本要求，是使财务报告中所提供会计信息对投资者等使用者决策有用应具备的基本特征。根据《企业会计准则——基本准则》第二章的规定，会计信息质量要求包括可靠性、相关性、可理解性、可比性、实质重于形式、重要性、谨慎性和及时性等。

一、可靠性

可靠性要求企业应当以实际发生的交易或者事项为依据进行确认、计量和报告，如实反映符合确认和计量要求的各项会计要素及其他相关信息，保证会计信息真实可靠、内容完整。

可靠性是对会计核算工作的基本要求。会计提供的信息是投资者等信息使用者决策的重要依据。如果会计核算不能反映企业的客观、真实情况，势必不能满足有关方面了解企业情况，进行决策的需要，甚至导致错误的决策。

二、相关性

相关性要求企业提供的会计信息应当与财务报告使用者的经济决策需要相关，有助于财务报告使用者对企业过去、现在或未来的情况做出评价或预测。

应该指出，相关性所指的与决策相关、满足会计信息使用者的需要，并不是指会计信息能够满足不同信息使用者的全部需要。不同的信息使用者的信息需求不同，会计信息要满足全部需要是不可能的。财务会计着重提供反映企业财务状况和经营成果的信息。

三、可理解性

可理解性要求企业提供的会计信息应当清晰明了，便于财务报告使用者理解和使用。

会计信息的价值在于使用者的决策有用。要使会计信息有用首先就必须了解会计信息的内涵。随着市场经济的发展，特别是资本市场的发展，会计信息的使用范围不断拓宽。会计信息的使用者不但包括具有一定会计专业知识的企业管理人员等，更包括大量的不具备会计专业知识的普通社会公众。这就要求会计信息要清晰明了、通俗易懂，从而更好地加以理解和应用。

四、可比性

可比性要求企业提供的会计信息应当具有可比性。

可比性具体包括两层含义：第一，纵向可比，即同一企业对于不同时期发生的相同或相似的交易或事项，应当采用一致的会计政策，不得随意变更；第二，横向可比，即不同企业发生的相同或相似的交易或事项，应当采用规定的会计政策，确保会计信息口径一致、相互可比，即对于相同或相似的交易或事项，不同企业应当采用一致的会计政策，以使不同企业按照一致的确认、计量和报告基础提供有关会计信息。

五、实质重于形式

实质重于形式要求企业应当按照交易或事项的经济实质进行会计确认、计量和报告，不应仅以交易或事项的法律形式为依据。如果企业仅仅以交易或事项的法律形式为依据进行会计确认、计量和报告，那么就容易导致会计信息失真，无法如实反映经济现实和实际情况。

在会计核算的过程中，经常存在着经济实质与法律形式明显不一致的情形。例如，企业将一项固定资产出售给其他单位，出售方已经收到了价款，并且已经办理了资产划转手续；同时交易双方又签订补充协议，规定出售方在日后某个时间内必须将其出售的资产以原出售价格购回。对于此项交易，从法律形式上看是一项销售行为，而从整体上看，实质上是一项融资行为。相应地，会计应按照其经济实质——融资行为进行核算，而非按照其法律形式——销售行为进行核算。

六、重要性

重要性要求企业提供的会计信息应当反映与企业财务状况、经营成果和现金流量有关的所有重要交易或事项。

需要指出的是，对交易或事项重要性的区分要靠会计人员的职业判断。一般来讲，重要性包括性质和数量两个方面的重要性。判断项目性质的重要性，应当考虑该项目在性质上是否属于企业日常活动，是否显著影响企业的财务状况、经营成果和现金流量等因素；判断项目金额大小的重要性，应当考虑该项目金额占资产总额、负债总额、所有者权益总额、营业收入总额、营业成本总额、净利润、综合收益总额等直接相关项目金额的比重或所属报表单列项目金额的比重。例如，当某一事项达到某一数量时可能对使用者的决策有影响，如资产价值达到总资产的 5%，一般认为该事项数量上是重要的。

七、谨慎性

谨慎性要求企业对交易或事项进行会计确认、计量和报告时应当保持应有的谨慎，不应高估资产或收益、低估负债或费用。

谨慎性原则是针对经济活动中的不确定因素，要求人们在会计处理上保持谨慎小心的态度，要充分估计可能发生的风险和损失。具体表现在：对某些经济业务或会计事项存在不同的会计处理方法可供选择时，在不影响合理选择的情况下，应尽量选择一种不虚增利润和夸大所有者权益的方法和程序，即不得多计资产或收益、少计负债或费用。谨慎性原则的运用使企业对可能发生的损失做出合理估计，有利于提高企业在市场上的竞争能力，有利于保护债权人的利益。

应该注意的是，谨慎性的应用并不允许企业设置秘密准备，如果企业故意低估资产或收益，或故意高估负债或者费用，将不符合会计信息的可靠性和相关性要求，损害会计信息质量，扭曲企业实际的财务状况和经营成果，从而对使用者的决策产生误导，这是会计准则所不允许的。

八、及时性

及时性要求企业对于已经发生的交易或事项，应当及时进行确认、计量和报告，不得提前或延后。

在市场经济条件下，市场瞬息万变，企业竞争日趋激烈，为保证会计信息的有用，会计信息的处理及传递必须及时。否则，无论多么客观真实的会计信息，一旦失去了时效，就变得毫无意义。同时，及时应是恰如其分的，不得提前或延后。例如，收入必须在商品的所有权转移以后才能确认。

上述会计信息质量要求中，可靠性、相关性、可理解性和可比性是会计信息的首要质量要求，是企业财务报告中所提供会计信息应具备的基本质量特征；实质重于形式，重要性、谨慎性和及时性是会计信息的次级质量要求，是对可靠性、相关性、可理解性和可比性等首要质量要求的补充和完善，尤其是在对某些特殊交易或者事项进行处理时，需要根据这些质量要求来把握其会计处理原则。另外，及时性还是会计信息相关性和可靠性的制约因素，企业需要在相关性和可靠性之间寻求一种平衡，以确定信息及时披露的时间。

第三节　会计要素的确认和计量

会计主体的经济业务发生后，会计人员首先要对经济业务进行分析，判断该项业务能否引起会计要素的增减变化，引起何种要素的增减变化，变化的方向和金额是多少，进而才能在记账凭证上编制会计分录，将该项经济业务在账簿中记录下来，并通过编制会计报表的方式向外报送。这实质上是会计要素的确认过程。国际会计准则委员会(IASC)在其概念框架第六部分指出："确认是指将符合要素定义并满足确认标准的项目列入资产负债表或收益表的总额之内。符合确认标准的项目，应当在资产负债表或损益表内得到确认。"会计确认与会计计量密切相关，只有将经济信息按一定的规则量化为会计信息，才能够进行确认，不能够进行会计计量的信息自然也不能进行确认。会计对经济业务进行确认、计量的目的，是为管理活动提供可靠、有用的财务信息。

一、会计要素的确认

会计要素确认又称为会计确认，是指按照规定的标准和方法，辨认和确定经济信息是否作为会计信息进行正式记录并列入会计报表的过程。会计确认包括初次确认和再确认。

(一) 初次确认

初次确认是指对输入会计核算系统的原始经济信息进行的确认。这类原始的经济信息的载体就是伴随经济业务发生的原始凭证。所以初次确认从审核及填制原始凭证开始，依据会计目标或会计核算的特定规范要求，对经济业务所产生的原始数据及其内容进行具体的识别、判断、选择和归类，以便对其进行正式的记录。初次确认要筛选掉多余的或不可接受的数据。对于筛选后有用的原始数据，会计将进行分类，运用复式记账法编制记账凭证，将经济信息转化为会计信息，并登记有关账簿。

初次确认实际上是经济信息能否转化为会计信息，并进入会计核算系统的筛选过程。

(二) 再确认

再确认是指对会计核算系统输出的经过加工的会计信息的确认。经过初始确认的原始数据、账簿资料还须依据使用者的需要，继续进行加工、浓缩、提炼，或加以扩充、重新归类、组合，这就是会计再确认。再确认一般要确定账簿资料中的哪些应列入财务报表，或是在财务报表中应揭示多少财务资料和何种财务资料。会计再确认还包括对已确认过的经济数据在日后由于变动影响的再次确认，如企业购入的各种存货，经初次确认后，以实际成本记录在账簿中，若物价发生变动，按照谨慎性原则核算时，需对变动影响进行再次确认。再次确认实际上是对已经形成的会计信息的再提纯、再加工，以保证其真实性及正确性，满足各会计信息使用者的需要。

(三) 会计要素确认的标准

会计确认的核心问题是根据什么标准、什么时间、多少金额对经济信息加以初次确认和再次确认。美国财务会计准则委员会(FASB)在其第 5 号概念公告中，提出了 4 项确认基本标准：(1)可定义性，即项目应符合财务报表某一要素的定义；(2)可计量性，即具有一个相关的计量属性，足以充分可靠地计量；(3)相关性，即有关信息对用户决策至关重要；(4)可靠性，即信息的反映是真实、可核实且不偏不倚的。FASB 认为，凡符合上述 4 项标准的，均应在“效益大于成本”及“重要性”这两个前提下予以确认。国际会计准则委员会(IASC)在其概念框架中提出了确认的 3 项标准：(1)该项目符合要素的定义；(2)与该项目有关的未来经济利益很可能流入或流出企业；(3)对该项目的成本或价值能够可靠地加以计量。并且指出，评价一个项目是否符合这些标准和是否有资格在财务报表内得到确认，应当注意重要性原则。我国《企业会计准则——基本准则》对会计要素确认标准的规定与国际会计准则基本相同。

二、会计要素的计量

会计要素的计量是根据被计量对象的计量属性，选择运用一定的计量基础和计量单位，确定应记录项目金额的会计处理过程。会计计量一般由两个要素构成：计量单位(或计量尺度)和计量属性。

(一) 计量单位

计量单位是指计量时采用的具体标准单位。在商品经济社会，货币作为商品内在价值尺度的必然表现形式，取代了实物量度单位和劳动量度单位，成为财务会计的主要计量单位。

会计计量虽然是以货币计量为主，但并不排除以实物量度、劳动量度作为辅助量度。

（二）计量属性

计量属性是指所用量度的经济属性，即按什么标准来记账。美国 FASB 第 5 号概念公告中列举了 5 种主要的计量属性，并分别定义如下。(1) 历史成本/历史收入，是指为取得一项资产所付出/收到的现金或现金等价物。(2) 现行成本，是指如果现时取得相同的或与其相当的资产将会支付的现金或现金等价物。(3) 现行市价，是指在正常清理过程中，出售一项资产所能获得的现金或现金等价物。(4) 可实现（清偿）净值，是指在正常业务中，一项资产渴望换得的、未经贴现的现金或现金等价物。(5) 未来现金流量的现值，是指在正常业务过程中，一项资产渴望换得的未来现金流量的贴现值，减去为取得流入量所需的现金流出量的贴现值后的余额。IASC 在其概念框架中指出，“计量是指确定将在资产负债表和收益表中确认和报告的财务报表要素的货币金额的过程。”这一过程涉及特定计量基础的选择问题。该概念框架中列示并界定了 4 种计量基础：历史成本、现行成本、可变现净值（结算价值）和现值。概念框架并没有规定企业必须选用其中的一种计量基础，或者在何种情况下应采用何种计量基础，仅强调历史成本是企业编制财务报表最为常用的计量基础。

我国《企业会计准则——基本准则》第九章第四十二条提出了历史成本、重置成本、可变现净值、现值、公允价值 5 种计量属性，并分别给出了其定义。

1. 历史成本

在历史成本计量下，资产按照购置时支付的现金或现金等价物的金额，或者按照购置资产时所付出的对价的公允价值计量。负债按照因承担现时义务而实际收到的款项或资产的金额，或者承担现时义务的合同金额，或者按照日常活动中为偿还负债预期需要支付的现金或现金等价物的金额计量。

2. 重置成本

在重置成本计量下，资产按照现在购买相同或相似资产所需支付的现金或现金等价物的金额计量。负债按照现在偿付该项债务所需支付的现金或现金等价物的金额计量。

3. 可变现净值

在可变现净值计量下，资产按照其正常对外销售所能收到的现金或现金等价物的金额扣减该资产至完工时估计将要发生的成本、估计的销售费用及相关税费后的金额计量。

4. 现值

在现值计量下，资产按照预计从其持续使用和最终处置中所产生的未来净现金流入量的折现金额计量。负债按照预计期限内需要偿还的未来净现金流出量的折现金额计量。

5. 公允价值

在公允价值计量下，资产和负债按照市场参与者在计量日发生的有序交易中，出售资产所能收到或转移负债所需支付的价格计量。

我国《企业会计准则——基本准则》第四十三条进一步指出：“企业在对会计要素进行计量时，一般应当采用历史成本，采用重置成本、可变现净值、现值、公允价值计量的，应当保证所确定的会计要素金额能够取得并可靠计量。”

第四节　会计记账基础

在会计主体的经济活动中，经济业务的发生和货币的收支不是完全一致的，即存在着现金流动与经济活动的分离。由此，现行财务会计理论提供了两种可供选择的记账基础：收付实现制与权责发生制。在相当长的时期内，收付实现制一直是会计记账的基础。在信用制度广泛介入商业交易和事项后，收付实现制逐渐被权责发生制所取代。

一、收付实现制

收付实现制又称现金制或实收实付制，是指以现金收到或付出为标准，来确认和记录收入的实现和费用的发生。按照收付实现制，收入和费用的归属期间将与现金收支行为的发生与否，紧密地联系在一起。换言之，现金收支行为在其发生的期间全部记作收入和费用，而不考虑与现金收支行为相连的经济业务实质上是否发生。

收付实现制以款项的实际收付为标准来处理经济业务，确定本期收入和费用，计算本期盈亏的会计处理基础。在现金收付的基础上，凡在本期实际以现款付出的费用，不论其应否在本期收入中获得补偿，均应作为本期应计费用处理；凡在本期实际收到的现款收入，不论其是否属于本期，均应作为本期应计的收入处理；反之，凡本期还没有以现款收到的收入和没有用现款支付的费用，即使归属于本期，也不作为本期的收入和费用处理。

在现金收付基础上，会计在处理经济业务时不考虑预收收入、预付费用，以及应计收入和应计费用的问题，会计期末也不需要进行账项调整。这种处理方法的好处是计算方法比较简单，也符合人们的认识习惯，但按照这种方法计算的盈亏不合理、不准确。

二、权责发生制

权责发生制也称应计制，是指以是否取得收取现金的权利或支付现金的责任的发生为标志来确认本期收入和费用及债权和债务，即收入按现金收入及未来现金收入——以债权的发生来确认；费用按现金支出及未来现金支出——以债务的发生进行确认。按照权责发生制，凡是当期已经实现的收入和已经发生或应当负担的费用，不论款项是否收付，都应当作为当期的收入和费用；凡是不属于当期的收入和费用，即使款项已在当期收付，也不应当作为当期的收入和费用。权责发生制主要从时间上规定了会计要素确认的基础，其核心是根据权责关系的实际发生期间来确认收入和费用。

权责发生制依据持续经营和会计分期两个基本前提来正确划分不同会计期间资产、负债、收入、费用等会计要素的归属。并运用一些诸如应收、应付、预提、待摊等项目来记录由此形成的资产和负债等会计要素。企业经营不是一次而是多次，而其损益的记录又要分期进行，每期的损益计算理应反映所有属于本期的真实经营业绩，收付实现制显然不能完全做到这一点。因此，与收付实现制相比，权责发生制能更加准确地反映特定会计期间实际的财务状况和经营业绩。

但权责发生制在反映企业的财务状况时却有其局限性：一个在损益表上看来经营很好、效率很高的企业，在资产负债表上却可能没有相应的变现资金而陷入财务困境。这是由于权责发生制把应计的收入和费用都反映在损益表上，而其在资产负债表上则部分反映为现金收支，部分反映为债权债务。为揭示这种情况，应编制以收付实现制为基础的现金流量表或财务状况变动表，弥补权责发生制的不足。

目前，世界各国普遍将权责发生制作为财务会计的主要记账基础。我国《企业会计准则——基本准则》第九条规定：“企业应当以权责发生制为基础进行会计确认、计量和报告。”然而这并不意味着收付实现制已经被放弃。商誉、衍生金融工具只有依据收付实现制才能合理地确认，现金流量表也是以收付实现制为基础编制的。因此，如何在财务会计中将两者结合起来，发挥各自独有的作用，是现代会计要研究的问题。

练 习 题

单项选择题

1．会计年度自（　　）。

A．农历 1 月 1 日起至 12 月 31 日　　B．公历 1 月 1 日起至 12 月 31 日

C．农历 7 月 1 日起至次年 6 月 30 日　　D．公历 7 月 1 日起至次年 6 月 30 日

2．会计以（　　）为记账本位币。

A．外币　　B．美元　　C．日元　　D．人民币

3．会计主体不可以是（　　）。

A．一个营利性组织　　B．“法人”资格的实体

C．不具备“法人”资格的实体　　D．不进行独立核算的企业

E．非营利性组织

4．按照权责发生制的要求，应作为本期收入的项目有（　　）。

A．收到投资者的投入银行存款 200 000 元

B．销售产品 80 000 元，商品发出，货款收到

C．收到购货单位还来上月欠货款 70 000 元存入银行

D．预收某购货单位货款 50 000 元，存入银行

第三章

会计科目、账户和复式记账

学习目标与要求：

1. 理解会计等式，掌握经济业务及其对会计恒等式的影响；
2. 掌握会计科目的含义和分类，熟悉会计科目的级次，了解会计科目的设置原则；
3. 掌握账户的含义与分类，熟悉账户的基本结构、账户期末余额的计算，理解账户的对应关系和对应账户；
4. 掌握复式记账的定义、借贷记账法的记账符号、账户结构、记账规则、会计分录和试算平衡。

第一节 会计等式

一、会计等式的含义

会计等式，是指反映会计要素之间在数量上的平衡关系的一系列等式。它是财务会计设置账户、复式记账及编制会计报表的依据，也是整个会计核算方法体系的理论基础。

在第一章我们已经学习过，会计的对象是会计主体的能以货币计量的经济活动，即会计主体的资金运动。会计主体的资金运动存在相对静止状态和显著运动状态。从一定时点资金的相对静止状态来考察，会计主体(以企业为例)要开展经营，必须拥有各种经济资源。企业拥有或控制的能以货币计量的各项经济资源即为企业的“资产”。企业的任何资产都有其来源。企业的资产都是由投资者投入的。投资者因投入资金从而对企业拥有要求权，在会计上称之为“权益”。“资产”体现了企业资金的占用形态，“权益”则体现了企业资金的来源。任何一项占用形态均有其来源，二者是对等的。这种关系可以用等式表示为：

资产=权益　　(3-1)

这一等式是最基本的会计等式，也称作会计恒等式，是复式记账的基础。

不同类型的投资者对企业拥有的要求权不同。债权人因投入资金而对企业拥有债权人权益，构成企业的负债；所有者因投入资金而对企业拥有所有者权益。因此，权益包括负债和所有者权益两个方面，会计恒等式可进一步具体化为：

资产=负债+所有者权益　　(3-2)

这一等式反映了资产、负债、所有者权益之间的静态平衡关系，我们称之为静态等式，是编制资产负债表的理论基础。

如将负债移到等式的左边，则可得：

资产-负债=所有者权益 (3-3)

这一新等式并非前一等式的简单数学变形，它进一步提示了不同利益主体的经济关系：企业的债权人对企业资产的要求权总是优先于所有者对企业资产的要求权，企业全部资产扣除债务以后才是投资者的权益，体现为一种剩余的权益、净权益。企业全部资产扣除债务以后的余额会计上称为“净资产”。所有者权益就是所有者对企业净资产的要求权，也称“净权益”。上述公式体现着对债权人利益的保护，且在相关法规中有明确规定。

从一定时期资金的显著运动状态来考察，企业的资产经过一定时期的运营，将发生一定的耗费，生产出一定数量和质量的产品，产品销售后取得一定的货币收入，收入、费用相抵后得出当期的利润。这种动态关系可以用公式表示为：

收入-费用=利润 (3-4)

这一等式反映了收入、费用和利润之间的动态平衡关系，我们称之为动态等式，是企业编制利润表的基础。

上述静态、动态等式可以综合在一起表示为：

资产=负债+所有者权益+(收入-费用) (3-5)

它体现了资金运动的相对静止状态与显著运动状态的辩证统一关系。

会计核算是以会计分期为假设前提的。企业的一个期间的经营总是从一个相对静止的时点开始(如 1 月 1 日)，到另一个相对静止的时点结束(如 12 月 31 日)。在初始时点上，存在“资产=负债+所有者权益”的平衡关系；在此基础上，经过一个期间的经营，企业赚取收入的同时发生费用。收入体现为资产的增加或负债的减少，最终导致所有者权益的增加。费用体现为资产的减少或负债的增加，最终导致所有者权益的减少。会计期间内存在“资产=负债 + 所有者权益+(收入-费用)”的关系；在该期间的结束时点上，结算利润后，收入扣除费用得到的利润则体现为净资产总额的增加，这种新增加的净资产(即利润)是归所有者所有的，体现为所有者权益的增加，又形成了“资产=负债+所有者权益”的新平衡，并在新的基础上，开始下一个会计期间的经营。

等式(3-5)反映了企业的资金运动从一种相对静止到显著变动，再达到新的相对静止，开始新的显著变动的不断交替过程。表面看来，期初和期末的平衡没有什么不同，但等式两端的数量已发生变化：如果当期收入>费用，企业赢利，则期末的资产总额和权益总额在增加的基础上达到新的平衡，表现为企业规模扩张；反之，当期收入<费用，企业亏损，则期末的资产总额和权益总额在减少的基础上达到新的平衡，表现为企业萎缩。

等式(3-5)不但揭示了资产、负债、所有者权益、收入、费用、利润六大要素之间的动态关系，同时也证明了等式(3-1)的恒等性，既在任何一个时点上，资产总额与权益总额在数量上总是相等的。

二、经济业务及其对会计恒等式的影响

以下我们将从一般经济业务的角度进一步验证会计基本等式的恒等性。

(一)经济业务的含义

企业生产经营过程中发生的、能够引起会计要素增减变化的事项，会计上称为经济业务(或会计事项)。

经济业务通常分为两类：一类是外部经济业务，是指涉及会计主体(企业)以外的其他单位，并与之发生权责关系而引起会计要素增减变化的经济业务，如向银行借款、从供货单位购货、对外销售产品、向投资者融资、向税务部门缴纳税款等；另一类是内部经济业务，是指直接在企业内部发生的、引起会计要素增减变化的经济业务，如提取固定资产折旧、生产经营过程中耗用原材料、支付职工工资等。

(二)经济业务对会计恒等式的影响

企业发生的经济业务尽管多种多样，但从对会计恒等式的影响来看，可归纳为以下 4 种类型。

(1)经济业务发生引起会计恒等式的左右两边等额增加。即资产增加，权益也同时增加。

(2)经济业务发生引起会计恒等式的左右两边等额减少。即资产减少，权益也同时减少。

(3)经济业务发生引起会计恒等式的左边各项目之间发生增减变化，且增减额度相等。即资产类项目一个增加，一个减少。

(4)经济业务发生引起会计恒等式的右边各项目之间发生增减变化，且增减额度相等。即负债类内部项目之间、所有者权益类内部项目或负债类与所有者权益项目之间此增彼减。

以上各类经济业务的发生会引起不同的会计要素的增减变化，前两类会引起会计等式总额的变化，后两类对会计等式的总额没有影响，但无论如何变化，会计恒等式依然成立。

上述 4 类经济业务具体又分 9 种情况，如表 3-1 所示。

表 3-1 经济业务对会计恒等式的影响

经济业务	资产 =	负债 +	所有者权益
1	增加	增加	
2	增加		增加
3	减少	减少	
4	减少		减少
5		增加	减少
6		减少	增加
7	增加、减少		
8		增加、减少	
9			增加、减少

下例将进一步阐明上述内容。

【例 3-1】 光明公司 2014 年 1 月 1 日资产、负债及所有者权益构成情况如表 3-2 所示。

表 3-2 资产负债表

2014 年 1 月 1 日

资产		负债及所有者权益	
货币资金	25 500	短期借款	440 000
应收账款	6 000	应付账款	54 000
原材料	380 000	实收资本	200 000
库存商品	262 500	盈余公积	100 000
固定资产	140 000	未分配利润	20 000
合计	814 000	合计	814 000

资料表明，在2014年1月1日这一静态时点上，资产、权益数额相等。

在此基础上，本期发生了下列经济业务。

(1)影响资产、负债、所有者权益变动的业务。

① 采购一批材料，价值4 600元，货款暂欠。

这项经济业务的发生，一方面使资产的原材料项目增加4 600元，另一方面使负债的应付账款项目增加4 600元。由于两边增加的金额相等，因此，会计恒等式依然成立。

用公式表示如下：

	资产=负债+所有者权益
原有余额	814 000 = 494 000+320 000
发生额	+ 4 600　　+4 600
新余额	818 600 = 498 600+320 000

② 收到中华公司的投资100 000元，存入银行。

这项经济业务的发生，一方面使资产的银行存款项目增加100 000元，另一方面使所有者权益的实收资本项目增加100 000元。由于两边同时增加100 000元，因此，会计恒等式依然成立。

用公式表示如下：

	资产=负债+所有者权益
原有余额	818 600 = 498 600+320 000
发生额	+100 000　　　　+100 000
新余额	918 600 = 498 600+420 000

③ 用银行存款20 000元归还银行借款。

这项经济业务的发生，一方面使资产的银行存款项目减少20 000元，另一方面使负债的银行借款项目减少20 000元。由于两边同时减少了20 000元，因此，会计恒等式依然成立。

用公式表示如下：

	资产=负债+所有者权益
原有余额	918 600 = 498 600+420 000
发生额	–20 000　–20 000
新余额	898 600 = 478 600+420 000

④ 经批准减少资本20 000元，以银行存款退还投资者。

这项经济业务的发生，一方面使资产方的银行存款项目减少20 000元，另一方面使所有者权益方的实收资本减少20 000元。由于两边同时减少20 000元，因此，会计恒等式依然成立。

用公式表示如下：

	资产=负债+所有者权益
原有余额	898 600 = 478 600+420 000
发生额	–20 000　　　　–20 000
新余额	878 600 = 478 600+400 000

⑤ 银行借款 250 000 元经批准转作银行向企业的投资。

这项经济业务的发生，一方面使负债方的银行借款项目减少 250 000 元，另一方面使所有者权益的实收资本项目增加 250 000 元。由于总的权益内部一增一减，金额相等，因此，会计恒等式依然成立。

用公式表示如下：

	资产=负债+所有者权益
原有余额	878 600 = 478 600+400 000
发生额	− 250 000 +250 000
新余额	878 600 = 228 600+650 000

⑥ 经研究，决定将 50 000 元利润分给投资者，予以转账。

这项经济业务的发生，一方面使负债的应付利润项目增加 50 000 元，另一方面使所有者权益的本年利润项目减少 50 000 元。由于总的权益内部一增一减，金额相等，因此，会计恒等式依然成立。

用公式表示如下：

	资产=负债+所有者权益
原有余额	878 600 = 228 600+650 000
发生额	+50 000 −50 000
新余额	878 600 = 278 600+600 000

⑦ 收回以前客户所欠货款 12 000 元，存入银行。

这项经济业务的发生，一方面使资产的银行存款项目增加 12 000 元，另一方面使资产的应收账款项目减少 12 000 元。由于总的资产内部一增一减，金额相等，因此，会计恒等式依然成立。

用公式表示如下：

	资产=负债+所有者权益
原有余额	878 600 = 278 600+600 000
发生额	+12 000 −12 000
新余额	878 600 = 278 600+600 000

⑧ 向银行借款直接偿还以前所欠供应单位的货款 30 000 元。

这项经济业务的发生，一方面使负债的银行借款项目增加 30 000 元，另一方面使应付账款项目减少 30 000 元。由于负债内部一增一减，金额相等，因此，会计恒等式依然成立。

用公式表示如下：

	资产=负债+所有者权益
原有余额	878 600 = 278 600+600 000
发生额	+30 000 −30 000
新余额	878 600 = 278 600+600 000

⑨ 经批准，将盈余公积金 100 000 元转增资本金。

这项经济业务的发生，一方面使所有者权益的实收资本项目增加 100 000 元，另一方面使盈余公积项目减少 100 000 元。由于所有者权益内部一增一减，金额相等，因此，会计恒等式依然成立。

用公式表示如下：

资产=负债+所有者权益

原有余额　878 600 = 278 600+600 000

发生额　　　　　　+100 000 –100 000

新余额　　878 600 = 278 600+600 000

(2)影响收入、费用变动的经济业务。

⑩ 出售产成品 1 000 件，每件售价 100 元，销货款已经存入银行。

这项经济业务的发生，一方面赚取收入 100 000 元，收入要素的主营业务收入项目增加，另一方面收入的增加带来资产的增加，资产要素的银行存款项目增加 100 000 元。

因为收入是导致所有者权益增加的因素，此类业务应属使资产、所有者权益同增的业务。

用公式表示如下：

资产=负债+所有者权益+(收入–费用)

原有余额　878 600 = 278 600+600 000+(0 –0)

发生额　　+100 000　　　　　　　　+100 000

新余额　　978 600 = 278 600+600 000+(100 000 –0)

⑪ 上述产成品已全部发运给购买方，每件生产成本 70 元。

这项经济业务的发生，一方面为赚取收入发生费用 70 000 元，费用要素的产品销售成本项目增加，另一方面费用的增加引起资产的减少，资产要素的产成品项目减少 70 000 元。

用公式表示如下：

资产=负债+所有者权益+(收入–费用)

原有余额　978 600 = 278 600+600 000+(100 000 –0)

发生额　　–70 000　　　　　　　　+70 000

新余额　　908 600 = 278 600+600 000+(100 000 –70 000)

因为费用是导致所有者权益减少的因素，此类业务应属使资产、所有者权益同减的业务。

⑫ 出售 100 件产成品给原材料供应商，每件售价 100 元，以销货款冲抵原欠购料款 10 000 元。

这项经济业务的发生，一方面赚取收入 10 000 元，收入要素的主营业务收入项目增加，另一方面收入的增加带来负债的减少，负债要素的应付账款项目减少 10 000 元。

用公式表示如下：

资产=负债+所有者权益+(收入–费用)

原有余额　908 600 = 278 600+600 000+(100 000–70 000)

发生额　　　　　　–10 000　　　　+10 000

新余额　　908 600 = 268 600+600 000+(110 000–70 000)

因为收入是导致所有者权益增加的因素，此类业务应属使负债、所有者权益一增一减的业务。

⑬ 结转上述产品销售成本，成本资料同例⑪。

这项经济业务的发生，一方面为赚取收入发生费用 7 000 元，另一方面费用的增加表现为资产的减少，资产要素的产成品项目减少 7 000 元。

用公式表示如下：

资产=负债+所有者权益+(收入–费用)

原有余额　908 600= 268 600+600 000+(110 000–70 000)

发生额　　–7 000　　　　　　　　+7 000

新余额　　901 600= 268 600+600 000+(110 000 –77 000)

因为费用是导致所有者权益减少的因素，此类业务应属使资产、所有者权益同减的业务。

⑭ 当月水电费 3 000 元，尚未支付。

这项经济业务的发生，一方面发生费用 3 000 元，费用要素的管理费用项目增加，另一方面费用的增加表现为负债的增加，负债要素的其他应付款项目增加 3 000 元。

用公式表示如下：

资产=负债+所有者权益+(收入–费用)

原有余额　901 600= 268 600+600 000+(110 000 –77 000)

发生额　　　　　+3 000　　　　　+3 000

新余额　　901 600= 271 600+600 000+(110 000 –80 000)

因为费用是导致所有者权益减少的因素，此类业务应属使负债增加、所有者权益减少的业务。

⑮ 1 月 31 日，月末结算，当月全部收入 110 000 元减全部费用 80 000 元得利润 30 000 元。利润归所有者所有，并入所有者权益。所有者权益增加 30 000 元。

用公式表示如下：

资产=负债+所有者权益

期初余额　814 000 = 494 000+320 000

期末余额　901 600= 271 600+630 000

上述经济业务发生后会计恒等式的变化结果如表 3-3 所示。

表 3-3　资产负债表

2014 年 1 月 31 日

资　产		负债及所有者权益	
货币资金	197 500	短期借款	200 000
应收账款	–6 000	应付账款	18 600
原材料	384 600	应付利润	50 000
库存商品	185 500	其他应付款	3 000
固定资产	140 000	实收资本	630 000
		盈余公积	0
		未分配利润	0
合计	901 600	合计	901 600

从以上分析可以看出：

(1)任何一项经济业务的发生都必然引起两个或两个以上会计要素的具体项目发生增减变动，且增减的金额相等；

(2)一定时期内发生的各种经济业务，会引起不同会计要素的增减变动，但会计主体的资产总额与权益的总额永远相等。

第二节 会 计 科 目

一、会计科目的基本概念

会计科目是对会计要素的具体内容进一步分类的项目名称。

如前所述，会计对象总括来讲是会计主体的资金运动，可分为资产、负债、所有者权益、收入、费用、利润六大类，即会计六要素。实际上，会计要素又是由许多复杂的内容所构成的，也就是说，每个会计要素都包含若干具体项目。企业类会计主体中，资产会计要素包含货币资金、交易性金融资产、应收票据、应收及预付款项、应收利息、应收股利、其他应收款、存货等流动资产项目和长期应收款、长期股权投资、固定资产等非流动资产项目；负债这个会计要素包括短期借款、交易性金融负债、应付票据、应付及预收款项、应付职工薪酬、应交税费、应付利息、应付股利、其他应付款、一年内到期的非流动负债等流动负债项目和长期借款、应付债券、长期应付款等非流动负债项目；所有者权益这个会计要素包含实收资本、资本公积、盈余公积和未分配利润等项目。为了对各类经济业务所引起的会计要素增减变化的情况进行分门别类的核算和监督，以便提供经营管理上所需要的各种会计信息，就有必要把会计要素做进一步的详细分类,并为每一类性质相同的会计要素内容规定一个恰当的名称，这个名称就叫会计科目。

二、设置会计科目的意义

设置会计科目是会计核算的一项重要的基础工作,要对会计主体的资金运动进行全面的、连续的、系统的、综合的核算，就需要设置会计科目，并依此为依据开设账户。

它的意义可以概括为以下几点。

(一)设置会计科目是规范会计核算的依据

根据会计准则和会计制度的要求，各个会计科目所包含的内容及其使用方法，在同一行业的不同会计主体之间必须是一致的。在同一会计主体的不同会计期间，同一会计科目所提供的会计信息指标应当是可比的，在一般情况下，不得随意改变会计科目所规定的核算内容及其使用方法。这样，就使会计核算有所遵循，根据会计科目的要求，规范化地进行会计核算工作。

(二)设置会计科目，是生成和取得会计信息的需要

在会计核算中使用的、能够产生各种会计信息的会计账户，是根据会计科目建立的；能够集中而又大量地提供会计信息的会计报表的各个项目，也基本上是由会计科目所组成的。

可见，利用会计科目，不仅可以获得大量的具体的会计信息指标，而且，可以获得总括的全面会计信息指标。

(三) 设置会计科目，是加强经济管理的手段

会计科目的有关规定，是对日常经济活动进行控制的标准，如按照“银行存款”、“原材料”、“固定资产”等科目规定的核算内容和方法组织有关方面的核算，就能有效地控制这些财产物资的收入、发出及结余，有效地防止损失浪费等现象的发生，有助于会计主体加强经济核算。

三、设置会计科目的原则

为了更好地发挥会计科目的作用，各会计主体在设置会计科目时，必须遵循一定的原则。

(一) 根据企业经济活动的具体内容和特点设置会计科目

不同企业，其经济活动和经济业务的内容千差万别，会计要素的具体项目各不相同，各会计主体应根据自身经济活动内容的具体特点来设置会计科目。如工业企业的经济活动包括供应、生产、销售三个环节，既要设置反映生产过程的会计科目，又要设置反映供应过程和销售过程的会计科目；商业企业的经济活动包括商品购入、储存和销售三个过程，应据此设置相应的会计科目。

除了按行业特点设置会计科目外，不同规模和生产特点的企业对设置会计科目的要求也是不同的。一般来说，大规模企业，经济业务量大，经济内容广泛，为了提供生产经营各步骤、各环节、各部门所需的会计信息，会计科目的设置应更全面、具体、详细；而小型企业，经济内容狭窄，业务量少，会计科目的设置应尽量概括、直观、简单、明了，不必强求又全又细。

(二) 按照管理的需求设置会计科目

会计信息资料是国家进行宏观管理、企业进行经营管理、投资者进行投资决策的重要依据。因此，会计科目的设置应首先满足国家宏观管理的要求。为此，财政部根据《企业会计准则》的规范统一制定标准会计科目，作为各会计主体设置会计科目的依据。其次，设置会计科目要满足会计主体自身经济管理的要求，为企业进行经济预测、经营决策，以及考核、分析、评价企业的经济活动提供必要的会计信息。此外还要满足投资者对会计资料的要求，便于其了解企业的生产经营状况，有助于投资者进行投资决策。

(三) 全面系统地反映会计对象的内容

设置会计科目是一门分类的科学，系统地反映会计对象的内容，是科学合理地设置会计科目的一个重要标志。例如，从资金运动的角度来看，工业企业的经营活动包括资金进入、资金使用、资金退出三个阶段，在资金使用阶段又分为供应、生产和销售三个过程，这些阶段和过程中所进行的经济活动的内容，都必须设置相应的会计科目分门别类地反映，这样才能全面地、毫无遗漏地反映资产、负债、所有者权益、收入、费用和利润等会计要素的增减变化情况。商业单位也是如此，必须设置足够的会计科目，全面而系统地反映其购销存三个环节资金运动的全貌。

（四）应贯彻统一性和灵活性相结合的原则

统一会计科目是为了在宏观上对会计指标进行汇总和对比，以分析评价经济管理水平或监督计划、定额和财务制度等的执行情况。为此，财政部统一制定了会计科目，规定了会计科目的名称、编号、核算内容。各会计主体应按财政部的规定，设置和使用会计科目。但在不影响会计核算要求和会计报表指标汇总，以及对外提供统一会计报表的前提下，可以根据实际情况自行增加、减少或合并某些会计科目。统一性和灵活性结合起来，使得会计信息更具有相关性和可比性。

不影响会计核算要求和会计报表指标汇总，以及对外提供统一会计报表的前提下，可以根据实际情况自行增加、减少或合并某些会计科目。统一性和灵活性结合起来，使会计信息更具有相关性和可比性。

根据财政部 2006 年颁布的《企业会计准则应用指南》附录中的会计科目表，以及 2017 年以来会计准则新变化对会计科目的调整，常用的会计科目摘录如表 3-4 所示。

表 3-4　常用会计科目表摘录

顺序号	编号	会计科目名称	顺序号	编号	会计科目名称
		一、资产类	50	2201	应付票据
1	1001	库存现金	51	2202	应付账款
2	1002	银行存款	52	2203	预收账款
3	1012	其他货币资金	53	2211	应付职工薪酬
4	1101	交易性金融资产	54	2221	应交税费
5	1121	应收票据	55	2231	应付利息
6	1122	应收账款	56	2232	应付股利
7	1123	预付账款	57	2241	其他应付款
8	1131	应收股利	58	2245	持有待售负债
9	1132	应收利息	59	2401	递延收益
10	1221	其他应收款	60	2501	长期借款
11	1231	坏账准备	61	2502	应付债券
12	1401	材料采购	62	2701	长期应付款
13	1402	在途物资	63	2702	未确认融资费用
14	1403	原材料	64	2711	专项应付款
15	1404	材料成本差异	65	2801	预计负债
16	1405	库存商品	66	2901	递延所得税负债
17	1406	发出商品			三、共同类
18	1407	商品进销差价	67	3101	衍生工具
19	1408	委托加工物资	68	3201	套期工具

续表

顺序号	编号	会计科目名称	顺序号	编号	会计科目名称
20	1412	包装物及低值易耗品	69	3202	被套期项目
21	1471	存货跌价准备			四、所有者权益类
22	1481	持有待售资产	70	4001	实收资本
23	1482	持有待售资产减值准备	71	4002	资本公积
24	1505	债权投资	72	4101	盈余公积
25	1506	债权投资减值准备	73	4103	本年利润
26	1521	其他债权投资	74	4104	利润分配
27	1523	其他权益工具投资	75	4201	库存股
28	1524	长期股权投资			五、成本类
29	1525	长期股权投资减值准备	76	5001	生产成本
30	1526	投资性房地产	77	5101	制造费用
31	1528	其他权益工具投资	78	5201	劳务成本
32	1531	长期应收款	79	5301	研发支出
33	1532	未实现融资收益			六、损益类
34	1601	固定资产	80	6001	主营业务收入
35	1602	累计折旧	81	6051	其他业务收入
36	1603	固定资产减值准备	82	6061	汇兑损益
37	1604	在建工程	83	6101	公允价值变动损益
38	1605	工程物资	84	6111	投资收益
39	1606	固定资产清理	85	6115	资产处置损益
40	1611	未担保余值	86	6301	营业外收入
41	1701	无形资产	87	6401	主营业务成本
42	1702	累计摊销	88	6402	其他业务成本
43	1703	无形资产减值准备	89	6403	税金及附加
44	1711	商誉	90	6601	销售费用
45	1801	长期待摊费用	91	6602	管理费用
46	1811	递延所得税资产	92	6603	财务费用
47	1901	待处理财产损溢	93	6701	资产减值损失
		二、负债类	94	6711	营业外支出
48	2001	短期借款	95	6801	所得税费用
49	2101	交易性金融负债	96	6901	以前年度损益调整

四、会计科目的分类

(一)会计科目按经济内容分类

为适应复式记账方法下账户的结构特点，会计科目反映的经济内容虽然是会计要素的具体内容，但为配合会计核算的需要，会计科目按经济内容分类与会计六要素的分类不尽一致。

会计科目按其反映的经济内容不同可分为资产类会计科目、负债类会计科目、共同类会计科目、所有者权益类会计科目、成本类会计科目、损益类会计科目。会计要素按经济内容分类与会计要素之间的关系：成本类会计科目反映的经济内容是企业的在产品存货，属于资产要素；损益类会计科目反映的经济内容(包括收入要素、费用要素、利润要素。主营业务收入、其他业务收入等)属于收入要素；主营业务成本、其他业务成本、管理费用、销售费用、财务费用等属于费用要素；本年利润、投资收益、营业外收入、营业外支出等属于利润要素。

(二)会计科目按详细程度分类

会计科目按照其所提供信息的详细程度及统驭关系不同，又分为总分类科目和明细分类科目。总分类科目又称一级科目，是对会计对象的具体内容所做的总括分类，提供的会计信息较为概括；明细分类科目，又称明细科目，是对总分类科目的核算内容所做的详细分类，提供的信息更具体、详细。明细科目又可按其提供指标的详细程度不同，进一步划分为一级明细科目和二级明细科目，一级明细科目是对总分类科目的详细分类，二级明细科目又是对一级明细科目的进一步详细分类。必要时还可设置三级甚至四级明细科目。

会计实务中通常将总分类科目称作一级科目，相应地，一级明细科目和二级明细科目称作二级科目、三级科目，依次类推。

表 3-4 所示的会计科目均为总分类科目，即一级科目。各会计主体可根据自己的实际需要设置二级乃至三级科目。如在“原材料” 一级科目下，可先按用途设置二级科目，如原料及主要材料、辅助材料、燃料等，由于二级科目“原料及主要材料”内容比较复杂，可再在“原料及主要材料”下设置三级科目，如按材料性质设置钢材、生铁、木材等。

会计科目按提供会计资料的详略程度分类，有助于了解会计科目所反映的具体内容，满足经营管理所需要的会计信息。

一级科目、二级科目和三级科目反映出会计科目的层次性。它们之间有着密切的关系：一级科目统驭二级科目，是二级科目的总括；二级科目统驭三级科目，是三级科目的总括。反过来，三级科目从属于二级科目，提供二级科目的详细资料；二级科目从属于一级科目，提供一级科目的详细资料，如表 3-5 所示。

表 3-5 会计科目分类

(一级科目)总分类科目	原材料	→	(二级科目)一级明细分类科目	原料及主要材料	→	(三级科目)二级明细分类科目	钢材
				辅助材料			生铁
				燃料			木材

至此，可将会计对象的分类归结如下。

会计要对主体错综复杂的经济活动进行全面的、综合的、连续的、系统的核算，首先要对经济活动进行分类。会计对经济活动的分类包括多个层次：首先，全部错综复杂的经济活动可以具体化为六大会计要素，各要素又可进一步分为一系列总分类科目，总分类科目又可根据需要进一步细分为一个个一级明细科目，甚至于二级明细、三级明细科目等。会计对每一个科目通过设置账户进行核算，从而提供每个科目的会计信息，所有科目的信息经过加工、汇总，编制出会计报表，从而反映出企业经营活动的全貌。

会计对象的分类层次如图 3-1 所示。

会计的总括对象 → 会计对象基本分类 → 再分类 → 进一步细分

资金运动　会计要素　会计科目　一级明细、二级明细

图 3-1　会计对象的分类层次

第三节　账　户

一、账户的基本概念

账户是根据会计科目开设的，用来分类核算和监督会计要素增减变动的一种工具。

上一节已经介绍，为了全面、系统、连续、综合地核算和监督会计主体的经济活动，首先要对经济活动进行分类，相应地设置有关的会计科目。然而，会计科目仅是对会计对象的具体内容进行分类所形成的一个个的项目名称，本身不具备一定的结构形式，还不能具体地用来核算和监督资金运动引起的各种变化。因此，必须赋予会计科目一定的结构形式，以便于记录各会计要素具体项目增减变化的过程及其结果。这种具有一定结构形式的，用于系统、连续地记录会计要素具体项目（即会计科目）增减变化的过程及其结果的工具就是账户。

科目和账户是两个既有区别又有联系的概念，它们的联系在于科目是账户的名称，账户是科目的具体应用，有关会计科目的核算内容、核算要求、设置原则等方面的规定，同样适用于账户，并通过账户的具体运用得以体现。二者的区别在于：科目没有一定的格式和结构，而账户是根据科目设置的具有一定格式和结构的可以记录科目增减变动过程及其结果的载体，具体可表现为若干账页。在实务中，科目与账户往往不做区分，相互通用。

同会计科目一样，按反映的经济内容分类，会计账户可分为资产类账户、负债类账户、所有者权益类账户、成本类账户和损益类账户。

按照提供信息的详细程度分类，账户可以分为总分类账户和明细分类账户，分别简称为总账和明细账。总分类账户是根据总分类科目开设的账户，用以核算和监督总分类科目的增减变动情况和结果，提供总括的信息；明细分类账户是根据明细分类账户开设的账户，用以核算和监督明细分类科目的增减变动情况和结果，提供详细的信息。

相应地，总分类账户也可以称为一级账户，一级明细账户、二级明细账户也可以称为二级账户、三级账户。它们之间的关系与不同级次的科目之间的关系一致。

二、账户的结构

账户的结构就是指账户应由哪几部分组成，如何在账户上记录会计要素数额的增加、减少和结余情况。

会计主体经济业务的发生会引起会计要素不同项目的增减变动。为了方便记录、整理和保存会计要素增减变化的数据，账户的结构应该能够确定增加、减少的数量及变化结果分别记在哪里。不同的记账方法，具有不同的账户结构；同一种记账方法下，不同性质的账户其账户结构也是不同的。然而，不管采用哪种记账方法，账户属于何种性质，其账户都要分为左右两方，一方记录增加额，另一方记录减少额。

会计实务中，各种账户除了包括增加、减少的金额和余额等基本结构外，一般还包括下列内容，如表 3-6 所示。

(1)账户的名称，即会计科目。

(2)凭证号，指记账所依据的凭证号数。用以说明记账的资料来源。

(3)日期和摘要，对在账户中记录的经济业务的日期和经济业务的内容做简要说明。

(4)金额，是账户记录中最基本、最重要的内容，包括本期增加额、本期减少额和一定时点上的余额。

表 3-6 账户结构

账户名称：

年		凭　证		摘　要	左　方	右　方	余　额
月	日	字	号				

而在教学实践和教科书中，通常采用简化的“丁”字格式表明账户的结构，简称“丁字账”，如图 3-2 所示。

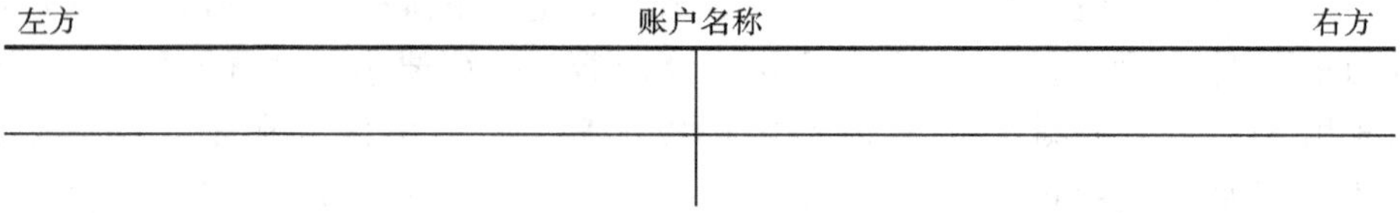

图 3-2 丁字账

账户左右两方分别记录增加额和减少额，本期增加额合计和本期减少额合计又称为本期增加发生额、本期减少发生额，统称本期发生额，反映会计要素在一定会计期间的增减变动情况，是动态指标；增减相抵的差额为余额，按表示时间的不同，分为期初余额和期末余额，反映会计要素一定会计期间的增减变动结果，是静态指标。本期的期末余额即为下期的期初余额。期初余额、本期增加发生额、本期减少发生额、期末余额是账户的 4 个基本要素，它们之间的关系可用下面的公式表示：

期末余额=期初余额+本期增加发生额-本期减少发生额

至于具体账户的哪方记录增加额，哪方记录减少额，则由记账方法和账户的性质决定。但是，不管采用哪种记账方法，账户的性质如何，其增加额和减少额均应按相反的方向进行记录。如果左方记录增加额，则右方就应记录减少额；反之，如果左方记录减少额，则右方就应记录增加额。账户的期初余额、期末余额一般与增加额计入同一方向。

第四节 复式记账

一、复式记账原理

(一)复式记账的含义

在账户上记录经济业务的方法称为记账方法。

为了对会计主体的经济业务进行核算和监督，在设置了会计科目和账户以后，还需要采用一定的方法，在账户上记录经济业务的发生所引起的会计要素的增减变化过程和结果。

从会计发展的历史来看，人类曾使用过两大类记账方法：单式记账法和复式记账法。单式记账法是对发生的每一笔经济业务所引起的会计要素的增减变化，只在一个账户中进行单方面记录的一种记账方法。单式记账法一般只设置货币资金账户和债权债务账户。例如，用银行存款 5 000 元购买材料，只在银行存款账上记录银行存款减少 5 000 元，不记录材料的增加。销售产品取得现金收入，只在现金账户上记录现金的增加，而不记录产成品、产品销售收入、产品销售成本的变化。只有当经济业务既涉及现金和银行存款，又涉及债权债务时，才同时在两个相应的账户上进行登记。如收到某企业前欠货款 10 000 元并存入银行时，既要在银行存款账户上记录增加 10 000 元，又要在应收账款账户上记录减少 10 000 元。由于单式记账方法重点强调现金、银行存款的收付，以及“人欠我”、“我欠人”等债权债务的结算，因而，不能将经济业务引起的会计要素的增减变动全面地相互联系地进行记录，不能全面系统地反映经济业务的来龙去脉，也不便于检查账簿记录是否正确。因此，随着复杂的商品生产和交换的发展，单式记账法在 15 世纪末至 16 世纪初逐渐被复式记账法取代。

复式记账法是单式记账法的对称。它是对发生的每一笔经济业务所引起的会计要素的增减变动，要同时在两个或两个以上相互联系的账户中，以相等金额进行登记的记账方法。例如，在上面的举例中，用银行存款 5 000 元购买材料这笔业务，在使用复式记账法记账时，一方面要登记银行存款减少 5 000 元，另一方面要登记材料增加 5 000 元；对销售产品取得现金这笔业务，一方面要登记现金增加 10 000 元，另一方面要登记产品销售收入增加 10 000 元；同时还要登记产成品的减少和产品销售成本的增加。这样登记的结果，就可以完整地反映每一笔经济业务的来龙去脉。

与单式记账法相比较，复式记账法有以下两个特点。(1)对每一笔经济业务都要在两个或两个以上相互联系的账户中进行双重登记。根据账户记录的结果，不仅可以了解每一项经济业务的全貌，而且可以通过会计要素的增减变动，全面系统地了解经济活动的过程和结果，以及资金的来龙去脉。(2)复式记账法要求以相等的金额在两个或两个以上的账户上同时登记。复式记账法的这一特点有利于进行试算平衡，检查账户记录的准确性。

可以看出，复式记账方法科学、完整地反映了经济业务对会计要素的影响。复式记账方法作为一种科学的记账方法自产生以来广泛传播并沿用至今，体现了巨大的生命力。

(二) 复式记账法的种类

历史上最早的复式记账法是以“借”、“贷”为记账符号的借贷记账法。它产生于12—15世纪的意大利，后在英美等国得到发展和完善，并在清朝末年经日本传入我国。目前，借贷记账法是世界各国普遍采用的方法。我国于20世纪60年代后期根据借贷记账法的原理，创造了以“增”、“减”为记账符号的增减记账法和以“收”、“付”为记账符号的收付记账法，并一度分别在商业企业和行政事业等单位广泛应用。但是这两种记账方法在记账规则、试算平衡等方面，均不如借贷记账法科学、严密。为此，我国于1992年11月颁布的《企业会计准则》规定，从1993年7月1日起，我国境内的所有企业一律采用借贷记账法。1998年实施的《事业单位会计准则》、《行政单位会计准则》等也规定行政事业单位一律采用借贷记账法。这样，在记账方法上我国与世界各国统一起来，增减记账法和收付记账法也就退出了我国会计实务。

二、借贷记账法

借贷记账法是依据“资产=负债+所有者权益”的基本理论建立起来的，用“借”和“贷”作为记账符号，来记录和反映会计要素增减变动情况和结果的一种复式记账法。它包括以下基本内容。

(一) 以“借”和“贷”为记账符号

“借”、“贷”作为记账符号应用于会计，起源于西方资本主义商品经济发展较早的意大利，是适应13世纪左右高利贷者经营管理的需要而产生的。“借”、“贷”二字最初的含义是从借贷资本家的角度解释的。当时，借贷资本家按借主(债务人)和贷主(债权人)的名字开设账户，进行单式记账。每个账户都分借贷两方，凡是借贷资本家借出的款项就计入借主(债务人)账户的借方，表示其债权的增加，借主归还的款项计入该账户的贷方，表示其债权的减少；凡是借贷资本家贷入的款项就计入贷主(债权人)账户的贷方，表示其负债的增加，归还贷款时计入该账户的借方，表示其负债的减少。

随着资本主义经济的发展，借贷记账法逐步得到完善，并广泛应用于各行各业，其记录的经济业务也由借贷业务扩展到财产物资、成本费用、经营损益等非借贷业务，并且仍用“借”、“贷”二字表示其增减变动情况。这时，“借”、“贷”二字便失去了本来的含义，演变成为纯粹的记账符号，用来标明账户的登记方向、反映会计要素的增减变动情况。“借”表示账户的左方，“借”记某账户表示在账户的左方登记；“贷”表示账户的右方，“贷”记某账户表示在账户的右方登记。对于不同类别的账户，表示会计要素增减变动的方式是不同的，如图3-3所示。

借方	账户名称　　　　　　贷方
资产的增加	资产的减少
费用的增加	费用的减少
负债的减少	负债的增加
所有者权益的减少	所有者权益的增加
收入的减少	收入的增加
利润的减少	利润的增加

图3-3　用“借”、“贷”表示会计要素的增减变动

对一些特殊账户，如“累计折旧”、“坏账准备”、“利润分配”等，借、贷又有着一定的特殊含义，在使用这些账户时应当注意。

在现代会计中，借、贷作为会计的专用术语，已经与其原来的词义完全无关了。

(二)借贷记账法的账户结构

借贷记账法的账户结构，也分为左右两方，左方为借方，右方为贷方。就具体账户来说，若借方记录增加额，则贷方记录减少额；若借方记录减少额，则贷方记录增加额；余额的方向一般与记录增加额的方向一致。但究竟增加额与减少额分别记录在哪一方，决定于账户的性质。

1. 资产类账户的结构

借贷记账法以“资产=负债+所有者权益”这一会计恒等式为其理论依据，资产和负债及所有者权益分别处在等式的左右两方，并保持着平衡关系。`体现在账户结构上，就是双方的增加额和减少额的记录方向应相互对立。由于资产在会计恒等式的左方，按会计惯例，资产类账户的增加额记在借方，减少额记在贷方，期末余额一般在借方。每一会计期间借方记录的增加额的合计，称为借方发生额；贷方记录的减少额的合计，称为贷方发生额。资产类账户结构用丁字账表示，如图 3-4 所示。

借方	资产类账户 贷方
期初余额×××	
本期增加额×××	本期减少额×××
×××	×××
本期发生额×××	本期发生额×××
期末余额 ×××	

图 3-4 资产类账户丁字账

资产类账户的期末余额在借方，表示期末企业实际拥有的资产数额。可用下列公式进行计算：

资产类账户期末余额=期初余额+借方本期发生额-贷方本期发生额

账户的本期期末余额结转到下期就是下期的期初余额。

2. 负债及所有者权益类账户的结构

负债及所有者权益列在会计等式的右方，为了和资产类账户相对应，其账户结构应与资产类账户的结构相反，即贷方记录增加额，借方记录减少额，期末余额一般在贷方。每一会计期间贷方记录的增加额的合计，称为贷方发生额；借方记录的减少额的合计，称为借方发生额。负债和所有者权益类账户的结构用丁字账表示，如图 3-5 所示。

借方	负债和所有者权益类账户 贷方
	期初余额×××
本期减少额×××	本期增加额×××
×××	×××
本期发生额×××	本期发生额×××
	期末余额 ×××

图 3-5 负债和所有者权益类账户丁字账

负债及所有者权益类账户的期末余额，表示期末企业实际负担的债务和所有者权益数额。可用下列公式进行计算：

负债及所有者权益类账户贷方期末余额=贷方期初余额+贷方本期发生额−借方本期发生额

2. 成本类账户的结构

成本类账户是用来核算和监督企业为生产一定数量和质量的产品而发生的全部消耗，计算产品的实际成本，据此确认产品价值的账户。

成本类账户实际上是特殊的资产类账户，反映未完成生产过程的在产品这种特殊的资产，因此，与资产类账户的结构一致。为产品生产发生的各项成本增加登记在账户借方，完成生产过程的产品成本（成本减少）登记在账户贷方，账户余额在借方，反映尚未完成生产过程的在产品成本。成本类账户的结构用丁字账表示，如图 3-6 所示。

成本类账户

借方	贷方
期初余额×××	
本期增加额×××	本期减少额×××
×××	×××
本期发生额×××	本期发生额×××
期末余额 ×××	

图 3-6 成本类账户丁字账

成本类账户期末余额的计算同资产类账户。成本类账户中，“制造费用”账户因为计算成本的特殊需要，期末一般没有余额。

3. 损益类账户的结构

损益类账户包括与计算利润有关的费用、收入两类账户。

费用在抵消收入以前，根据扩展的会计等式：资产=负债+所有者权益+（收入−费用），费用和资产与权益和收入相对。所以，费用类账户与资产类账户的结构基本相同，借方记录费用的增加额，贷方记录费用的减少额。为计算利润的需要，当期发生的费用数额要从贷方结转到“本年利润”的借方，结转后，费用类账户期末没有余额。费用类账户的结构用丁字账表示，如图 3-7 所示。

费用类账户

借方	贷方
本期增加额×××	本期减少额×××
×××	或转出额×××
×××	×××
本期发生额	本期发生额

图 3-7 费用类账户丁字账

根据扩展的会计等式，收入类账户与权益类账户相同，而与资产类账户相对，所以，收入类账户与权益类账户的结构基本相同，借方记录收入的减少额，贷方记录收入的增加额。为计算利润的需要，当期发生的收入数额要从借方结转到“本年利润”账户的贷方，结转后，收入类账户期末没有余额。收入类账户的结构用丁字账表示，如图 3-8 所示。

借方	收入类账户　　　　贷方
本期减少额×××	本期增加额×××
或转出额×××	×××
×××	×××
本期发生额	本期发生额

图 3-8　收入类账户丁字账

(三)借贷记账法的记账规则

借贷记账法的记账规则，是指运用借贷记账法在账户上记录经济业务所引起的会计要素增减变动的规律。

前面已经讲述，任何一项经济业务都会引起会计要素两个或两个以上的项目发生等金额变化。这种变化大致可以分为四种类型：(1)资产、权益同增；(2)资产、权益同减；(3)资产内部一增一减；(4)权益内部一增一减。

根据借贷记账法的账户结构和复式记账的原理，相应地，任何一项经济业务都应在两个或两个以上的账户中进行登记，且账户记录的借贷方向必然是有借有贷，金额相等：(1)资产(借)、权益(贷)；(2)资产(贷)、权益(借)；(3)资产内部增(借)、资产内部减(贷)；(4)权益内部增(贷)、权益内部减(借)。

可见，借贷记账法的记账规则是“有借必有贷，借贷必相等”。

(四)借贷记账法的账户对应关系与会计分录

应用借贷记账法，在经济业务发生后，必须在两个或两个以上相互联系的账户中进行登记，并且某个(或某些)账户计入借方(或贷方)的同时，其他账户则计入贷方(或借方)。这种经济业务发生后所形成账户之间的应借、应贷相互依存关系，称为账户的对应关系。具有借贷对应关系的账户，称为对应账户。

例如，将现金 1 000 元存入银行，涉及“现金”账户的减少和“银行存款”账户的增加，应在“银行存款”账户的借方登记 1 000 元，同时应在“现金”账户的贷方登记 1 000 元。这里的“现金”账户和“银行存款”账户互为对应账户，这两个账户之间的应借、应贷关系，即账户的对应关系。

通过账户的对应关系，可以了解经济业务发生所引起的资金运动的来龙去脉。

为了保证账户登记的准确性，在实际工作中，在把经济业务计入相应的账户之前，需要首先根据经济业务发生时取得的原始凭证填写记账凭证(关于记账凭证将在下一章阐明)，并在记账凭证上编写出会计分录。所谓会计分录，是指对每一笔经济业务，按照借贷记账法的规则，分别列示出应借、应贷账户名称及其金额的一种记录。会计分录正确与否，直接影响账户记录的正确性，甚至影响会计信息的质量。

会计分录的基本格式是“借上贷下，错落有致”。即借方科目写在上面，贷方科目向右移两格写在借方科目下面；会计分录中的金额采用阿拉伯数字，数字后不写单位，并且贷方金额也要向右移两格写在借方金额下面；表示记账方向的“借”、“贷”二字分别写在会计科目的前面。

对于上例现金存银行的业务，应编制如下会计分录：

借：银行存款　　　　　　　　　　　　　　1 000

　　贷：库存现金　　　　　　　　　　　　　　1 000

初学者在学习编制会计分录时，可以按以下步骤进行：

(1)分析发生的经济业务所涉及的账户及其性质；

(2)确定相关科目增减变动的方向及其金额；

(3)确定应记录账户的借贷方向及金额。

经济业务的发生一般会引起会计要素的两个项目发生变化，所编制的会计分录就只涉及一借一贷两个账户。只有一借一贷的会计分录，称为简单会计分录。实际工作中，经常会发生涉及两个以上会计要素项目发生变化的经济业务，这样编制的会计分录就会含有一借多贷、一贷多借或多借多贷两个以上的账户。我们称一借多贷、一贷多借或多借多贷的会计分录为复合会计分录。复合会计分录可以分解为几个简单的会计分录。

例如，某企业购买一批材料，价值 100 000 元，其中以银行存款支付 70 000 元，余款暂欠。

这笔业务涉及“银行存款”、“应付账款”三个会计要素的具体项目发生变化。“原材料”资产增加应计入账户借方；“银行存款”资产减少应计入账户的贷方；　“应付账款”负债增加应计入账户贷方。应编制如下会计分录：

借：原材料　　　　　　　　　　　　　　100 000

　　贷：银行存款　　　　　　　　　　　　　　70 000

　　　　应付账款　　　　　　　　　　　　　　30 000

该复合分录可以分别分解为：

借：原材料　　　　　　　　　　　　　　70 000

　　贷：银行存款　　　　　　　　　　　　　　70 000

借：原材料　　　　　　　　　　　　　　30 000

　　贷：应付账款　　　　　　　　　　　　　　30 000

编制复合分录可以简化会计分录的编制工作，提高记账效率。但是，由于有些经济业务相当复杂，为其编制多借多贷的复合会计分录，不能清晰地表示出账户之间的联系。因此，编制复合会计分录时，一般应编制一借多贷或一贷多借的会计分录，除非特殊需要，应避免编制多借多贷的会计分录。

(五)借贷记账法的过账

将会计分录的数据登记到各有关账户中去的过程称做过账。

经济业务发生后，首先在记账凭证上编制会计分录，而后再根据会计分录的指示登记到有关账户中去。这一程序首先可以提高账户记录的正确性，另一方面，从提供信息的角度看，会计分录用会计语言表达经济业务，提供了单项经济业务的会计信息。通过过账这一会计程序，将经济业务引起的不同科目的增减变化记录到相应账户中去，为在账户中提供特定类别的系统信息奠定了基础。

根据上述会计分录的指示，过账如图 3-9 所示。

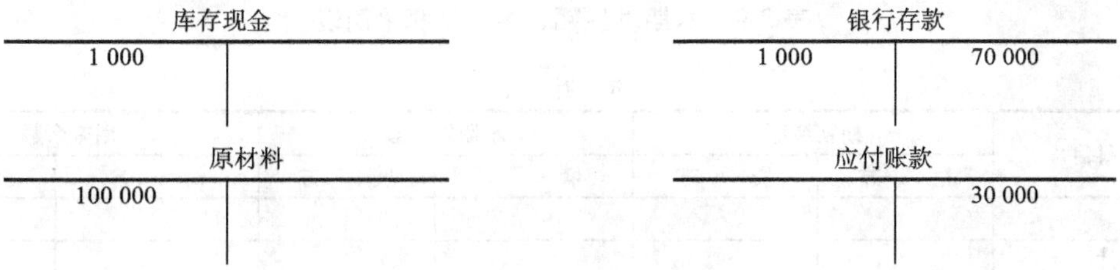

图 3-9　过账

(六)借贷记账法的试算平衡

资产类账户的余额在账户的借方，负债和所有者权益类账户的余额在账户的贷方，损益类账户没有余额。根据“资产=负债+所有者权益”的会计等式，则必然得出，所有账户的借方余额之和等于所有账户的贷方余额之和。根据借贷记账法的记账规则，每一笔经济业务发生后，“有借必有贷，借贷必相等”，则必然得出，所有账户的借方发生额之和等于所有账户的贷方发生额之和。因此依据会计分录过账后，如果记账没有差错，那么一定时期内，所有账户的借方发生额必然等于所有账户的贷方发生额，一定时点上，所有账户的借方余额之和必然等于贷方余额之和。利用借贷记账法的这一机制，我们可以检查账户记录的正确性，会计上称之为试算平衡。

试算平衡一般在会计期末，在全部业务都已登记入账的基础上，通过编制试算平衡表进行。

试算平衡包括发生额试算平衡和余额试算平衡。

(1)发生额试算平衡公式：

全部账户借方发生额合计=全部账户贷方发生额合计

(2)余额试算平衡公式：

全部账户借方余额合计=全部账户贷方余额合计

试算平衡表的格式有两种：一种是将本期发生额和本期余额的试算平衡分别列表编制(如表 3-7、表 3-8 所示)，另一种是将本期发生额和本期余额合并在一张表上进行试算平衡(如表 3-9 所示)。

表 3-7　本期发生额试算平衡表

年　月　日

会计科目	本期发生额	
	借　方	贷　方
合计		

表 3-8　本期余额试算平衡表

年　月　日

会计科目	期初余额		期末余额	
	借　方	贷　方	借　方	贷　方
合计				

表 3-9 本期发生额、余额试算平衡表

年 月 日

会计科目	期初余额		本期发生额		期末余额	
	借 方	贷 方	借 方	贷 方	借 方	贷 方
合计						

试算平衡要注意以下两点：(1)如果借贷不平衡，就可以肯定账户的记录或计算有误，应进一步查实，并予以纠正；(2)在借贷平衡的情况下，也不能肯定记账或计算就一定正确，因为有些差错并不影响借贷双方的平衡。如经济业务的重记或漏记，或者经济业务的借贷方向记反，或者借贷方金额的差错恰好相互抵消等。因此，只根据试算时借贷双方发生额或余额平衡作为唯一的评价记账正误的尺度还是不够的，还需辅之以其他检查方法进行核对。

三、借贷记账法应用示例

假定以下为海光公司 1 月份的经济业务，使用借贷记账法记账如下。

(一)编制会计分录

(1)收到中兴公司的投资 100 000 元，存入银行。

分析：这项经济业务的发生，涉及“银行存款”资产增加，记借方；“实收资本”所有者权益增加，记贷方。应编制如下会计分录：

借：银行存款　　100 000

　　贷：实收资本　　100 000

(2)从银行取得长期借款 250 000 元，存入银行。

分析：这项经济业务的发生，涉及“银行存款”资产增加，记借方；“长期借款”负债增加，记贷方。应编制如下会计分录：

借：银行存款　　250 000

　　贷：长期借款　　250 000

(3)采购一批材料，价值 46 000 元，已经验收入库，货款暂欠。

分析：这项经济业务的发生，涉及“原材料”资产增加，记借方；“应付账款”负债增加，记贷方。应编制如下会计分录：

借：原材料　　46 000

　　贷：应付账款　　46 000

(4)购买一台设备，价值 250 000 元，款项已付。

分析：这项经济业务的发生，涉及“固定资产”资产增加，记借方；“银行存款”资产减少，记贷方。应编制如下会计分录：

借：固定资产　　250 000

　　贷：银行存款　　250 000

(5)从银行取得期限为三个月的借款 50 000 元，以缓解流动资金周转出现的暂时困难。

分析：这项经济业务的发生，涉及“银行存款”资产增加，记借方；“短期借款”负债增加，记贷方。应编制如下会计分录：

借：银行存款　　　　　　　　　　　　50 000
　　贷：短期借款　　　　　　　　　　　　50 000

(6)出售产成品 1 000 件，每件售价 100 元，销货款已经存入银行。

分析：这项经济业务的发生，涉及“银行存款”资产增加，记借方；“主营业务收入”收入增加，记贷方。应编制如下会计分录：

借：银行存款　　　　　　　　　　　　100 000
　　贷：主营业务收入　　　　　　　　　　100 000

(7)上述产成品已全部发运给购买方，每件生产成本 70 元。

分析：这项经济业务的发生，涉及“库存商品”资产减少，记贷方；“主营业务成本”费用增加，记借方。应编制如下会计分录：

借：主营业务成本　　　　　　　　　　70 000
　　贷：库存商品　　　　　　　　　　　　70 000

(8)出售产成品 100 件，每件售价 100 元，款未收。

分析：这项经济业务的发生，涉及“应收账款”资产增加，记借方；“主营业务收入”收入增加，记贷方。应编制如下会计分录：

借：应收账款　　　　　　　　　　　　10 000
　　贷：主营业务收入　　　　　　　　　　10 000

(9)成本资料同例(7)。

同例(7)，应编制如下会计分录：

借：主营业务成本　　　　　　　　　　7 000
　　贷：库存商品　　　　　　　　　　　　7 000

(10)发放上月工资 50 000 元。

分析：这项经济业务的发生，涉及“应付职工薪酬”负债减少，记借方；“银行存款”资产减少，记贷方。应编制如下会计分录：

借：应付职工薪酬　　　　　　　　　　50 000
　　贷：银行存款　　　　　　　　　　　　50 000

(11)银行借款 250 000 元经批准转作银行向企业的投资。

分析：这项经济业务的发生，涉及“实收资本”所有者权益增加，记借方；“长期借款”负债减少，记贷方。应编制如下会计分录：

借：长期借款　　　　　　　　　　　　250 000
　　贷：实收资本　　　　　　　　　　　　250 000

(12)当月水电费 3000 元，尚未支付。

分析：这项经济业务的发生，涉及“其他应付款”负债增加，记贷方；“管理费用”费用增加，记借方。应编制如下会计分录：

借：管理费用　　　　　　　　　　　　3 000
　　贷：其他应付款　　　　　　　　　　　3 000

(13)1 月 31 日，月末结算，当月全部收入 110 000 元减全部费用 80 000 元，得利润 30 000 元。利润归所有者所有，并入所有者权益。所有者权益增加 30 000 元。

分析：将收入类账户的贷方发生额转入“本年利润” 贷方，将费用类账户的借方发生额转入“本年利润”借方。应编制如下会计分录：

借：主营业务收入　　　　　　　　　110 000
　　贷：本年利润　　　　　　　　　　　110 000

借：本年利润　　　　　　　　　　　80 000
　　贷：主营业务成本　　　　　　　　　77 000
　　　　管理费用　　　　　　　　　　　3 000

14．经研究，决定将 50 000 元利润分给投资者，予以转账。

分析：这项经济业务的发生，涉及“利润分配”所有者权益减少，记借方；“应付利润”负债增加，记贷方。应编制如下会计分录：

借：利润分配　　　　　　　　　　　50 000
　　贷：应付股利　　　　　　　　　　　50 000

15．经批准，将盈余公积金 100 000 元转增资本金。

分析：这项经济业务的发生，涉及“盈余公积”所有者权益减少，记借方；“实收资本”所有者权益增加，记贷方。应编制如下会计分录：

借：盈余公积　　　　　　　　　　　100 000
　　贷：实收资本　　　　　　　　　　　100 000

（二）过账

原材料

380 000	
(3)46 000	
426 000	

应付账款

	54 000
	(3)46 000
	100 000

银行存款

53 000	
(1)100 000	(4)250 000
(2)250 000	(10)50 000
(5)50 000	
(6)100 000	
253 000	

实收资本

	200 000
	(1)100 000
	(11)250 000
	(15)100 000
	650 000

短期借款

	40 000
	(5)50 000
	90 000

长期借款

	400 000
(11)250 000	(2)250000
	400 000

利润分配

(14)50 000	
50 000	

应付股利

	(14)50 000
	50 000

应收账款

6 000	
(8)10 000	
16 000	

盈余公积

	100 000
(15)100 000	

主营业务收入

(13)110 000	(6)100 000
	(8)10 000

主营业务成本

(7)70 000	(13)77 000
(9)7 000	

库存商品

262 500	
	(7) 70 000
	(9) 7 000
185 500	

管理费用

(12) 3 000	(13) 3 000

其他应付款

	(12) 3 000
	3 000

本年利润

(13) 80 000	(13) 110 000
	30 000

应付职工薪酬

	50 000
(10) 50 000	

固定资产

350 000	
(4) 250 000	
250 000	

(三)试算平衡

本期发生额及余额试算平衡表

2014 年 1 月 31 日

会计科目	期初余额		本期发生额		期末余额	
	借　方	贷　方	借　方	贷　方	借　方	贷　方
现金	2 500				2 500	
银行存款	53 000		500 000	300 000	253 000	
应收账款	6 000		10 000		16 000	16 000
原材料	380 000		46 000		426 000	
库存商品	262 500			77 000	185 500	
固定资产	350 000		250 000		600 000	
累计折旧		210 000				210 000
短期借款		40 000		50 000		90 000
应付账款		54 000		46 000		100 000
应付职工薪酬		50 000	50 000			
应付股利				50 000		50 000
其他应付款				3 000		3 000
长期借款		400 000	250 000	250 000		400 000
实收资本		200 000		450 000		650 000
盈余公积		100 000	100 000			
利润分配			50 000		50 000	
本年利润			80 000	110 000		30 000
主营业务收入			110 000	110 000		
主营业务成本			77 000	77 000		
管理费用			3 000	3 000		
合计	1 054 000	1 054 000	1 526 000	1 526 000	1 533 000	1 533 000

练　习　题

一、单项选择题

1. 一个企业的资产总额与权益总额(　　)。

A. 必然相等　　B. 有时相等　　C. 不会相等　　D. 只有在期末时相等

2. 设置账户、进行复式记账和建立资产负债表的理论依据是（　　）。

A. 资产=负债+所有者权益　　B. 资产=权益

C. 会计平衡公式　　D. 收入=支出

3. 一项资产增加，一项负债增加的经济业务发生后，会使资产与权益原来的总额（　　）。

A. 发生同增的变动　　B. 发生同减的变动

C. 不会变动　　D. 发生不等额的变动

4. 某企业刚刚建立时，资产总额为 80 万元，权益总额为 80 万元，现发生一笔以银行存款 10 万元偿还银行借款的经济业务，此时，该企业的资产总额为（　　）。

A. 80 万元　　B. 90 万元　　C. 100 万元　　D. 70 万元

5. 会计科目是对（　　）具体内容进行分类核算的项目。

A. 账户　　B. 会计要素　　C. 经济业务　　D. 会计事项

6. 假如某企业本期期初余额为 5 600 元，本期期末余额为 5 700 元，本期减少发生额为 800 元，则该企业本期增加发生额为（　　）。

A. 900　　B. 10 500　　C. 700　　D. 12 100

7. 复式记账法对发生的各项经济业务，都要按规定的会计科目，在（　　）上相互联系地进行分类记录。

A. 一个账户　　B. 二个或两个以上账户　　C. 三个账户　　D. 更多账户

8. 借贷记账法的理论基础是（　　）。

A. 会计要素　　B. 会计原则　　C. 会计等式　　D. 复式记账法

9. 所有者权益类账户，其账户结构与（　　）结构相同，即贷方记录所有者权益的增加额，借方记录所有者权益的减少额，余额一般在贷方。

A. 资产类账户　　B. 负债类账户　　C. 成本类账户　　D. 损益类账户

10. 收入类账户，贷方记录收入增加额，借方记录收入减少额、转销额，期末应将本期收入结转（　　）科目后，期末余额为零。

A. 实收资本　　B. 资本公积　　C. 盈余公积　　D. 本年利润

11.（　　）通常没有期末余额。

A. 资产账户　　B. 负债账户　　C. 所有者权益账户　　D. 损益账户

二、多项选择题

1. 下列各项经济业务，引起资产、负债及所有者权益双方金额同时增加的有（　　）。

A. 购入一批存货，货款未付　　B. 从银行存款提取现金

C. 向银行借款存入银行　　D. 用银行存款，归还前欠货款

2. 下列经济业务中，会引起会计等式右边会计要素发生一增一减变动的业务有（　　）。

A. 以银行存款偿还前欠货款　　B. 某企业将本企业所欠贷款转作投入资本

C. 将资本公积转增资本　　D. 向银行借款，存入银行

E. 投资者追加对本企业的投资

3. 收入，是指企业销售产品或提供劳务而取得的营业收入。收入的增加，可以使（　　）。

A. 资产增加　　B. 负债减少　　C. 费用增加　　D. 所有者权益减少

4.（　　）属于国家统一规定的会计科目。

A. 应收款　　B. 应付款　　C. 银行存款

D. 库存现金　　　　E. 无形资产

5.（　　）的说法是正确的。

A. 本期的期末余额即为下期的期初余额

B. 如果账户在左方记录增加额，则在右方记录减少额

C. 账户的余额一般与记录增加额在同一方向

D. 会计科目仅仅是对会计要素进行具体分类的项目名称

6. 在会计工作中，账户的格式设计一般包括以下内容（　　）。

A. 账户的名称　　　　B. 日期　　　　C. 摘要　　　　D. 凭证字号

E. 增加和减少的金额及余额

7. 借贷记账法的内容通常包括（　　）。

A. “借”“贷”记账符号　　　　B. 以“有借必有贷，借贷必相等”作为记账规则

C. 可以设置和运用双重性质的账户　　　　D. 按记账规则进行试算平衡

E. 检查账户记录的正确性

8. 账户借方登记（　　）。

A. 资产增加　　　　B. 负债减少　　　　C. 所有者权益减少

D. 费用增加　　　　E. 收入结转

9.（　　）属于资产中有关项目有借有贷的经济业务。

A. 收到某单位还来欠款 800 元　　　　B. 向银行借入短期借款 10 000 元

C. 以存款 2 000 元购买机器一台　　　　D. 从银行提取现金 500 元

E. 收到某投资者投来的银行存款 80 000 元

10.（　　）属于资产与负债同时增加的经济业务。

A. 购买材料 8 000 元，货款暂欠　　　　B. 向银行借入长期借款 10 万元存入银行

C. 以存款 6 000 元偿还前欠货款　　　　D. 向某单位投资一台机器，价值 10 万元

E. 销售一批产品，货款 80 000 元尚未收到

11. 借贷记账法下的试算平衡公式有（　　）。

A. 借方账户金额=贷方账户金额

B. 借方期末余额=借方期初余额+本期借方发生额-本期贷方发生额

C. 全部账户借方发生额合计=全部账户贷方发生额合计

D. 全部账户借方余额合计=全部账户贷方余额合计

三、判断题

1. 任何企业发生任一经济业务，会计等式的左右两方金额永远不变，故永远相等。（　　）

2. 为了满足会计核算质量的要求，会计科目的设置越多越好。（　　）

3. 负债类账户的贷方，记录负债的减少额，借方记录负债的增加额，余额一般在借方，表示期末负债的数额。（　　）

4. 会计分录，就是对每项交易或事项指明应借、应贷的账户名称以及计入账户的金额的一种记录。（　　）

5. 发生对应关系的账户，叫做对应账户，通过账户的对应关系，可以了解经济业务的内容。（　　）

6. 在借贷记账法下，可以开设双重性质的账户。（　　）

7．一个账户的借方如果用来记录增加额，那么其贷方用来记录减少额。（ ）

8．一般来讲，各类账户的期末余额与记录增加额的一方都在同一方向。（ ）

四、业务题

习题一

1．目的：了解会计要素的构成内容。

2．资料：某企业的会计科目如下。

短期借款、存货、实收资本、银行存款、应交税费、无形资产、预收账款、应付债券、业务收入、未分配利润、财务费用、投资收益。

3．要求：分别列示资产、负债、所有者权益、收入、费用和利润类项目。

习题二

1．目的：熟悉经济业务的发生对会计等式的影响。

2．资料：某企业20××年初开业，2月份发生的6笔经济业务列示在下列等式里。

	资产				= 负债	+所有者权益
	银行存款	+应收账款	+存货	+固定资产	=应付账款	+实收资本
期初	9 000	5 600	10 800	6 600	4 200	27 800
业务1	+1 200	−1 200				
业务2	−2 000		+2 000			
业务3				+3 000		+3 000
业务4			+1 000		+1 000	
业务5	−3 000				−3 000	
业务6	+1 000		+2 000			+3 000

3．要求：

(1)根据上述资料，说明该企业2月份发生的经济业务内容。

(2)计算经济业务变动对资产、负债及所有者权益变动的影响结果，并分析变动类型，完成下表。

经济业务内容	会计等式变动结果	变动类型
1．收回应收货款1 200元	32 000=4 200+27 800	资产内部一增一减
2.		
3.		
4.		
5.		
6.		

习题三

1．目的：练习各账户的期末余额与本期发生额的关系。

2．资料：某企业20××年3月份部分账户资料如下(单位：元)。

账户名称	期初余额	本期增加发生额	本期减少发生额	期末余额
银行存款		36 000	24 000	45 000
应收账款	4 000		1 500	3 800
应付账款	4 580	2 400	2 600	
实收资本		12 500	3 000	48 500
固定资产	34 000	12 000		36 500
应付工资	3 000		3 400	3 100

3．要求：根据上述资料，计算空格中数字。

习题四

1．目的：练习借贷记账法的应用。

2．资料：某企业20××年1月份发生下列各项经济业务。

(1)国家财政投入资本2 080 000元，其中各种机器设备(固定资产)820 000元，银行存款1 260 000元。

(2)向银行借入短期借款300 000元，存入银行。

(3)从银行存款提取现金13 400元。

(4)以现金购买办公用品430元。

(5)收到购货单位还来前欠货款24 700元存入银行。

(6)以银行存款偿还前欠货款126 000元。

3．要求：根据资料列示各项经济业务，编制会计分录。

习题五

1．目的：练习借贷记账法下，编制会计分录，登记账户并编制试算平衡表。

2．资料：某公司20××年6月1日有关账户余额如下表所示(单位：元)：

资　产	金　额	负债及所有者权益	金　额
库存现金	1 000	短期借款	112 000
银行存款	38 600	应付账款	133 600
应收账款	12 000	应交税费	88 000
原材料	106 000	实收资本	330 000
生产成本	142 000		
其他应收款	4 000		
固定资产	360 000		
合　计	663 600	合　计	663 600

6月份发生下列经济业务：

(1)3日，接受国家投入的一套机器设备，总价值400 000元，已投入使用。

(2)2日，从银行取得短期借款100 000元，存入银行。

(3)3日，用现金购买办公用品100元。

(4)6日，购入材料60 000元，材料已验收入库，款未付。

(5)9日，用银行存款20 000元，归还短期借款。

(6)11日，开出转账支票一张，偿还上月所欠购货款48 000元。

(7)12日，接银行通知，收到上月销货款10 000元，已入账。

(8)14日，从银行提取现金1 000元。

(9)16日，采购员王某预借差旅费1 200元，以现金支付。

(10)18日，向银行借入短期借款4 500元，直接归还前欠购货款。

(11)22日，用银行存款50 000元交纳税金。

(12)24日，生产产品领用材料86 000元。

(13)30日，将现金2 000元，送存银行。

3．要求：

(1)根据上述资料编制有关会计分录；

(2)根据上述资料开设“丁”字账户，登记期初余额，根据会计分录登记本期发生额，并结出每个账户发生额及期末余额；

(3)根据上述资料编制余额及发生额试算平衡表。

第四章

供产销基本业务的核算

学习目标与要求：

1. 了解工业制造企业生产准备、产品生产、产品销售等企业经营环节发生的经济业务；
2. 熟悉生产准备、产品生产、产品销售等阶段涉及的科目账户；
3. 掌握如何运用借贷记账法编制供产销环节的经济业务的会计分录。

第一节　供应阶段的核算

一、业务分析及账户设置

供应阶段是生产的准备阶段。这个阶段的主要业务是企业以货币资金购买各种材料物资，形成材料储备。供应阶段的核算任务主要是记录、控制采购过程中各项费用的发生情况，同时计算采购成本，确认购入原材料的价值。

在原材料采购过程中，企业要根据供应计划和合同的规定，与供应单位进行价款、增值税进项税额的结算，支付运杂费(包括运输费、装卸费、保险费、包装费、仓储费等)、挑选整理费等各种采购费用。采购回来的材料物资，要及时验收入库，满足生产的需要。买价和采购费用的结算或减少库存现金、银行存款(现购)，或增加负债(赊购)，形成原材料的采购成本。随着采购材料验收入库，全部采购成本结转到原材料的价值中去。采购成本归集和结转是两个基本核算环节。

企业外购的原材料验收入库，或者虽然未到但已经支付了价款，企业就拥有了原材料的所有权，应确认为企业的资产。当生产车间或管理部门领用原材料时，消耗的原材料应根据用途确认为不同的费用项目。库存原材料作为资产负债表的一项流动资产列示。如为赊购，未结算的款项应作为一项负债确认，列入资产负债表的流动负债项目。采购方式和结算方式不同的采购业务相应的核算存在一些细节上的区别。

原材料一般按历史成本计量，全部采购成本构成原材料的价值。在实务中，一般专设账户归集采购过程中发生的各项成本，待采购过程结束后，将采购成本结转到原材料的价值中去。增值税作为一种流转税，最终由消费者承担。采购过程中支付的增值税进项税额可视做代垫的款项，一般不能计入采购成本而作为一项债权资产确认。

为了反映和监督企业的材料采购业务，需要设置和运用以下几个账户。

(一)“材料采购”账户

该账户是资产类账户，核算企业采用计划成本进行材料日常核算而购入材料的采购成本。其借方登记购入材料的买价和采购费用，贷方登记验收入库材料的实际采购成本，期末一般无余额，若有余额，应为借方余额，反映尚未到达或尚未验收入库的在途材料的采购成本。该账户可按供应单位和材料品种设置明细账，进行明细核算。

采用实际成本进行材料日常核算的，购入材料的采购成本，在“在途物资”账户核算。

委托外单位加工材料、商品的加工成本，在“委托加工物资”账户核算。

购入的工程用材料，在“工程物资”账户核算。

（二）“原材料”账户

该账户是资产类账户，核算企业库存的各种材料，包括原料及主要材料、辅助材料、外购半成品（外购件）、修理用备件（备品备件）、包装材料、燃料等的计划成本或实际成本。其借方登记已经验收入库的各种材料的计划成本或实际成本，贷方登记已经领用的材料的计划成本或实际成本，期末借方余额，反映企业库存材料的计划成本或实际成本。该账户可按材料的保管地点（仓库）、材料的类别、品种和规格等设置明细账，进行明细核算。

（三）“应付账款”账户

该账户是负债类账户，核算企业因购买材料、商品和接受劳务等经营活动应支付的款项。其贷方登记应付给供应单位的款项，借方登记已偿付给供应单位的款项，期末贷方余额，反映企业尚未支付的应付账款余额。该账户可按债权人设置明细账，进行明细核算。

（四）“预付账款”账户

该账户是资产类账户，核算企业按照合同规定预付的款项。其借方登记预付的款项，贷方登记收到提供的产品或劳务，冲销预付的款项。期末如为借方余额，反映企业预付的款项；期末如为贷方余额，反映企业尚未补付的款项。该账户可按供货单位设置明细账，进行明细核算。

预付款项情况不多的，也可以不设置本科目，将预付的款项直接计入“应付账款”科目。

（五）“应交税费——应交增值税”账户

该账户是负债类账户，用来核算企业应交纳的增值税。应交增值税还应分别设置“进项税额”、“销项税额”、“出口退税”、“进项税转出”、“已交税金”等专栏。

企业采购物资等，按可抵扣的增值税额，借记“应交税费——应交增值税（进项税额）”账户；销售物资或提供应税劳务，按专用发票上注明的增值税额，贷记“应交税费——应交增值税（销项税额）”账户；出口产品按规定退税的，贷记“应交税费——应交增值税（出口退税）”；交纳的增值税，借记应交税费——应交增值税（已交税金）。

二、材料采购业务的账务处理举例（假定该企业采用计划成本）

（一）一般采购业务核算

光华公司发生了下列原材料采购业务。

【例 4-1】 12 月 1 日，从振平公司购进甲材料 4 000 千克，每千克 25 元，共计买价 100 000 元，增值税 17 000 元，运杂费 3 000 元。当即以银行存款支付。

该项经济业务涉及购买价款、运杂费、增值税的进项税、银行存款三个方面。首先付款导致银行存款这项资产减少，计入“银行存款”账户的贷方；购买价款和运杂费形成采购原材料的实际成本，应计入“材料采购”账户的借方，具体为甲材料的成本，同时计入明细账户“甲材料”的借方；增值税的进项税不属于物资采购的成本，应计入“应交税费——应交增值税(进项税额)”的借方。应做如下会计分录：

借：材料采购——甲材料　　　　　　　　　　103 000
　　应交税费——应交增值税(进项税额)　　　　17 000
　　贷：银行存款　　　　　　　　　　　　　120 000

【例 4-2】 12 月 2 日，上述甲材料检验合格，验收入库。假定不存在材料成本差异。

材料验收后，一方面库存材料增加，应计入“原材料”账户的借方；另一方面，要将该项材料的采购成本予以结转，计入“材料采购”账户的贷方。原材料的价值按采购成本确认。应做如下会计分录：

借：原材料——甲材料　　　　　　　　　　103 000
　　贷：材料采购——甲材料　　　　　　　　103000

【例 4-3】 12 月 4 日，向万达公司购入下列材料：甲材料 1 000 千克，每千克 80 元，共计 80 000 元，增值税 13 600 元；乙材料 500 千克，每千克 40 元，共计 20 000 元，增值税 3 400 元。货款与增值税共计 17 000 元，以银行存款支付 50 000 元，其余 67000 元尚未支付。

该项经济业务发生后，甲、乙两种原材料物资的采购成本增加，分别计入“材料采购”总账、明细账户的借方；增值税的进项税计入“应交税费——应交增值税(进项税额)”的借方；价税合计 11 700 元，其中 50 000 元已经支付，银行存款减少，应计入账户的贷方，尚未支付的 67 000 元形成光华公司对万达公司的负债，应计入“应付账款”账户的贷方，具体为万达公司的债务，还应同时在明细账户“万达公司”中登记。应做如下会计分录：

借：材料采购——甲材料　　　　　　　　　　80 000
　　　　　　——乙材料　　　　　　　　　　20 000
　　应交税费——应交增值税(进项税额)　　　17 000
贷：银行存款　　　　　　　　　　　　　　　50 000
　　应付账款——万达公司　　　　　　　　　67 000

【例 4-4】 12 月 7 日，用现金支付上述甲、乙两种原材料的运杂费共计 3 000 元。

该项经济业务发生后，现金资产减少 3 000 元，甲、乙两种原材料的采购成本共增加 900 元。会计人员应进一步计算出分别应由甲、乙两种原材料负担的数额是多少，以分别在甲、乙两种原材料的明细账中登记，计算各自的采购成本。具体的分配过程将在“采购成本的计算”中专门讲述。假设分配的结果是应由甲材料负担 2 000 元，乙材料负担 1 000 元，应做如下会计分录：

借：材料采购——甲材料　　　　　　　　　　2 000
　　　　　　——乙材料　　　　　　　　　　1 000
　　贷：库存现金　　　　　　　　　　　　　3 000

【例 4-5】 12 月 11 日，上述两种材料清点无误后，验收入库。假定不存在材料成本差异。

在整个采购过程中，甲、乙两种原材料的采购成本分别共计 8 600 元、2 300 元，分别结转入原材料的价值中去。假定材料的实际采购成本与计划成本相同。则应做如下会计分录：

借：原材料——甲材料　　　　　　　　　　82 000
　　　　　——乙材料　　　　　　　　　　21 000
　　贷：材料采购——甲材料　　　　　　　　82 000
　　　　　　　　——乙材料　　　　　　　　21 000

(二)预付账款采购方式的核算

【例 4-6】 12 月 13 日，以银行存款 100 000 元预付甲材料购料款。

该项经济业务的发生，一方面使预付账款增加 100 000 元，另一方面使银行存款减少 100 000 元。预付款业务并不意味着企业取得了原材料的所有权，不能增加采购成本，应作为债权的增加计入资产类账户“预付账款”的借方。银行存款的减少计入账户的贷方。应做如下会计分录：

借：预付账款　　　　　　　　　　　　　100 000

　　贷：银行存款　　　　　　　　　　　　　100 000

【例 4-7】 12 月 18 日，收到上述甲材料。材料总价款 150 000 元，增值税 25 500 元，补付款 75 500 元。

该项经济业务的发生，收到原材料意味着取得了原材料的所有权，采购成本相应增加了 150 000 元，计入“材料采购”账户的借方；增值税进项税额增加了 25 500 元，计入“应交税费——应交增值税(进项税额)”账户的借方；价税合计 175 500 元，其中，100 000 元已于 12 月 13 日预付，形成的债权随着材料的取得得以偿还，应计入“预付账款”账户的贷方，补付的价款部分应计入“银行存款”账户的贷方。实务中，为全面核算材料款的预付和到货情况，一般编制两笔分录反映上述变动。会计分录如下：

借：材料采购——甲材料　　　　　　　　150 000

　　应交税费——应交增值税(进项税额)　　25 500

　　贷：预付账款　　　　　　　　　　　　　175 500

借：预付账款　　　　　　　　　　　　　75 500

　　贷：银行存款　　　　　　　　　　　　　75 500

【例 4-8】 上述甲材料验收入库。假定不存在材料成本差异。

借：原材料——甲材料　　　　　　　　　150 000

　　贷：材料采购——甲材料　　　　　　　　150 000

(三)赊购原材料

【例 4-9】 12 月 27 日，向红星工厂采购乙材料 100 000 元，增值税 17 000 元，款项尚未支付。

该项经济业务的发生，乙种原材料物资的采购成本增加，分别计入“材料采购”总账、明细账户的借方；增值税的进项税计入“应交税费——应交增值税(进项税额)”的借方；尚未支付的材料款形成对红星工厂的负债，应计入“应付账款”账户的贷方，同时还应在明细账户“红星工厂”中登记。应做如下会计分录：

借：材料采购——乙材料　　　　　　　　100 000

　　应交税费——应交增值税(进项税额)　　17 000

贷：应付账款——红星工厂　　　　　　　　　117 000

可见，原材料采购的核算大致可分两步：一是采购过程的记录，或称采购成本的归集。对于采购过程中发生的各项成本支出，属于制度规定的成本项目的，确认为采购成本，记录于“材料采购”账户的借方，即在“材料采购”账户的借方归集；二是采购成本的结转。归集的目的是为了计算确定原材料的历史成本。采购过程结束，应将采购成本从“材料采购”账户的借方结转到“原材料”账户的借方。

上例中，对于验收入库的原材料，采取了逐笔结转采购成本的方式。实务中，材料采购业务非常频繁的企业，为了减少会计核算的工作量，也可以对平时验收入库的原材料不做核算，在月底，将本月所有验收入库的原材料的采购成本一次结转到原材料的价值中去。光华公司 12 月份采购成本共计 46 700 元，其中，甲材料 335 000 元，全部验收入库，乙材料 121 000 元，验收入库 21 000 元。若平时对入库的原材料不做核算，月末应编制会计分录如下：

借：原材料——甲材料　　　　　335 000
　　原材料——乙材料　　　　　21 000
　　贷：材料采购——甲材料　　　　　335 000
　　　　材料采购——乙材料　　　　　21 000

“材料采购”账户月末借方余额为 100 000 元，是已经取得所有权、确认为企业的资产但尚未入库的原材料的采购成本，即在途材料的价值。

还应注意，对于预付账款购进业务，只能于收到原材料而非预付账款时确认采购。

将上述会计分录过账，主要账户的对应关系如图 4-1 所示。

借　　材料采购	贷
(1) 103 000	(2) 103 000
(3) 100 000	(5) 103 000
(4) 3 000	(8) 150 000
(7) 150 000	
(9) 100 000	
100 000	

借　　原材料	贷
(2) 103 000	
(5) 103 000	
(8) 150 000	
356 000	

图 4-1　本案例会计分录过账

三、材料采购成本的计算

材料的采购，不仅要保证生产的需要，同时还要尽量降低采购成本，提高储备资金的使用效率。为了分析、考核材料采购成本的形成和变动情况，必须运用成本计算的方法，计算各购入材料的总成本和单位成本。原材料的采购成本项目在相关的制度中有具体的规定，一般应当包括下列几项：

(1) 材料的买价；

(2) 材料的运杂费（即材料物资运达企业所发生的运输、装卸、保险、包装、仓储等费用）；

(3) 运输途中的合理损耗；

(4) 入库前的挑选整理费（包括挑选整理过程中发生的损耗，并扣除回收的下脚废料价值）；

(5) 税金。采购过程中支付的有些税金如进口关税，消费税等应该计入采购成本。应注意，采购过程中支付的能够在销项税中抵扣的增值税的进项税额，不能计入采购成本。

在计算材料的采购成本时，对于材料的买价应当直接计入各该材料的采购成本，对于其他各种采购费用，有的是专门为采购某种材料而发生的，有的是为了采购几种材料同时发生的。凡是专门为采购某种材料而发生的费用，应直接计入该种材料的采购成本。对于不能直接归属于某一种材料的费用，即为了采购几种材料同时发生的费用，必须按一定的标准，如重量、买价、体积等比例，在有关的几种材料之间进行分配。

应由几种材料共同分担的采购费用，可以先计算分配率，然后再据以计算每种材料应分担的费用。计算公式如下：

$$采购费用分配率=\frac{应分配的采购费用总额}{分配标准}$$

某种材料应分配的采购费用=该种材料分配标准数额×采购费用分配率

在例 4-4 中，甲、乙两种原材料共发生运杂费 3000 元，需要在两种材料之间加以分配。原材料重量与运杂费较为相关，我们可以选择重量指标作为分配标准，其计算方法如下：

$$运杂费分配率=\frac{3\,000}{1\,000+500}=2（元/千克）$$

甲材料应分担的运杂费=1000×2=2000（元）

乙材料应分担的运杂费=500×2=1000（元）

原材料采购成本的计算一般通过编制采购成本计算单进行，如表 4-1 所示。

表 4-1　原材料采购成本计算单

日　期	材料名称	重量（千克）	买　价		运杂费（元）	实际采购成本	
			单　价	总　计		总　成　本	单位成本
12.10	甲材料 乙材料	1 000 500	80 40	80 000 20 000	2 000 1 000	82 000 21 000	82 42
合计		1 500		100 000	300	103 000	

第二节　生产阶段的核算

一、业务分析和账户设置

生产过程是工业企业经营过程的中心环节，是指从材料投入生产起，到完工入库为止的过程。在生产阶段，材料作为劳动对象投入生产，被一次性消耗；劳动者利用厂房、机器设备等劳动资料，对劳动对象进行加工，创造新价值，要求一定的劳动报酬；机器设备等固定资产由于使用价值逐渐减少。我们将固定资产的价值减少称作折旧。可见，产品的生产过程，也是生产的耗费过程。企业所发生的生产费用，最终都要通过一定的方法，归集、分配到不同的成本费用项目中去。生产费用的发生、归集和分配，以及产品成本的形成，就构成了生产阶段核算的主要内容。

按照各项资产用途的不同，因其消耗形成的费用大致可以分为两类：一是产品成本；二是管理费用。产品成本是指为生产一定数量和质量的产品所发生的全部支出，包括直接材料费用、直接人工费用和制造费用。直接材料是指直接用于产品生产的原材料；直接人工是指直接从事产品生产的工人工资；制造费用是指各生产单位（如分厂、生产车间）为组织和管理生产而发生的各项间接费用，如车间管理人员工资、车间机器设备等固定资产的折旧费、工具修理费等。前两项属于直接成本，能够直接判断归属于哪种产品；后一项属于间接成本，是为多种产品的生产发生的共同费用。管理费用是指行政管理部门为组织管理生产而发生的全部支出，如厂部行政管理人员工资、机器设备等固定资产的折旧费、工具修理费等。可以看出，制造费用和管理费用的区别在于费用发生的部门不同。同一性质的费用，如为宏观的企业总体上的行政管理，属于管理费用；如为生产单位的生产管理，属于制造费用。

会计上对于生产过程中所发生的各项耗费，在实际发生时予以确认。首先，应当根据成本费用的概念确认一项耗费是属于产品成本还是管理费用；其次，属于产品成本的，应进一步确认属于何种产品的成本；同一种产品的成本还应在完工产品和在产品之间进行分配，最终计算出完工产品的成本，确认库存商品的价值。

生产过程各项耗费的计量按实际发生额计量。

为分门别类地归集和分配各种生产费用，正确计算产品的生产成本，一般工业企业在生产阶段应设置以下账户。

（一）“生产成本”账户

该账户是成本类账户，核算企业进行工业性生产发生的各项生产成本，包括生产各种产品（库存商品、自制半成品等）、自制材料、自制工具、自制设备等。凡是直接用于产品生产的各项成本，如直接材料、直接人工等，在发生时直接计入“生产成本”账户。其他各种为生产产品而发生的间接费用，在发生时先计入“制造费用”账户，然后再分配计入“生产成本”账户。“生产成本”账户借方登记各项直接生产成本和间接生产费用，贷方登记已经生产完成并已验收入库的库存商品及入库的自制半成品的实际成本，期末借方余额，反映企业尚未加工完成的在产品成本。该账户可按基本生产成本和辅助生产成本进行明细核算。基本生产成本应当分别按照基本生产车间和成本核算对象（产品的品种、类别、订单、批别、生产阶段等）设置明细账（或成本计算单，下同），并按照规定的成本项目设置专栏。

（二）“制造费用”账户

该账户是成本类账户，核算企业生产车间（部门）为生产产品和提供劳务而发生的各项间接费用。其借方登记企业各生产单位为生产产品和提供劳务而发生的各项间接费用，如生产车间发生的机物料消耗、管理人员的工资等职工薪酬、计提的固定资产折旧、支付的办公费和水电费、发生的季节性的停工损失等；贷方登记转入“生产成本”、“劳务成本”等账户借方的应由各种产品成本负担的制造费用；除季节性的生产性企业外，本账户期末应无余额。该账户可按不同的生产车间、部门和费用项目设置明细账，进行明细分类核算。

（三）“应付职工薪酬”账户

该账户是负债类账户，核算企业根据有关规定应付给职工的各种薪酬。其贷方登记应支付给职工的各种薪酬；借方登记实际已支付的各种薪酬及从应付职工薪酬中扣还或缴纳的各种款项（代垫的家属药费、个人所得税、工会经费、职工教育经费、社会保险费和住房公积金等）；期末贷方余额，反映企业应付未付的职工薪酬。该账户可按“工资”、“职工福利”、

“社会保险费”、“住房公积金”、“工会经费”、“职工教育经费”、“非货币性福利”、“辞退福利”、“股份支付”等设置明细账，进行明细核算。

企业(外商)按规定从净利润中提取的职工奖励及福利基金，也在本科目核算。

(四)“固定资产”账户

该账户是资产类账户，核算企业持有的固定资产原价。其借方登记增加的固定资产的原始价值，贷方登记减少的固定资产的原始价值，期末借方余额，反映企业固定资产的原价。该账户可按固定资产类别和项目设置明细账，进行明细核算。融资租入的固定资产，可在本账户设置“融资租入固定资产”明细账户。

(五)“累计折旧”账户

该账户是资产类账户，核算企业固定资产的累计折旧。其借方登记按期(月)计提的固定资产的折旧金额，贷方登记处置固定资产时结转的累计折旧额，期末贷方余额，反映企业固定资产的累计折旧额。该账户可按固定资产的类别或项目进行明细核算。

通过“固定资产”和“累计折旧”这两个账户，可以计算固定资产的折余价值也就是净值：固定资产的净值=固定资产账户借方余额-累计折旧账户贷方余额。

(六)“库存商品”账户

该账户是资产类账户，核算企业库存的各种商品的实际成本(或进价)或计划成本(或售价)，包括库存商品、外购商品、存放在门市部准备出售的商品、发出展览的商品及寄存在外的商品等。其借方登记生产完成(或购入)验收入库的库存商品的实际成本(或进价)或计划成本(或售价)，贷方登记已经销售或已经发出的库存商品(商品)的实际成本(或进价)或计划成本(或售价)，期末借方余额，反映企业库存商品的实际成本(或进价)或计划成本(或售价)。该账户可按库存商品的种类、品种和规格等设置明细账，进行明细分类核算。

采用实际成本进行库存商品日常核算的，发出库存商品的实际成本，可以采用先进先出法、加权平均法或个别认定法计算确定。

采用计划成本核算的，发出库存商品还应结转产品成本差异，将发出库存商品的计划成本调整为实际成本。

(七)“管理费用”账户

本账户是损益类账户，核算企业为组织和管理企业生产经营所发生的管理费用，包括企业在筹建期间内发生的开办费、董事会和行政管理部门在企业的经营管理中发生的或者应由企业统一负担的公司经费(包括行政管理部门职工工资及福利费、物料消耗、低值易耗品摊销、办公费和差旅费等)、工会经费、董事会费(包括董事会成员津贴、会议费和差旅费等)、聘请中介机构费、咨询费(含顾问费)、诉讼费、业务招待费、房产税、车船使用税、土地使用税、印花税、技术转让费、矿产资源补偿费、研究费用、排污费等。其借方登记企业所发生的各项管理费用，贷方登记期末转入“本年利润”账户的余额，结转后本账户无余额。该账户可按费用项目设置明细账，进行明细分类核算。

企业生产车间(部门)和行政管理部门等发生的固定资产修理费用等后续支出，也在该账户核算。

企业(商品流通)管理费用不多的，可不设置该账户，该账户的核算内容可并入“销售费用”账户核算。

二、产品生产过程的账务处理

(一)材料费用的核算

产品生产首先要领用原材料。原材料的领用一方面会引起库存原材料的减少；另一方面，原料的消耗形成各种成本费用，进一步转化为其他资产形式，如构成产品的价值等，或从收入中得到补偿。领用原材料的核算一方面在“原材料”账户的贷方记录材料资产减少，另一方面，消耗的原材料形成的费用根据用途的不同相应地在不同的成本费用账户中归集。

光华公司12月份生产过程发生如下经济业务(接上节)。

【例4-10】 12月10日，仓库发出甲材料共计2 000千克，每千克80元，其中：为生产A产品领用1 200千克，为生产B产品领用600千克，车间一般耗用150千克，行政管理部门耗用50千克。

该项经济业务的发生，一方面使企业的原材料资产减少，应计入“原材料”账户的贷方。另一方面，企业的各项成本费用增加：产品生产直接耗用的原材料分别直接由A、B两种产品的成本负担，直接计入“生产成本”账户的借方；车间耗用的原材料属于间接费用，暂计入“制造费用”账户的借方；行政管理部门耗用的原材料不属于产品成本，应计入“管理费用”账户的借方。应做如下会计分录：

借：生产成本——A产品	96 000	
——B产品	48 000	
制造费用	12 000	
管理费用	4 000	
贷：原材料——甲材料		160 000

(二)人工费的核算

生产过程的人工费包括支付给生产人员的各种职工薪酬。职工薪酬，是指企业为获得职工提供的服务而给予的各种形式的报酬及其他相关支出。职工薪酬包括：(1)职工工资、奖金、津贴和补贴；(2)职工福利费；(3)医疗保险费、养老保险费、失业保险费、工伤保险费和生育保险费等社会保险费；(4)住房公积金；(5)工会经费和职工教育经费；(6)非货币性福利；(7)因解除与职工的劳动关系给予的补偿；(8)其他与获得职工提供的服务相关的支出。

生产过程的人工费根据各类人员的工作性质不同，亦即不同用途，归集到相应的成本费用账户。

【例4-11】 12月31日，计算出本月份应付的职工工资126 000元，其用途和金额具体分配如下：

生产工人工资	
制造A产品工人工资	80 000

制造B产品工人工资　　　　　　　　　　20 000

车间管理人员工资　　　　　　　　　　10 000

厂部管理人员工资　　　　　　　　　　16 000

该项经济业务的发生，一方面使企业应该支付给职工的工资增加，负债增加，应计入“应付职工薪酬”账户的贷方。另一方面，企业的各项成本费用增加：其中，直接从事产品生产的职工工资属于直接人工，应直接计入“生产成本”账户的借方；车间管理人员的工资属于间接费用，应先暂计入“制造费用”账户的借方；厂部管理人员的工资属于行政管理费用，应计入“管理费用”账户的借方。应做如下会计分录。

借：生产成本——A产品　　　　　　　　80 000

　　　　　　——B产品　　　　　　　　20 000

　　制造费用　　　　　　　　　　　　10 000

　　管理费用　　　　　　　　　　　　16 000

贷：应付职工薪酬——工资　　　　　　　　126 000

【例4-12】 根据当地政府规定，公司分别按照职工工资总额的10%、12%、5%和8%计提医疗保险费、养老保险费、失业保险费和住房公积金。公司分别按照职工工资总额的2%、1.5%和1.5%计提工会经费、职工福利费和职工教育经费。具体计算如下：

应计入A产品生产成本的社会保险费、住房公积金、工会经费、职工福利费和职工教育经费的金额=80 000×(10%+12%+5%+8%+2%+1.5%+1.5%)=32 000(元)

应计入B产品生产成本的社会保险费、住房公积金、工会经费、职工福利费和职工教育经费的金额=20 000×(10%+12%+5%+8%+2%+1.5%+1.5%)=8 000(元)

应计入制造费用的社会保险费、住房公积金、工会经费、职工福利费和职工教育经费的金额=10 000×(10%+12%+5%+8%+2%+1.5%+1.5%)=4 000(元)

应计入管理费用的社会保险费、住房公积金、工会经费、职工福利费和职工教育经费的金额=16 000×(10%+12%+5%+8%+2%+1.5%+1.5%)=6 400(元)

借：生产成本——A产品　　　　　　　　32 000

　　　　　　——B产品　　　　　　　　8 000

　　制造费用　　　　　　　　　　　　4 000

　　管理费用　　　　　　　　　　　　6 400

　　贷：应付职工薪酬——社会保险费　　　　34 020

　　　　　　　　　　——住房公积金　　　　10 080

　　　　　　　　　　——工会经费　　　　　2 520

　　　　　　　　　　——职工福利　　　　　1 890

　　　　　　　　　　——职工教育经费　　　1 890

(三) 固定资产的核算

固定资产，是指同时具有下列特征的有形资产：(1)为生产商品、提供劳务、出租或经营管理而持有的；(2)使用寿命超过一个会计年度。使用寿命，是指企业使用固定资产的预计期间，或者该固定资产所能生产产品或提供劳务的数量。

固定资产同时满足下列条件的，才能予以确认：(1)与该固定资产有关的经济利益很可能流入企业；(2)该固定资产的成本能够可靠地计量。

固定资产应当按照成本进行初始计量。

外购固定资产的成本，包括购买价款、相关税费、使固定资产达到预定可使用状态前所发生的可归属于该项资产的运输费、装卸费、安装费和专业人员服务费等。以一笔款项购入多项没有单独标价的固定资产，应当按照各项固定资产公允价值比例对总成本进行分配，分别确定各项固定资产的成本。购买固定资产的价款超过正常信用条件延期支付、实质上具有融资性质的，固定资产的成本以购买价款的现值为基础确定。

自行建造固定资产的成本，由建造该项资产达到预定可使用状态前所发生的必要支出构成。

投资者投入固定资产的成本，应当按照投资合同或协议约定的价值确定，但合同或协议约定价值不公允的除外。

固定资产在使用过程中发生后续支出的，若后续支出满足固定资产的确认条件，应当计入固定资产成本(如有被替换的部分，应扣除其账面价值)，不满足固定资产确认条件的，应当在发生时计入当期损益。

企业应当对所有固定资产计提折旧。但是，已提足折旧仍继续使用的固定资产和单独计价入账的土地除外。折旧，是指在固定资产使用寿命内，按照确定的方法对应计折旧额进行系统分摊。应计折旧额是指应当计提折旧的固定资产的原价扣除其预计净残值后的金额。已计提减值准备的固定资产，还应当扣除已计提的固定资产减值准备累计金额。

企业应当根据与固定资产有关的经济利益的预期实现方式，合理选择固定资产折旧方法。可选用的折旧方法包括年限平均法、工作量法、双倍余额递减法和年数总和法等。固定资产的折旧方法一经确定，一般情况下不得随意变更。

固定资产应当按月计提折旧，并根据用途计入相关资产的成本或当期损益。

本部分主要介绍固定资产的购建及其折旧。

外购固定资产，不需安装的固定资产的核算如下。

【例 4-13】 某企业购入不需要安装的一台设备，价款 100 000 元，支付运输费 3 000 元，包装费 2 000 元。全部款项以银行存款支付。

该固定资产的原价=100 000+3 000+2 000=105 000(元)

该项经济业务发生后，应做如下会计分录：

借：固定资产	105 000	
贷：银行存款		105 000

外购固定资产，需安装的核算如下。

【例 4-14】 某企业购入一台需要安装的设备，买价为 50 000 元，支付运输费 1 000 元。该设备由供应商安装，另支付安装费 4 200 元。所有款项均以银行存款支付。

企业购入需要安装的固定资产时，先通过“在建工程”账户核算，等设备安装完毕交付使用时，再从“在建工程”账户转入“固定资产”账户。该项经济业务发生后，应做如下会计分录。

(1)支付设备价款、运输费合计：50 000+1 000=51 000(元)

借：在建工程	51 000	
贷：银行存款		51 000

(2)支付安装费：

借：在建工程　　4 200

　　贷：银行存款　　4 200

(3)设备安装完毕交付使用时，确定的固定资产价值为：

$$51\,000+4\,200=55\,200(元)$$

借：固定资产　　55 200

　　贷：在建工程　　55 200

【例 4-15】 折旧的核算。12 月 31 日，按照规定提取本月份固定资产的折旧，其中生产车间提取 36000 元，行政管理部门提取 12 000 元。

固定资产折旧属于资产价值减少，应计入资产类账户“累计折旧”的贷方。另一方面，资产的损耗形成费用，要按照固定资产的使用部门计入不同的账户。车间发生的折旧，应计入“制造费用”账户的借方，行政管理部门发生的，计入“管理费用”账户的借方。应做如下会计分录：

借：制造费用　　36 000

　　管理费用　　12 000

　　贷：累计折旧　　48 000

(四)其他费用的核算

【例 4-16】 12 月 20 日，以现金支付生产车间文具用品费 300 元，企业行政部门办公费 200 元。

车间发生的文具用品费，属于制造费用，应计入“制造费用”账户的借方；行政管理部门发生的办公费，属于管理费用，应计入“管理费用”账户的借方。现金减少，应计入“库存现金”账户的贷方。应做如下会计分录：

借：制造费用　　300

　　管理费用　　200

　　贷：库存现金　　500

【例 4-17】 12 月 21 日，以银行存款预付明年上半年的设备保险费 18 000 元。

企业的设备保险费，也是一种制造费用。但预付的保险费，其受益期间不是本月，而是明年的 1—6 月份。按照权责发生制原则，不能直接将这笔开支计入本月的制造费用，而应先计入“预付款项”这一资产账户，以后分摊计入各收益期。应做如下会计分录：

借：预付账款　　18 000

　　贷：银行存款　　18 000

【例 4-18】 12 月 31 日，从银行提取现金 124 000 元，以备发放工资。

该项经济业务发生后，应做如下会计分录：

借：库存现金　　124 000

　　贷：银行存款　　124 000

【例 4-19】 12 月 31 日，以现金发放本月份职工的工资 126 000 元。

该项经济业务发生后，应做如下会计分录：

借：应付职工薪酬　　126 000

　　贷：库存现金　　126 000

【例 4-20】 12 月 31 日，摊销以前支付，应由本月负担的设备保险费 300 元。

企业预付设备保险费时，已计入“预付款项”账户的借方。本月应负担的部分(假设全年共预付 36 000 元，各月应分摊 3 000 元)，一方面应计入“制造费用”账户，另一方面应冲减“预付款项”账户的余额。应做如下会计分录：

借：制造费用	3 000	
贷：预付账款		3 000

(五) 制造费用的分配

制造费用属于多种产品的共同性生产费用，每个会计期间发生的制造费用平时在“制造费用”账户的借方归集，期末应在不同的产品之间进行分配，以计算不同产品的成本。

【例 4-21】 12 月 31 日，将本月发生的制造费用分配计入 A、B 两种产品的成本中去。

本月“制造费用”账户共归集 65 300 元的间接生产费用，属于本月为生产 A、B 两种产品的共同性费用，月末需要在 A、B 两种产品之间进行分配，计入 A、B 两种产品的成本中去。具体的分配方法将专门介绍。制造费用分配后，账户期末没有余额。根据分配结果，应计入 A、B 两种产品的制造费用分别为 52 240 元和 13 060 元，应做如下会计分录：

借：生产成本——A 产品	52 240	
生产成本——B 产品	13 060	
贷：制造费用		65 300

(六) 完工产品成本结转

产品生产成本包括直接材料成本、直接人工成本、制造费用。前两项在发生时由于明确产品对象，直接记在“生产成本”账户的借方，后一项通过分配，最终也转记到生产成本的借方。“生产成本”账户归集了为产品生产所发生的全部成本。完工产品已结束了生产过程，专门通过“库存商品”账户进行核算。相应地，完工产品的成本应从“生产成本”账户转出，计入库存商品的价值中去。

【例 4-22】 12 月 31 日，结转本月份完工入库库存商品的实际成本。其中 A 产品 1 000 件，全部完工，并验收入库，实际成本为 260 240 元(具体计算将在后面讲解)。B 产品尚未完工。

企业制造完工入库的库存商品，应按其实际成本，从“生产成本”账户的贷方转入“库存商品”账户的借方。对于正在生产的在产品，因为尚未完工成为库存商品，所以不能结转其实际生产成本，对于已经发生的生产费用，仍然保留在“生产成本”账户，成为“生产成本”账户的期末余额，反映在产品的价值。该项经济业务发生后，应做如下会计分录：

借：库存商品——A 产品	260 240	
贷：生产成本——A 产品		260 240

上述生产阶段核算所发生的主要账户对应关系如图 4-2 所示。

上述经济业务除了在总分类账户中登记以外，还应在有关明细分类账户中登记。为简化举例，仅列示“生产成本”账户所属的各明细分类账户，如表 4-2、表 4-3 所示，其余明细分类账户从略。

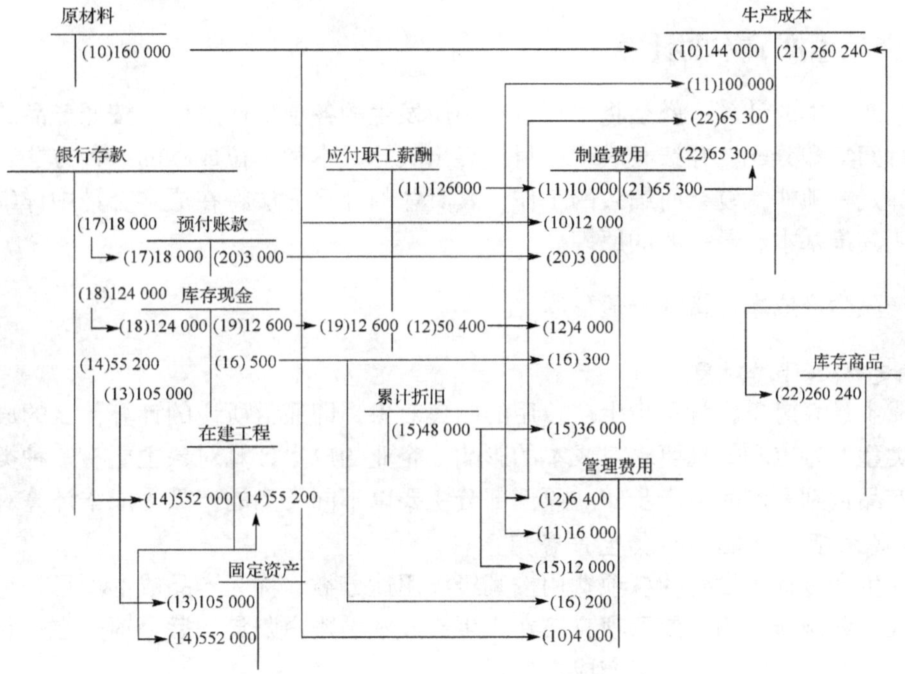

图 4-2　上述生产阶段核算所发生的主要账户对应关系

表 4-2　生产成本明细分类账

产品名称：A 产品　　　　　　　　　　　　　　　　　　　　　　　　　　单位：元

年		凭证号数	摘　要	借　方				贷　方	余　额
月	日			直接材料	直接人工	制造费用	合　计		
12									
	1		期初余额						
	10		材料费	96 000			96 000		96 000
	31		人工费		112 000				
	31		制造费用			52 240	112 000		112 000
			结转完工						
	31		产品成本				52 240		522 240
								260 240	
									260 240
12	31		本月发生额及余额	96 000	112 000	52 240	260 240	260 240	0

表 4-3　生产成本明细分类账

产品名称：B 产品　　　　　　　　　　　　　　　　　　　　　　　　　　单位：元

年		凭证号数	摘　要	借　方				贷　方	余　额
月	日			直接材料	直接人工	制造费用	合　计		
12			期初余额						
	1		材料费						
	10		人工费						
			制造费用	48 000			48 000		48 000
	31				28 000				
							28 000		28 000
	31					13 060	13 060		13 060
12	31		本月发生额及余额	48 000	28 000	13 060	89 060		89 060

三、产品生产成本的计算

产品生产成本的计算，就是将生产过程中所发生的各项生产费用，按照产品的品种或其他标准进行归集和分配，并按其成本项目计算出其总成本和单位成本的一种方法。产品生产成本的计算是一项非常复杂而细致的工作，其具体的计算方法将在成本会计中详细阐述。这里仅仅说明其最基本、最一般的原理。

(一)产品生产成本计算的一般程序

1. 确定成本计算对象

所谓成本计算对象，就是指生产费用的归集对象，即通常所说的计算什么的成本。根据企业生产类型的特点和管理要求对成本的影响，企业的成本计算对象主要有三种类型，即产品品种、产品批别和产品生产步骤。原理部分主要以不同类型的产品为成本计算对象。

2. 按成本项目分配和归集生产费用

企业在生产过程中发生的各项费用按其经济用途分类，称为产品成本项目，包括直接材料、直接人工和制造费用。前两项直接在“生产成本”账户归集，后一项先在“制造费用”账户归集，期末分配结转入“生产成本”账户。

3. 计算产品生产成本

在各项费用按成本项目分别归集分配到各成本计算对象的基础上，就可以计算出各种对象的总成本和单位成本。对于月末没有在产品的产品，将按成本项目归集和分配的费用经过汇总，就是该种产品的完工产品成本。对于既有完工产品又有在产品的产品，应将月初在产品成本与本月产品费用之和，在本月完工产品与月末在产品之间进行分配和归集，算出该种完工产品与月末在产品的成本。本月发生的产品费用和月初、月末在产品及完工产品成本之间的关系如下：

月初在产品成本+本月发生产品费用=本月完工产品成本+月末在产品成本

(二)计算举例

在计算产品成本时，对于生产过程中所发生的费用，凡是能直接区分属于何种产品的，应当在费用发生时直接计入该产品的成本；凡是因生产多种产品而共同发生的生产费用，应当先计入“制造费用”账户进行归集，月末按照一定的标准在这些产品之间加以分配。直接成本与间接成本共同构成产品的生产成本。

常用的制造费用分配标准有生产工人工时、生产工人工资、产品生产的机器小时等，企业应选择与制造费用的发生最为相关的因素作为分配标准。计算步骤和公式如下：

$$\text{制造费用分配率}=\frac{\text{制造费用总额}}{\sum \text{各产品分配标准}}$$

某种产品应分配的制造费用=该产品分配标准数额×制造费用分配率

光华公司 12 月份共发生制造费用 65 300 元，选择直接工人工资作为分配标准：

$$\text{制造费用分配率}=\frac{65\,300}{80\,000+20\,000}=0.653$$

A 产品应分配的制造费用=80 000×0.653 =52 240(元)

B 产品应分配的制造费用=20 000×0.744 = 13 060(元)

制造费用的分配，一般是通过编制费用分配表来进行的，其格式如表 4-4 所示。

表 4-4　制造费用分配表

单位：元

产品名称	分配标准（生产工人工资）	分　配　率	分配金额
A 产品	80 000	0.653	52 240
B 产品	20 000	0.653	13 060
合　计	100 000	0.653	65 300

根据以上制造费用分配表的计算，即可将 A、B 两种产品应分配的制造费用，计入生产成本有关的明细账中，并根据已完工的 A 产品的明细账编制成本计算表，计算出其总成本和单位成本，具体计算如表 4-5 所示。

表 4-5　产品生产成本计算表

产品名称：A 产品　　　　单位：元

成本项目	A　产　品	
	总　成　本	单位成本
直接材料	96 000	96
直接人工	112 000	112
制造费用	52 240	52.24
产品生产成本	260 240	260.24

第三节　销售阶段的核算

一、业务分析和账户设置

销售阶段是产品进入流通阶段，也是企业的生产耗费取得补偿并实现积累的阶段。在这一阶段中，企业一方面要将库存商品及时地销售给购买单位；另一方面要按照销售价格通过货款结算取得销售收入，收回货币资金。这样，企业的经营资金就从成品资金形态转化为货币资金形态，完成了一次资金循环。同时，在销售阶段，企业为了销售产品，还要发生产品的包装、运输、广告等销售费用，计算和缴纳产品销售税金等。

销售阶段核算的主要内容包括：与购买单位办理资金结算，收回货款和增值税的销项税额，确认产品销售收入；结转产品销售成本；支付产品销售费用；计算和缴纳产品销售税金。

根据《企业会计准则第 14 号——收入（财会[2017]22 号）》，企业应当在履行了合同中的履约义务，即在客户取得相关商品控制权时确认收入。取得相关商品控制权，是指能够主导该商品的使用并从中获得几乎全部的经济利益。因此，当企业与客户之间的合同同时满足下列条件时，企业应当在客户取得相关商品控制权时确认收入：①合同各方已批准该合同并承诺将履行各自义务；②该合同明确了合同各方与所转让商品或提供劳务相关的权利和义务；③该合同有明确的与所转让商品相关的支付条款；④该合同具有商业实质，即履行该合同将改变企业未来现金流量的风险、时间分布或金额；⑤企业因向客户转让商品而有权取得的对价很可能收回。

在合同开始日即满足上述条件的合同，企业在后续期间无需对其进行重新评估，除非有迹象表明相关事实和情况发生重大变化。合同开始日通常是指合同生效日。如果在合同开始日不符合上述条件⑤的合同，企业应当对其进行持续评估，并在其满足本准则条件⑤时按照该条的规定进行会计处理。

企业应当按照分摊至各单项履约义务的交易价格计量收入。交易价格，是指企业因向客户转让商品而预期有权收取的对价金额。企业代第三方收取的款项以及企业预期将退还给客户的款项，应当作为负债进行会计处理，不计入交易价格。在确定交易价格时，企业应当考虑可变对价、合同中存在的重大融资成分、非现金对价、应付客户对价等因素的影响。

合同中存在可变对价的，企业应当按照期望值或最可能发生金额确定可变对价的最佳估计数，但包含可变对价的交易价格，应当不超过在相关不确定性消除时累计已确认收入极可能不会发生重大转回的金额。每一资产负债表日，企业应当重新估计应计入交易价格的可变对价金额。

合同中存在重大融资成分的，企业应当按照假定客户在取得商品控制权时即以现金支付的应付金额确定交易价格。该交易价格与合同对价之间的差额，应当在合同期间内采用实际利率法摊销。

客户支付非现金对价的，企业应当按照非现金对价的公允价值确定交易价格。非现金对价的公允价值不能合理估计的，企业应当参照其承诺向客户转让商品的单独售价间接确定交易价格。非现金对价的公允价值因对价形式以外的原因而发生变动的，应当作为可变对价。

企业应付客户（或向客户购买本企业商品的第三方，本条下同）对价的，应当将该应付对价冲减交易价格，并在确认相关收入与支付（或承诺支付）客户对价二者孰晚的时点冲减当期收入，但应付客户对价是为了向客户取得其他可明确区分商品的除外。

收入确认的同时，还必须确认为履行合同发生的成本。其中，在销售过程中发生的合同成本包括直接人工、直接材料、制造费用（或类似费用）、明确由客户承担的成本以及仅因该合同而发生的其他成本。发生的管理费用，为履行合同发生但未反映在合同价格中的非正常消耗的直接材料、直接人工和制造费用（或类似费用），与履约义务中已履行部分相关的支出，以及无法在尚未履行的与已履行的履约义务之间区分的相关支出，在发生时计入当期损益。

销售过程中应计缴的流转税如消费税、城市维护建设税、资源税和教育费附加等相关税费，也应确认为一项费用，与收入相配比。

为了反映和监督产品在销售阶段的具体核算内容，企业应设置以下账户。

（一）“主营业务收入”账户

该账户是损益类账户，核算企业确认的销售商品、提供劳务等主营业务的收入。其贷方登记企业销售产品或提供劳务取得的收入，借方登记期末转入“本年利润”账户贷方的已销售商品的收入额，结转后本账户应无余额。该账户可按主营业务的种类设置明细账，进行明细分类核算。

（二）主营业务成本”账户

该账户是损益类账户，核算企业确认销售商品、提供劳务等主营业务收入时应结转的成本。其借方登记本期已销售（或已提供）商品（或劳务）的实际成本，贷方登记期末转入“本年利润”账户借方的已售产品的实际成本，结转后该账户应无余额。该账户可按主营业务的种类设置明细账，进行明细分类核算。

（三）“销售费用”账户

该账户是损益类账户，核算企业销售商品和材料、提供劳务的过程中发生的各种费用，包括保险费、包装费、展览费和广告费、商品维修费、预计产品质量保证损失、运输费、装卸费等，以及为销售本企业商品而专设的销售机构（含销售网点、售后服务网点等）的职工薪酬、业务费、折旧费等经营费用。其借方登记已发生的各种销售费用，贷方登记期末转入“本年利润”账户借方的销售费用，结转后该账户应无余额。该账户可按费用项目设置明细账，进行明细分类核算。

（四）“税金及附加”账户

该账户是损益类账户，核算企业经营活动发生的消费税、城建税、资源税、教育费附加及房产税、土地使用税、印花税等相关税费。其借方登记按规定标准计算确定的与经营活动相关的税费，贷方登记期末转入“本年利润”账户借方的账户余额，结转后该账户无余额。

（五）“应收账款”账户

该账户是资产类账户，核算企业因销售商品、提供劳务等经营活动应收取的款项。其借方登记企业因销售商品、提供劳务等发生的应收账款，贷方登记已经收回的应收账款或预收的账款，期末如为借方余额，表示企业尚未收回的应收账款，如为贷方余额，表示企业预收的账款。该账户可按债务人设置明细账，进行明细分类核算。

（六）“应收票据”账户

该账户是资产类账户，核算企业因销售商品、提供劳务等而收到的商业汇票，包括银行承兑汇票和商业承兑汇票。其借方登记企业因销售商品、提供劳务等而收到开出、承兑的商业汇票的票面金额，贷方登记已贴现、背书转让和到期的商业汇票的票面金额，期末借方余额，反映企业持有的商业汇票的票面金额。该账户可按开出、承兑商业汇票的单位设置明细账，进行明细分类核算。

（七）“预收账款”账户

该账户是负债类账户，核算企业按照合同规定预收的款项。其贷方登记向购货单位预收的款项及转销的金额，借方登记实现的销售收入，期末贷方余额，反映企业预收的款项，期末如为借方余额，反映企业尚未转销的款项。该账户可按购货单位设置明细账，进行明细分类核算。

预收账款情况不多的，也可以不设置该账户，将预收的款项直接计入“应收账款”账户。

二、销售业务的账务处理

（一）一般核算

光华公司12月份发生如下销售经济业务。

【例4-23】 12月10日，售给大华工厂500件A产品，每件售价400元，共计货款200 000元，增值税销项税额34 000元，尚未收到。

该项经济业务发生后，销售收入增加，应交的增值税增加，因款项未收到，应收账款债权增加。应做如下会计分录：

借：应收账款——大华工厂　　234 000

　　贷：主营业务收入——A产品　　200 000

　　　　应交税费——应交增值税(销项税额)　　34 000

【例4-24】 12月10日，上述A产品每件生产成本260.24元，结转销货成本。

产品销售业务发生后，一方面收款取得销售收入，另一方面，库存商品减少，销售成本增加。应做如下会计分录：

借：主营业务成本　　　　　　　　　　130 120

　　贷：库存商品——A 产品　　　　　　　　130 120

【例 4-25】 12 月 17 日，收到大明工厂通过银行汇来的前欠货款 234 000 元。

该项经济业务发生后，银行存款增加，应收账款得以偿还，应做如下会计分录：

借：银行存款　　　　　　　　　　234 000

　　贷：应收账款——大华工厂　　　　　　　　234 000

销售业务的核算一般分两步：一是收入确认，收入带来的利益流入或是带来存款增加，或是债权(应收账款)增加，或是负债(预收账款)减少；二是成本结转，产品的售出减少资产，是为赚取收入付出的代价，即销售成本。

销货成本可以采用逐笔结转的方式，也可以在月底将当月所有的销货成本集中结转。

(二)预收款销售的核算

【例 4-26】 12 月 15 日，按合同规定，预收三星公司购买 A 产品的货款 50 000 元，已存入银行。

预收三星公司的购货款，银行存款增加，但由于尚未提供产品，收入尚未赚取，预收账款形成企业的债务，需要将来以发出商品偿还。应做如下会计分录：

借：银行存款　　　　　　　　　　50 000

　　贷：预收账款——三星公司　　　　　　　　50 000

【例 4-27】12 月 20 日，给三星公司发出 250 件 A 产品，单价 400 元/件，单位成本 260.24 元，价款 100 000 元，增值税 17000 元，向三星公司补收款 67 000 元，存入银行。

该项业务的发生，一方面，销售收入增加 10 000 元，收入的增加带来银行存款的增加和预收账款债务的减少。另一方面，为赚取收入，库存商品减少，形成产品的销售成本。应做如下会计分录。

确认已实现的销售收入：

借：预收账款——三星公司　　　　　　117 000

　　贷：主营业务收入　　　　　　　　　　100 000

　　　　应交税费——应交增值税(销项税额)　　17 000

同时，转销预收款项：

借：银行存款　　　　　　　　　　67 000

　　贷：预收账款　　　　　　　　　　　　67 000

结转成本：

借：主营业务成本　　　　　　　　　　65 060

　　贷：库存商品——A 产品　　　　　　　　65060

(三)销售费用及税金的核算

【例 4-28】 12 月 21 日，以银行存款支付广告费 20 000 元。

企业发生广告费主要是为了推销自己的产品，此项费用应计入“销售费用”账户。应做如下会计分录：

借：销售费用　　　　　　　　　　　　　　　　20 000

　　贷：银行存款　　　　　　　　　　　　　　　　20 000

【例 4-29】 12 月 31 日，计算出企业专设销售机构人员工资 10 000 元。

专设销售机构人工费属于为销售产品而发生的费用，应计入“销售费用”账户。应做如下会计分录：

借：销售费用　　　　　　　　　　　　　　　　10 000

　　贷：应付职工薪酬　　　　　　　　　　　　　　10 000

【例 4-30】 12 月 31 日，计算本月份应由销售产品负担的各种销售税金及地方政府征收的附加税 15 800 元。

借：税金及附加　　　　　　　　　　　　　　　15 800

　　贷：应交税费　　　　　　　　　　　　　　　　15 800

为方便初学者理解，上例采用了逐笔结转的方式结转销售成本。为了简化核算，降低会计人员的工作量，也可以采用期终一次结转的方式。当月销售成本共计 195 180 元(130 120+650 60)，月末一次结转，应编制如下会计分录：

借：主营业务成本　　　　　　　　　　　　　195 180

　　贷：库存商品——A 产品　　　　　　　　　　　195 180

以上销售阶段核算所发生的主要账户对应关系，可用图 4-3 表示如下。

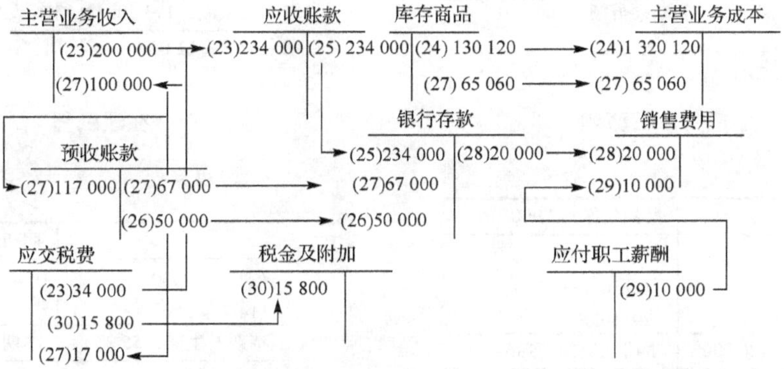

图 4-3　以上销售阶段核算所发生的主要账户对应关系

以上各节，以工业企业主要经营过程的核算为例，进一步说明了账户和复式记账方法的应用。现将所有发生的经济业务登记“丁”字账户如下，为了验证借贷记账法的平衡原理，并根据账户的期初余额、本期发生额和期末余额编制试算平衡表，如表 4-6 所示。

库存现金

借方	贷方
期初余额：12 200	
(18) 124 000	(4) 3 000
	(16) 500
	(19) 126 000
本期发生额：124 000	本期发生额 129 500
期末余额：6 700	

材料采购

借方	贷方
期初余额：0	
(1) 103 000	(2) 103 000
(3) 100 000	(5) 103 000
(4) 3 000	(8) 150 000
(7) 150 000	
(9) 100 000	
本期发生额：456 000	本期发生额：356 000
期末余额：100 000	

银行存款

借方	贷方
期初余额：380 000	
(25)234 000 (26)50 000 (27)67 000	(1)12.000 0 (3)50 000 (7)100 000 (7-2)75 500 (13)105 000 (14)55 200 (17)18 000 (18)124 000 (28)20 000
本期发生额：351 000	本期发生额：667 700
期末余额：63 300	

原材料

借方	贷方
期初余额：46 000	
(2)103 000 (5)103 000 (8)150 000	(10)160 000
本期发生额：356 000	本期发生额：160 000
期末余额：242 000	

应付账款

借方	贷方
	期初余额：16 000
	(3)67 000 (9)117 000
本期发生额：0	本期发生额：184 000
	期末余额：200 000

预付账款

借方	贷方
期初余额：6 000	
(6)100 000 (7)75 500 (17)18 000	(7)175 500 (20)3 000
本期发生额：193 500	本期发生额 178 500
期末余额：21 000	

应付职工薪酬

借方	贷方
	期初余额：3 900
(19)12 600	(11)126 000 (12)50 400 (29)10 000
本期发生额：126 000	本期发生额：186 400
	期末余额：64 300

在建工程

借方	贷方
	期初余额：0
(14-1)51 000 (14-2)4 200	(14-3)55 200
本期发生额：55 200	本期发生额：55 200
期末余额：0	

生产成本

借方	贷方
期初余额：41 000	
(10)144 000 (11)100 000 (12)40 000 (21)65 300	(22)260 240
本期发生额：349 300	本期发生额：260 240
期末余额：130 060	

制造费用

借方	贷方
期初余额：0	
(10)12 000 (11)10 000 (12)4 000 (15)36 000 (16)300 (20)3 000	(21)65 300
本期发生额：65 300	本期发生额：65 300
期末余额：0	

固定资产

借方	贷方
期初余额：200 000	
(13)105 000 (14)55 200	
本期发生额：160 200	本期发生额：0
期末余额：360 200	

累计折旧

借方	贷方
	期初余额：22 000
	(13)48 000
本期发生额：0	本期发生额：48 000
	期末余额：70 000

库存商品

借方	贷方
期初余额：740 00	
(22)260 240	(24)130 120 (27)65 060
本期发生额：260 240	本期发生额：195 180
期末余额：139 060	

预收账款

借方	贷方
	期初余额：0
(27)117 000	(26)50 000 (27)67 000
本期发生额：117 000	本期发生额：117 000
	期末余额：0

应收账款

借方	贷方
期初余额：13 000	
(23)234 000	(25)234 000
本期发生额：23 400	本期发生额：23 400
期末余额：13 000	

主营业务收入

借方	贷方
	期初余额：0
	(23)200 000 (27)100 000
本期发生额：	本期发生额：300 000
	期末余额：300 000

销售费用

借方	贷方
期初余额：0	
(29)10 000 (28)20 000	
本期发生额：30 000	本期发生额：0
期末余额：30 000	

管理费用

借方	贷方
期初余额：0	
(10)4 000 (11)16 000 (12)6 400 (15)12 000 (16)200	
本期发生额：38 600	本期发生额：0
期末余额：38 600	

主营业务成本

借方	贷方
期初余额：0	
(24)130120 (27)65060	
本期发生额：195180	本期发生额：0
期末余额：195180	

应交税费

借方	贷方
	期初余额：10 000
(1)17 000 (3)17 000 (7)25 500 (9)17 000	(23)34 000 (27)17 000 (30)15 800
本期发生额：76500	本期发生额：66 800
	期末余额：300

税金及附加

借方	贷方
期初余额：0	
(30) 15 800	
本期发生额：15 800	本期发生额：0
期末余额：15 800	

表 4-6　试算平衡表

企业名称：　　　　　　　　　　　　　　　　　　　　　年 12 月 31 日

账户名称	期初余额		本期发生额		期末余额	
	借　方	贷　方	借　方	贷　方	借　方	贷　方
库存现金	12 200		124 000	129 500	6 700	
银行存款	380 000		351 000	667 700	63 300	
应收账款	13 000		234 000	234 000	13 000	
预付账款	6 000		193 500	178 500	21 000	
材料采购	0		456 000	356 000	100 000	
原材料	46 000		356 000	160 000	242 000	
库存商品	74 000		260 240	195 180	139 060	
固定资产	200 000		160 200	0	360 200	
累计折旧		22 000	0	48 000		70 000
在建工程	0		55 200	55 200	0	
应付账款		16 000	0	184 000		200 000
预收账款	0		117 000	117 000	0	
应付职工薪酬		3 900	126 000	186 400		64 300
应交税费		10 000	76 500	66 800		300
其他应付款		800				800
生产成本	41 000		349 300	260 240	130 060	
制造费用			65 300	65 300		0
主营业务收入			0	300 000		300 000
主营业务成本			195 180	0	195 180	
税金及附加			15 800	0	15 800	
销售费用			30 000	0	30 000	
管理费用			38 600	0	38 600	
实收资本		530 000	0	0		530 000
资本公积		189 500	0	0		189 500
合计	772 200	772 200	3 203 820	3 203 820	1 354 900	1 354 900

练　习　题

一、单项选择题

1．某公司(一般纳税人)购入原材料，价款 20 000 元，增值税 3 400 元。发生材料运杂费 1 150 元，采购人员工资 1 500 元，该批材料的采购成本应为(　　)元。

A．26 050　　B．21 150　　C．24 550　　D．26 250

2．当生产甲产品领用原材料时，该项材料应作为(　　)加以确认。

A．资产　　B．负债　　C．生产成本　　D．期间费用

3．“生产成本”账户的期末借方余额表示(　　)。

A．完工产品成本　　B．期末在产品成本　　C．本月生产费合计　　D．期末半成品成本

4．固定资产按规定提取折旧，实质是固定资产减少，但应计入(　　)科目的贷方。

A．固定资产　　B．在建工程　　C．累计折旧　　D．其他账户

5．下列费用应计入产品成本是(　　)。

A．车间机器设备维修费　　B．行政管理人员工资

C．行政管理部门设备折旧费　　D．业务招待费

6．需要按照一定标准分配计入有关产品成本的费用称为(　　)。

A．直接费用　　B．间接费用　　C．期间费用　　D．管理费用

二、多项选择题

1．原材料采购成本，一般由下列各项组成(　　)。

A．买价　　B．运杂费及运输途中合理损耗

C．入库前挑选整理费　　D．增值税进项税额

2．在计算原材料采购成本时，凡是不能分清由哪种材料负担的费用，则应按其(　　)等标准分配计入各种材料的采购成本。

A．单价　　B．规格　　C．重量　　D．买价

3．工业企业的期间费用应包括(　　)。

A．销售费用　　B．制造费用　　C．管理费用　　D．财务费用

4．制造费用要分别计入有关产品成本。若生产几种产品，则按适当的分配方法分别摊入有关产品的生产成本。分配的标准有(　　)。

A．产品数量　　B．生产工时　　C．机器工时　　D．直接成本比例

5．“生产成本”账户借方登记生产过程中发生的各项生产费用，包括(　　)。

A．直接材料　　B．直接工资　　C．制造费用　　D．管理费用

三、业务题

习题一

1．目的：练习供应过程的核算。

2．资料：飞达工厂20××年1月份“原材料”账户期初余额如下。

“原材料”账户期初余额17 000元，其中甲材料200千克，单价20元，计4 000元；乙材料300千克，单价40元，计12 000元；丙材料100千克，单价10元，计1 000元。

该厂1月份发生以下材料采购经济业务。

(1)5日，购入一批材料，增值税进项税额5 440元，货款已用银行存款支付。

甲材料	200千克	单价20元	4 000元
乙材料	500千克	单价40元	20 000元
丙材料	800千克	单价10元	8 000元
合计			32 000元

(2)6日，以现金支付上项材料运杂费450元。结转上项材料实际采购成本。

(3) 8 日，购丙材料 2 000 千克，单价 9.8 元，计 19 600 元，增值税进项税额 3 332 元，材料已验收入库，货款尚未支付。运杂费用 200 元，从银行存款账户中支付。结转丙材料实际采购成本。

(4) 12 日购入下列材料，增值税进项税额 5 202 元，货款尚未支付。

甲材料	400 千克	单价 18 元	7 200 元
乙材料	600 千克	单价 39 元	23 400 元
合计			30 600 元

(5) 16 日，以银行存款支付以上项两种材料运杂费用 800 元，材料已验收入库。结转以上项材料实际采购成本。

(6) 20 日，购入甲材料 600 千克，单价 20 元，计 12 000 元，增值税进项税额 2 040 元，运杂费用 300 元，货款等开出 3 个月的商业汇票，材料已验收入库。

(7) 25 日，用银行存款偿付本月购料应付账款 58 802 元。

3．要求：

(1) 设置“材料采购”、“原材料”总分类账户及明细分类账户。

(2) 根据资料中列示的经济业务编制会计分录，并登记开设的总分类账户、明细分类账户。

(3) 购材料运杂费用按材料重量比例分摊。

习题二

1．目的：练习生产过程的核算。

2．资料：某企业 20××年 6 月份“生产成本”期初余额如下。

明细科目	数　量	单　位	成本项目			
			直接材料	直接人工	制造费用	合　计
甲产品	400	千克	24 000			24 000
乙产品	150	千克	13 000			13 000
合计			37 000			37 000

发生下列经济业务。

(1) 5 日，生产车间领用材料 128 700 元，其中生产甲产品材料 88 500 元，乙产品材料 40 200 元。

(2) 6 日，计提应付本月份工资 45 700 元，其中生产甲产品工人工资 28 000 元，生产乙产品工人工资 7 500 元，车间管理人员工资 6 200 元，行政科室人员工资 4 000 元。

(3) 7 日，按应付工资 14%提取职工福利费。

(4) 10 日，向银行提取现金 45 700 元，备发工资用。

(5) 10 日，以库存现金发放本月份工资 45 700 元。

(6) 15 日，以银行存款支付各项制造费用 26 200 元。

(7) 20 日，提取固定资产折旧费用 18 900 元，其中车间生产设备折旧 10 630 元，行政科室固定资产折旧 8 270 元。

(8) 30 日，本月各项制造费用发生额合计 43 898 元，按甲乙生产工时比例分配，甲产品生产工时为 50 000 小时，乙产品生产工时为 30 000 小时。

(9) 计算结转完工产品成本。甲产品未完工。乙产品完工入库 1 300 千克，期末无在产品。

3．要求：

(1) 根据资料所列经济业务编制会计分录，并登记开设的“生产成本”明细账。

(2)编制“产品成本计算表”。

习题三

1．目的：练习产品销售的核算。

2．资料：某产品制造企业20××年12月份发生产品销售业务如下。

(1)1日，销售一批产品售价124 000元，增值税销项税额21 080元，产品发出，收到货税款存入银行。

(2)4日，销售一批产品售价98 000元，增值税销项税额16 660元。产品发出，货税款收到为期3个月商业承兑汇票1张。

(3)4日，销售一批产品售价102 000元，应交增值税销项税额17 340元，产品发出，货税款未结算。

(4)6日，销售一批积压原材料售价82 000元，应交增值税销项税额13 940元，收到货税款存入银行。

(5)7日，销售产品，运杂费2 620元，以银行存款支付。

(6)8日，收到前销售产品应收货税款67 200元存入银行。

(7)25日，根据销售有关产品计算应交消费税12 480元。

(8)30日，计算和结转本月销售产品成本126 800元。

(9)30日，计算和结转本月销售积压原材料成本81 000元。

(10)30日，根据本月应交增值税税额的7%计提应交城市维护建设税2 672元。

3．要求：根据资料中列示的产品销售业务，编制会计分录。

第五章

资金来源和财务成果的核算

学习目标与要求：

1. 了解工业制造企业资金筹集和财务成果形成经营环节发生的经济业务；
2. 熟悉工业制造企业资金筹集和财务成果形成阶段涉及的科目账户；
3. 掌握如何运用借贷记账法编制资金筹集和财务成果形成的经济业务的会计分录。

第一节　投入资本的核算

一、业务分析及账户设置

投入资本是投资者实际投入企业经营活动的各种财产物资的货币表现。所有者投入的资本是企业的母体资本，是承担债务的保障，是出资者分享管理权、分享利润和分担风险的依据。所有者可以以货币形式出资，也可以以原材料、固定资产、专利权等财产物资出资。所有者投入的资本要由所有者协商或经过注册会计师验证确定金额，工商行政管理部门注册登记，明确出资人和出资金额，又称注册资本金。投资者向企业投入的资本，在企业持续经营期间，除依法转让外，不得随意抽回。

投资者投入资本时所引起的各种增值称作资本公积金，如接受捐赠、资本溢价、资产评估增值等。资本公积金不需经法定注册，为全体所有者所共同拥有。资本公积金可以用来转增资本金。

所有者向企业投入资本会引起企业资产和所有者权益同时增加。为核算此类业务，应设置如下账户。

（一）“实收资本”账户

该账户属于所有者权益类账户，核算企业接受投资者投入的实收资本。其贷方登记实收资本或股本的增加额，借方登记按法定程序报经批准的注册资本减少额，期末贷方余额，反映企业实收资本或股本总额。该账户可按投资者设置明细分类账，进行明细分类核算，反映不同所有者的权益数额。

（二）“资本公积”账户

该账户属于所有者权益类账户，核算企业收到投资者出资额超出其在注册资本或股本中所占份额的部分及直接计入所有者权益的利得和损失。其贷方登记资本公积的增加数额，借方登记资本公积的减少数额；期末贷方余额，反映企业的资本公积实有数。该账户应当分别按“资本溢价（股本溢价）”、“其他资本公积”设置明细账，进行明细分类核算。

二、投入资本业务的账务处理

(一)接收货币资金投资

企业收到投资者作为资本投入的人民币现金时，按照实际收到的金额，借记“库存现金”、“银行存款”科目，贷记“实收资本”科目。对于不同投资者投入的货币资金，企业应分别设置明细账进行明细分类核算。

【例 5-1】 光华公司收到国家投入企业的资本 450 000 元、个人投入的资本 150 000 元，共计 600 000 元。全部存入银行。

该项经济业务发生后，应做如下会计分录：

借：银行存款　　　　600 000

　贷：实收资本——国家　　　　450 000

　　　实收资本——个人　　　　150 000

(二)接受实物资产投资

1．接受投入固定资产

企业接受投资者作价投入的房屋、建筑物、机器设备等固定资产，应对投入的固定资产进行评估，按评估确认的价值进行相应的会计处理。即按评估确认的固定资产原值，借记“固定资产”科目，按评估确认的净值，贷记“实收资本”科目，按其差额，贷记“累计折旧”科目。

【例 5-2】 光华公司收到乙企业作为资本投入的不需要安装的一台机器设备，该设备评估确认的原价为 50 000 元，评估确认的净值为 40 000 元。

该项经济业务发生后，甲企业应做如下会计分录：

借：固定资产　　　　40 000

　贷：实收资本　　　　40 000

2．接受投入材料物资

企业接受投资者作价投入的材料物资，也应对所投入的材料物资进行评估，按评估确认的价值进行相应的会计处理。即按评估确认的价值，借记“原材料”，贷记“实收资本”。

【例 5-3】 光华公司收到 B 公司作为资本投入的一批原材料，该批原材料经评估确认的价值为 300 000 元。

该项经济业务发生后，应做如下会计分录：

借：原材料　　　　300 000

　贷：实收资本　　　　300 000

(三)接收无形资产投资

企业收到以无形资产方式投入的资本，应按评估确认的价值入账，借记“无形资产”科目，贷记“实收资本”科目。

【例 5-4】 光华公司收到 C 企业作为资本投入的一项专利权，该专利权经评估确认的价值为 200 000 元。

该项经济业务发生后，A 企业应做如下会计分录：

借：无形资产——专利权　　　　　　　　200 000
　贷：实收资本　　　　　　　　　　　　200 000

（四）接受捐赠的核算

接受捐赠也是企业净资产增加的一个因素，与企业的生产经营活动没有必然的联系。捐赠人捐赠资产，是对企业的一种援助行为，但捐赠人在援助的同时并不一定谋求对企业资产提出要求的权利，也不会由于其捐赠行为对企业承担责任。所以捐赠人不是企业的所有者，这种援助也不形成企业的实收资本，但这种援助会使企业的经济资源增加。企业接受捐赠的资产价值作为资本公积，属于所有者权益，应计入“资本公积”账户。

【例 5-5】 光华公司接受一栋某股份公司捐赠的建筑物，经评估确认该建筑物原价为200 000元，估计折旧为80 000元。

该项经济业务发生后，应做如下会计分录：

借：固定资产　　　　　　　　　　　　120 000
　贷：资本公积　　　　　　　　　　　　120 000

【例 5-6】 光华公司接受某单位捐赠的一批原材料，捐赠方提供的普通发票上注明的该批原材料价格为30 000元。企业以银行存款支付有关运杂费500元。

该项经济业务发生后，应做如下会计分录：

借：原材料　　　　　　　　　　　　　30 500
　贷：资本公积　　　　　　　　　　　　30 000
　　　银行存款　　　　　　　　　　　　500

（五）资本溢价的核算

资本溢价是指投资者缴付企业的出资额大于该所有者在企业注册资本中所占有份额的数额。在企业创立时，投资者认缴的出资额往往与注册资本一致，不会产生资本公积。但在企业重组或有新的投资者加入时，为了维护原投资者的权益，新加入的投资者的出资额，并不一定全部作为实收资本处理。这是因为，在企业正常经营过程中投入的资金即使与创立时投入的资金在数量上一致，其获利能力却可能不一致。在企业进行正常生产经营后，其资本利润率通常要高于企业初创阶段。另外，企业可能有内部积累，如从净利润提取的盈余公积、未分配利润等，新投资者加入企业时，对这些积累也要分享。所以，新加入的投资者往往要付出大于原投资者的出资额，才能取得与原投资者相同的出资比例。投资者投入的等于按其投资比例计算的出资额，应计入“实收资本”科目，大于部分应计入“资本公积”科目。

【例 5-7】 光华公司原来由甲、乙、丙三人投资组成，各投资100 000元，共计实收资本300 000元，经营一年以后，丁申请加入该企业。经协商，丁出资150 000元，拥有该企业25%的权益份额。

该项经济业务发生后，该企业只能将100 000元作为实收资本入账，另外50 000元作为资本溢价，计入“资本公积”科目。其会计分录如下：

借：银行存款　　　　　　　　　　　　150 000
　贷：实收资本——丁　　　　　　　　　100 000
　　　资本公积——资本溢价　　　　　　50 000

第二节　借入资金的核算

本节着重介绍短期借款、长期借款的核算。

一、短期借款的核算

(一)账户设置

短期借款，是指企业向银行或其他金融机构等借入的期限在一年以内(含一年)的各种借款。短期借款一般是企业为了维持正常的生产经营所需而借入的或为抵偿某项债务而借入的资金。

短期借款核算的内容包括取得借款、支付借款利息和归还借款三个方面。需设置以下账户：

“短期借款”账户。该账户属于负债类账户，核算企业向银行或其他金融机构等借入的期限在1年以下(含1年)的各种借款。其贷方登记企业借入的各种短期借款，借方登记归还的借款，期末贷方余额，反映企业尚未偿还的短期借款。该账户可按借款种类、贷款人和币种进行明细核算。

“财务费用”账户。该账户属于损益类账户，核算企业为筹集生产经营所需资金等而发生的筹资费用，包括利息支出(减利息收入)、汇兑损益及相关的手续费、企业发生的现金折扣或收到的现金折扣等。其借方登记企业发生的各项财务费用，贷方登记发生的应冲减财务费用的利息收入、汇兑损益、现金折扣及期末转入本年利润账户借方的财务费用，期末结转后，该账户无余额。该账户可按费用项目进行明细核算。

“应付利息”账户。本账户是负债类账户，核算企业按照合同约定应支付的利息，包括吸收存款、分期付息到期还本的长期借款、企业债券等应支付的利息。其贷方登记按合同利率计算确定的应付未付利息，借方登记实际支付的利息。期末贷方余额，反映企业应付未付的利息。该账户可按债权人设置明细账，进行明细核算。

(二)短期借款业务的账务处理

【例5-8】 光华公司于3月1日向银行借入200 000元，期限6个月，年利率为6%，季度末支付利息。所借款项已全部存入银行。不考虑手续费等借款费用。

(1)取得借款时，应编制如下会计分录：

借：银行存款　　　　　　　　　　　200 000

　　贷：短期借款　　　　　　　　　　　　200 000

(2)3月31日，向银行支付利息。

当月应付借款利息为：

$$200\,000 \times 6\% \div 12 = 1\,000(\text{元})$$

应编制如下会计分录：

借：财务费用　　　　　　　　　　　　1 000

　　贷：银行存款　　　　　　　　　　　　　1 000

(3)4月30日，计提当期利息费用。

4月份的利息，按照借款合同，应于6月30号(季末)支付。4月份虽然不支付利息，但

4 月份使用了资金，属于受益期，应当负担资金使用费，应当将应负担的利息计算出来，计入当期的费用中去。

4 月使用资金应负担的利息费用增加 1 000 元，应计入“财务费用”的借方，未支付的利息引起负债增加，应计入“应付利息”的贷方。应做如下会计分录：

借：财务费用　　　　　　　　　　1 000

　　贷：应付利息　　　　　　　　　　1 000

(4)5 月 31 日的会计处理同上。

(5)6 月 30 日，支付本季度的银行借款利息共 3 000 元。

6 月份支付的 3 000 元利息，其中有 2 000 元属于偿还 4、5 两个月份应付未付的利息，有 1 000 元属于 6 月份的资金使用费，应计入 6 月份的财务费用。该笔经济业务发生以后，付款引起资产减少，应计入“银行存款”账户的贷方，负债的偿付应计入“应付利息”账户的借方，费用的增加应计入“财务费用”的借方。应做如下会计分录：

借：财务费用　　　　　　　　　　1 000

　　应付利息　　　　　　　　　　　　2 000

　　贷：银行存款　　　　　　　　　　3 000

(6)7 月 31 日，会计分录同 4 月 30 日。

(7)8 月 31 日，会计分录同 4 月 30 日。

(8)9 月 1 日，借款到期，偿还本金 200 000 元，7、8 两个月的利息 2000 元。

该业务的发生，使得“短期借款”债务减少 200 000 元，“应付利息”债务减少 2 000 元，银行存款资产减少 202 000 元。应做如下会计分录：

借：短期借款　　　　　　　　　　200 000

　　应付利息　　　　　　　　　　2 000

　　贷：银行存款　　　　　　　　　　202 000

二、长期借款的核算

(一)账户设置

长期借款是指企业向银行等金融机构借入的偿还期在一年以上的债务。它一般用于固定资产的购建、改扩建工程、大修理工程及流动资产的正常需要等方面，是企业长期负债的重要组成部分。

长期借款核算的基本要求是反映和监督企业长期借款的借入、借款利息的结算和借款本息的归还情况，促使企业遵守信贷纪律、提高信用等级，同时也要确保长期借款发挥效益。为了总括地反映和监督企业长期借款的借入、应计利息和归还本息的情况，应设置如下账户。

“长期借款”账户。该账户属于负债类账户，核算企业向银行或其他金融机构借入的期限在 1 年以上(不含 1 年)的各项借款。其贷方登记企业长期借款增加额，借方登记长期借款减少金额，期末贷方余额，反映企业尚未偿还的长期借款余额。该账户可按贷款单位和贷款种类，分别按“本金”、“利息调整”等设置明细账，进行明细分类核算。

(二)长期借款业务的账务处理

【例 5-9】 光华公司于第一年 4 月 1 日向银行借入资金 400 000 元，借款期限为 3 年，年利率为 9%，款项已存入银行。该借款用于建造厂房，工期 2 年。一年计息一次，本息于到期日一次支付。

(1) 取得借款。该业务的发生，使得负债增加，应计入“长期借款”账户的贷方；贷款转存银行，资产增加，应计入“银行存款”账户的借方。应做如下会计分录：

借：银行存款　　　　　　　　　　　　　400 000

　贷：长期借款——本金　　　　　　　　　　400 000

(2) 支付建造厂房的工程款 400 000 元。该业务的发生，使得银行存款减少，减少的存款形成固定资产的建造成本，应计入“在建工程”账户的借方。

说明：实际中，工程款的发生和支付往往是随工程进度分次进行，这里为了突出“长期借款”的核算内容，假定工程款一次全部支付。

“在建工程”账户核算固定资产的建造成本，借方归集工程建设过程中所发生的全部成本，形成固定资产价值。应做如下会计分录：

借：在建工程　　　　　　　　　　　　　400 000

　贷：银行存款　　　　　　　　　　　　　400 000

(3) 第一年 12 月 31 日，计提利息。企业取得的长期借款，在资产负债表日，应按摊余成本和实际利率计算确定的长期借款的利息费用，借记“财务费用”等有关账户，按合同利率计算确定的应付未付利息，贷记“应付利息”科目，按其差额，贷记“长期借款(利息调整)”账户。如果实际利率与合同利率差异较小，也可以采用合同利率计算确定利息费用。

长期借款发生的利息等借款费用，如果是日常经营使用，则计入“财务费用”账户的借方，计入当期损益；如果是用于购建固定资产，那么工程完工之前的利息应计入工程成本，计入“在建工程”账户的借方，最终转到固定资产的价值中去，由以后的各个固定资产使用期共同负担。

假定该借款采用合同利率计算确定利息费用，12 月 31 日，计算当年应付利息为：

$$400\,000 \times 9\% \times 9/12=27\,000(\text{元})$$

一方面，工程成本增加，应计入“在建工程”账户的借方；另一方面，应付未付的利息引起负债增加。应做如下会计分录：

借：在建工程　　　　　　　　　　　　　27 000

　贷：应付利息　　　　　　　　　　　　　27 000

(4) 第二年 12 月 31 日，全年利息共计 400 000 × 9%=36 000 元，会计分录同上。

(5) 第三年 4 月 1 日，工程竣工，结转固定资产成本。

首先，计算 1—3 月份的借款利息，计入工程成本。

3 月份利息共计：400 000 × 9% × 3/12=9 000 元。会计分录为：

借：在建工程　　　　　　　　　　　　　9 000

　贷：应付利息　　　　　　　　　　　　　9 000

其次，结转工程成本元 472 000(400 000+27 000+36 000+9 000)，会计分录：

借：固定资产　　　　　　　　　　　　　472 000

　贷：在建工程　　　　　　　　　　　　　472 000

(6) 第三年 12 月 31 日，计提 4—12 月份利息。

4—12 月份利息共计：400 000 × 9% × 9/12=27 000(元)

固定资产完工后的利息应计入“财务费用”账户的借方。会计分录为：

借：财务费用　　　　　　　　　　　27 000

　　贷：应付利息　　　　　　　　　　　27 000

(7) 第四年 4 月 1 日，借款到期，还本付息。

首先，计算 1—3 月应付利息 4 200 元(200 000 × 8.4% × 3/12)。会计分录为：

借：财务费用　　　　　　　　　　　9 000

　　贷：应付利息　　　　　　　　　　　9 000

其次，计算借款到期应付本息：400 000+27 000+ 36 000+9 000+27 000+9 000=508 000 元。会计分录为：

借：长期借款　　　　　　　　　　　400 000

　　应付利息　　　　　　　　　　　108 000

　　贷：银行存款　　　　　　　　　　　508 000

第三节　财务成果的核算

一、财务成果的构成

作为市场主体的企业，其生产经营的目的主要是通过生产经营活动来获得利润，并希望利润最大化。利润是指企业在一定会计期间的财务成果。利润包括收入减去费用后的净额、直接计入当期利润的利得和损失等。计算公式如下：

净利润=利润总额-所得税

利润总额=营业利润+营业外收入-营业外支出

营业利润=营业收入-营业成本-营业税金及附加-销售费用-管理费用

-财务费用-资产减值损失+公允价值变动损益+投资净收益(-投资损失)

上述公式中：

“营业外收入”是指企业发生的与其日常活动无直接关系的各项利得，主要包括非流动资产处置利得、盘盈利得、罚没利得、捐赠利得、确实无法支付而按规定程序经批准后转作营业外收入的应付款项等；

“营业外支出”是指企业发生的与其日常活动无直接关系的各项损失，主要包括非流动资产处置损失、盘亏损失、罚款支出、公益性捐赠支出、非常损失等；

“资产减值损失”是指企业计提各项资产减值准备所形成的损失；

“公允价值变动损益”是指企业交易性金融资产、交易性金融负债，以及采用公允价值模式计量的投资性房地产、衍生工具、套期保值业务等公允价值变动形成的应计入当期损益的利得或损失。

利润这一会计指标反映了一个企业在一定时期的经济效益，比较全面地反映了企业的经营成果，是企业的投资者、经营者、债权人，以及国家等利益相关者进行分配的前提和基础，也是潜在投资者投资的依据。因此，利润指标受到各方重视。另外，利润还是企业进行预测、决策、考核、分析的重要手段，企业经营者的受托经济责任往往通过利润指标的完成而得到解除，国家也要依据企业实现的利润进行征税。因此，正确计算和分配利润是一项重要的会计工作。

由于本书第四章第三节“销售阶段的核算”部分已经对企业利润的主要来源——主营业务活动的核算进行了介绍，因此，这里将主要介绍其他业务收支、投资业务及营业外收支的核算及其对企业财务成果形成的影响。

二、其他业务收支的核算

其他业务是企业在经营过程中发生的一些非主营的零星收支业务。工业企业的其他业务主要包括除产品销售以外的原材料销售、包装物出租、固定资产出租等业务。核算其他业务应设置如下账户。

“其他业务收入”账户。该账户属于损益类账户，核算企业确认的除主营业务活动以外的其他经营活动实现的收入，包括出租固定资产、出租无形资产、出租包装物和商品、销售材料、用材料进行非货币性交换(非货币性资产交换具有商业实质且公允价值能够可靠计量)或债务重组等实现的收入。其贷方登记企业确认的其他业务收入，借方登记期末转入“本年利润”账户贷方的余额，结转后本账户应无余额。该账户可按其他业务收入种类设置明细账，进行明细分类核算。

“其他业务成本”账户。该账户属于损益类账户，核算企业确认的除主营业务活动以外的其他经营活动所发生的支出，包括销售材料的成本、出租固定资产的折旧额、出租无形资产的摊销额、出租包装物的成本或摊销额等。其借方登记企业发生的其他业务成本，贷方登记期末转入“本年利润”账户借方的余额，结转后本账户无余额。该账户可按其他成本种类设置明细账，进行明细分类核算。

具体业务的账务处理如下。

(一)销售材料

【例 5-10】 光华公司售出多余的甲材料 1 000 千克，售价 20 元，增值税 3 400 元，款项已通过银行收讫。

该项经济业务发生后，银行存款资产增加，计入“银行存款”账户的借方；增值税销项税额引起负债增加，计入“应交税费——应交增值税”账户的贷方，其他业务收入增加，计入“其他业务收入”账户的贷方。应做如下会计分录：

借：银行存款　　23 4000

　贷：其他业务收入　　20 000

　　应交税费——应交增值税(销项税额)　　3 400

结转上述甲材料的成本，每千克 15 元，共计 15 000 元。

为赚取收入，原材料资产减少，计入“原材料”账户的贷方；资产的减少体现为为赚取收入而发生的费用增加，计入“其他业务成本”账户的借方。应做如下会计分录：

借：其他业务成本　　15 000

　贷：原材料——甲材料　　15 000

(二)出租固定资产

【例 5-11】 光华公司将一空闲的房屋出租，每月租金 5 000 元。

每月收到租金时，一方面其他业务收入增加，计入“其他业务收入”账户贷方，另一方面，银行存款资产增加，计入“银行存款”账户的借方。会计分录如下：

借：银行存款　　　　　　　　　　　　　5 000

　　贷：其他业务收入　　　　　　　　　　　5 000

月末，计提房屋折旧 3 000 元。

出租房屋的折旧减少固定资产的价值，应计入“累计折旧”账户的贷方；这是为赚取租金收入而发生的费用，应计入“其他业务成本”账户的借方。应做如下会计分录：

借：其他业务成本　　　　　　　　　　　3 000

　　贷：累计折旧　　　　　　　　　　　　　3 000

【例 5-12】 光华公司出租一项专利技术给一国内企业，期限为 5 年，每年的使用费 50 000 元。该专利权年摊销额为 30 000 元。应做如下会计分录。

该经济业务的发生，使得其他收入增加，计入“其他业务收入”账户的贷方；收到的使用费转存银行，资产增加，应计入“银行存款”账户的借方。应做如下会计分录：

借：银行存款　　　　　　　　　　　　50 000

　　贷：其他业务收入　　　　　　　　　　50 000

出租专利权，一方面导致无形资产的价值减少，计入“无形资产”账户的贷方，同时应增加其他业务成本，计入“其他业务成本”账户的借方，是为赚取租金收入而发生的费用。应做如下会计分录：

借：其他业务成本　　　　　　　　　　30 000

　　贷：无形资产——专利权　　　　　　　　30 000

三、投资业务的核算

企业除了从自身的经营活动获取利润以外，如有闲散资金或出于其他目的，常将资金通过购买股票、债券等形式投放于其他企业以获取经济利益。这就形成了企业的投资业务。

投资是指企业为通过分配来增加财富，或为谋求其他经济利益，而将资产让渡给其他单位所获得的另一项资产。由此可见，投资是以让渡其他资产而换取的另一项资产，如支付现金以购买债券，以固定资产向其他单位投资以换取其他单位的股权等。这项资产与其他资产一样，能为投资者带来未来的经济利益，这种经济利益是指能直接或间接地增加流入企业的现金或现金等价物的能力。

企业应根据投资目的、投资期限及投资对象等，分不同类别的投资，设置相应账户对其进行核算。这里主要对“以公允价值计量且其变动计入当期损益的金融资产”“以摊余成本计量的金融资产”和“长期股权投资”的核算进行简单介绍。

（一）以公允价值计量且其变动计入当期损益的金融资产

以公允价值计量且其变动计入当期损益的金融资产为交易性金融资产。

交易性金融资产是指企业为了近期内出售而持有的债券投资、股票投资和基金投资。如以赚取差价为目的从二级市场购买的股票、债券、基金等。该投资业务的核算需要设置如下账户：

“交易性金融资产”账户。该账户属于资产类账户，核算企业为交易目的所持有的债券投资、股票投资、基金投资等交易性金融资产的公允价值，以及企业持有的直接指定为以公允价值计量且其变动计入当期损益的金融资产。其借方登记企业取得交易性金融资产的公允价值及资产负债表日交易性金融资产的公允价值高于其账面余额的差额，贷方登记出售交易性金融资产的账面余额及资产负债表日公允价值低于其账面余额的差额，期末借方余额，反映企业持有的交易性金融资产的公允价值。该账户可按交易性金融资产的类别和品种，分别按“成本”、“公允价值变动”等设置明细账，进行明细分类核算。

“投资收益”账户。该账户属于损益类账户，核算企业确认的投资收益或投资损失。其贷方登记企业持有投资取得的投资收益及处置投资实现的损益， 借方登记期末转入“本年利润”账户贷方的余额，结转后该账户应无余额。该账户可按投资项目设置明细账，进行明细核算。

“应收股利”账户。该账户属于资产类账户，核算企业应收取的现金股利和应收取的其他单位分配的利润。其借方登记已宣告但尚未发放的现金股利或利润，贷方登记实际收到的现金股利或利润。期末借方余额，反映企业尚未收回的现金股利或利润。该账户可按被投资单位设置明细账，进行明细核算。

“公允价值变动损益”账户。该账户属于损益类账户，核算企业交易性金融资产等公允价值变动形成的应计入当期损益的利得或损失。其贷方登记资产负债表日交易性金融资产等的公允价值高于其账面余额的差额，借方登记资产负债表日公允价值低于其账面余额的差额，期末，应将该账户的余额转入“本年利润”账户，结转后本科目无余额。

具体业务的账务处理如下。

【例 5-13】 (1)光华公司于 3 月 20 日从证券市场购入 B 公司股票 30 000 股，每股面值 1 元，买入价 10 元/股，另外支付印花税和证券商手续费 500 元。

该项经济业务发生后，银行存款资产减少，应计入“银行存款”账户的贷方；存款的减少换取的股票投资资产增加，应计入“交易性金融资产”账户的借方；支付的印花税和证券商手续费使得该项投资的收益减少，计入“投资收益”账户的借方。应做如下会计分录：

借：交易性金融资产——成本　　300 000
　　投资收益　　500
　　贷：银行存款　　300 500

(2)B 公司 4 月 5 日宣布每股派发现金股利 0.15 元。

被投资企业宣告发放现金股利时，投资企业一方面应确认投资收益的增加，计入“投资收益”账户的贷方，同时，应确认资产的增加，计入“应收股利”账户的借方。应做如下会计分录：

借：应收股利　　4 500
　　贷：投资收益　　4 500

(3)光华公司于 4 月 15 日收到 B 公司分来的现金股利 4 500 元。

投资企业实际收到被投资企业发放的现金股利时，转存银行，银行存款资产增加，计入“银行存款”账户的借方；同时减少应收股利，计入“应收股利”账户的贷方。应做如下会计分录：

借：银行存款　　4 500
　　贷：应收股利　　4 500

(4)光华公司于 7 月 20 日将上述股票售出，售价 15 元/股，存入银行。

该业务的发生，使得银行存款增加，计入“银行存款”账户的借方；股票投资减少，计入“交易性金融资产——成本”账户的贷方；同时确认实现的投资收益，贷记“投资收益”账户。应做如下会计分录：

借：银行存款　　450 000

　贷：交易性金融资产——成本　　300 000

　　　投资收益　　150 000

（二）以摊余成本计量的金融资产

以摊余成本计量的金融资产，是指到期日固定、回收金额固定或可确定，且企业有明确意图和能力持有至到期的非衍生金融资产。为了反映和监督以摊余成本计量的金融资产，企业需要设置如下账户。

“债权投资”账户。该账户属于资产类账户，核算企业持有至到期投资的摊余成本。其借方登记以摊余成本计量的金融资产的增加额，贷方登记出售以摊余成本计量的金融资产的账面余额，期末借方余额，反映企业以摊余成本计量的金融资产的摊余成本。该账户可按以摊余成本计量的金融资产的类别和品种，分别按“成本”“利息调整”“应计利息”等设置明细账，进行明细分类核算。

“应收利息”账户。该账户属于资产类账户，核算企业交易性金融资产、持有至到期投资、可供出售金融资产、发放贷款、存放中央银行款项、拆出资金、买入返售金融资产等应收取的利息。其借方登记应收未收利息，贷方登记实际收到的应收利息，期末借方余额，反映企业尚未收回的利息。该账户可按借款人或被投资单位设置明细账，进行明细核算。

【例 5-14】 (1)光华公司 4 月 1 日从证券市场以 102 400 元的价格购入 1 月 1 日发行的两年期债券，其债券利息按年收取，到期收回本金，年利率 9.6%。该债券票面价值为 100 000 元，另支付相关税费 200 元。光华公司购入该债券准备持有至到期。

该经济业务的发生，使得光华公司银行存款资产减少，贷记“银行存款”账户；债券资产增加，借记“债权投资”账户；由于支付的款项中还包括了 1—3 月的债券利息和相关的税费，因此，应相应增加应收利息和减少投资收益，分别计入“应收利息”账户和“投资收益”账户的借方。应编制的会计分录如下：

借：债权投资——成本　　100 000

　　应收利息　　2 400

　　投资收益　　200

　贷：银行存款　　102 600

(2)12 月 31 日，乙企业收到当年的利息收入 9 600 元。

借：银行存款　　9 600

　贷：投资收益——利息收入　　7 200

　　　应收利息　　2 400

(3)债券到期，收回本金和当年利息。

该项经济业务发生后，银行存款资产增加，债券投资资产减少，收益增加。做如下会计分录：

借：银行存款　　109 600

　贷：债权投资——成本　　100 000

　　　投资收益——利息收入　　9600

(三) 长期股权投资

长期股权投资是指持有时间在一年以上的权益性投资。权益性投资是指形成所有者权益的投资，如企业对子公司的投资、对合营企业的投资、对联营企业的投资等。其形式可以是购买其他单位或企业的股票，也可以是向其他单位、企业直接投资。

长期股权投资具有的主要特点：（1）从投资的目的上看，长期股权投资不仅仅在于谋取投资收益，更主要的是在于影响和控制被投资企业，以实现企业的长远发展目标；（2）从持有的时间看，长期股权投资投资期限较长，一般在2～5年，或5年以上，并且不能或不准备随时变现。

为了反映和监督长期股权投资的增减变动情况，要设置"长期股权投资"账户。该账户属于资产类账户，核算企业持有的采用成本法和权益法核算的长期股权投资。其借方登记购入或其他原因增加的长期股权投资，贷方登记转让或其他原因减少的长期股权投资，期末借方余额，反映企业长期股权投资的价值。该账户可按被投资单位设置明细账，进行明细分类核算；长期股权投资采用权益法核算的，还应当分别按"成本"、"损益调整"、"其他权益变动"进行明细核算。

长期股权投资的核算非常复杂，下面以成本法核算下股票投资为例进行简单介绍。

【例 5-15】

(1) 购买股票。

1月1日，购入某企业股票40 000股作为长期投资，每股市价10元，另付相关税费500元。

取得长期股权投资，按支付的价款中所包含的、已宣告但尚未发放的现金股利，借记"应收股利"账户，按确定的长期股权投资成本，借记"长期股权投资——成本"账户，按实际支付的金额，贷记"银行存款"等账户。

借：长期股权投资——股票投资　　400 500
　　贷：银行存款　　400 500

(2) 应收股利。

5月1日，该企业宣告发放上年度现金股利，每股0.3元。

长期股权投资采用成本法核算的，应按被投资单位宣告发放的现金股利或利润中属于本企业的部分，借记"应收股利"账户，贷记"投资收益"账户；属于被投资单位在取得本企业投资前实现净利润的分配额，应作为投资成本的收回，借记"应收股利"账户，贷记"长期股权投资"账户。做如下会计分录：

借：应收股利　　12 000
　　贷：长期股权投资——股票投资　　12 000

(3) 6月1日，收到发放的上年度现金股利12 000元。

借：银行存款　　12 000
　　贷：应收股利　　12 000

(4) 第二年3月1日，将这批股票出售，每股售价11元，另付手续费500元。

处置长期股权投资时，应按实际收到的金额，借记"银行存款"等账户，按其账面余额，贷记"长期股权投资"，按尚未领取的现金股利或利润，贷记"应收股利"账户，按其差额，贷记或借记"投资收益"账户。做如下会计分录：

借：银行存款　　　　　　　　　　　　439 500

　　贷：长期股权投资——股票投资　　　388 500

　　　　投资收益　　　　　　　　　　　　51 000

四、营业外收支的核算

营业外收支是指与企业生产经营无直接关系的各项收入和支出。企业的营业外收支虽然同生产经营无太多关系，但也是会计主体所发生的收支行为，并且直接影响企业的利润。

(一) 营业外收入的核算

营业外收入是指企业发生的除营业利润以外的收益，主要包括债务重组利得、与企业日常活动无关的政府补助、盘盈利得、捐赠利得（企业接受股东或股东的子公司直接或间接的捐赠，经济实质属于股东对企业的资本性投入的除外）等。这部分收入无需企业经营资金的耗费，因此不需要收入与费用进行配比。

为了核算企业的营业外收入，企业应设置"营业外收入"账户。该账户属于损益类账户，核算企业发生的各项营业外收入。其贷方登记企业发生的各项营业外收入，借方登记期末转入"本年利润"账户贷方的数额，结转后该账户应无余额。该账户可按营业外收入项目设置明细账，进行明细分类核算。

【例 5-16】 光华公司按有关规定转销确实无法支付的应付账款 30 000 元。

该项经济业务发生后，应付账款因确实无法支付，义务解除，负债减少，应计入"应付账款"账户的借方；负债减少形成的收益与企业经营业务无关，计入"营业外收入"的贷方。应做如下会计分录：

借：应付账款　　　　　　　　　　　　30 000

　　贷：营业外收入　　　　　　　　　　　30 000

【例 5-17】 公司收到某单位的违约款 3 000 元，存入银行。

借：银行存款　　　　　　　　　　　　3 000

　　贷：营业外收入　　　　　　　　　　　3 000

(二) 营业外支出的核算

营业外支出是指企业发生的除营业利润以外的支出，主要包括债务重组损失、公益性捐赠支出、非常损失、盘亏损失、非流动资产毁损报废损失等。

为了核算企业的营业外支出，应设置"营业外支出"账户。该账户属于损益类账户，核算企业发生的各项营业外支出。其借方登记企业当期发生的营业外支出；贷方登记期末结转至"本年利润"账户借方的数额，该账户期末结转后应无余额。该账户可按支出项目进行明细核算。

【例 5-18】 光华公司发生原材料意外灾害损失 50 000 元，经批准转作营业外支出处理。

该项经济业务发生后，原材料资产减少，应计入"原材料"账户的贷方；资产减少形成的损失与企业的经营业务无直接关系，应计入"营业外支出"账户的借方。应做如下会计分录：

借：营业外支出　　　　　　　　　　　50 000

　　贷：原材料　　　　　　　　　　　　　50 000

【例 5-19】 光华公司以银行存款支付税款滞纳金 500 元。

应做如下会计分录:

借: 营业外支出　　500

　　贷: 银行存款　　500

五、利润实现的核算

会计期间内的各项收入和收益(主营业务收入、其他业务收入、投资收益和营业外收入)在发生时全部计入损益类账户的贷方，各种费用损失(主营业务成本、其他业务成本、主营业务税金及附加、销售费用、管理费用、财务费用、营业外支出)全部计入损益类账户的借方。企业期(月)末结转利润时，应将各损益类账户的金额转入“本年利润”账户，结平各损益类账户。结转后本账户的贷方或借方余额，即为本期实现的利润或发生的亏损。

为核算企业一定期间的经营成果状况，应设置“本年利润”账户。该账户为所有者权益类账户，核算企业当期实现的利润或发生的亏损。其贷方登记从各有关收入账户转入的本期发生的各种收入；借方登记从各有关费用账户转入的本期发生的各种费用。将收入与费用相抵后，如收入大于费用，即为贷方余额，表示本期实现的利润；如费用大于收入，即为借方余额，表示本期发生的亏损。在年度中间，该账户的余额应保留在本账户，不予转账，表示截至本期本年度累计实现的利润或发生的亏损。年末，应将该账户的余额转入“利润分配”账户，结转后该账户应无余额。

【例 5-20】 根据第三章、第四章的业务，光华公司损益类账户的本期发生额如下。

账户名称	结账前余额
主营业务成本	195 180
其他业务成本	48 000
税金及附加	15 800
财务费用	42 000
管理费用	38 600
销售费用	30 000
营业外支出	50 500
主营业务收入	300 000
其他业务收入	75 000
营业外收入	33 000
投资收益	221 600

应编制如下会计分录。

(1)结转各项费用或损失:

借: 本年利润　　420 080

　　贷: 主营业务成本　　195 180

　　　　其他业务成本　　48 000

　　　　税金及附加　　15 800

　　　　销售费用　　30 000

　　　　管理费用　　38 600

　　　　财务费用　　42 000

营业外支出　　　　　　　　　　　　50 500

(2)结转各项收入与收益：

借：主营业务收入　　　　　　　　300 000

其他业务收入　　　　　　　　75 000

营业外收入　　　　　　　　　33 000

投资收益　　　　　　　　　　221 600

贷：本年利润　　　　　　　　　　629 600

六、所得税的核算

净利润是利润总额扣除所得税后的净额。

所得税费用，是企业根据国家税法的规定，对企业应纳税所得额按照一定比例上缴的一种税金。企业所得税的计算公式为：

应交所得税=应纳税所得额×适用税率

应纳税所得额主要由利润总额构成，依据税法计算的应纳税所得额和依据会计制度计算的利润不完全一致：

应纳税所得额=会计利润+纳税调整增加额-纳税调整减少额

纳税调整增加额主要包括税法规定的允许扣除项目中，企业已计入当期费用但超过税法规定扣除标准的金额(如超过税法规定标准的工资支出、业务招待费支出)，以及税法规定不允许扣除项目的金额(如税收滞纳金、罚款、罚金)；纳税调整减少额主要包括按税法规定允许弥补的亏损和准予免税的项目，如前五年内的未弥补亏损和国债利息收入等。

企业一般适用25%的所得税税率。

企业所得税是企业的一项费用支出，应在净利润前扣除。根据我国《企业会计准则第18号——所得税》规定，采用资产负债表债务法对企业所得税进行会计处理。

为了核算企业应交所得税及所得税费用等情况，企业应设置“所得税费用”、“递延所得税资产”、“递延所得税负债”、“应交税费——应交所得税”等账户。

“所得税费用”账户。该账户属于损益类账户，用来核算企业确认的应从当期利润总额中扣除的所得税费用。其借方登记应计入本期损益的所得税费用，贷方登记期末结转至“本年利润”账户的数额，期末结转后该账户应无余额。该账户可按“当期所得税费用”、“递延所得税费用”进行明细核算。

“递延所得税资产”账户。该账户属于资产类账户，核算企业确认的可抵扣暂时性差异产生的递延所得税资产。其借方登记企业确认的各类递延所得税资产，贷方登记资产负债表日递延所得税资产的账面余额大于应有余额的冲减金额，以及资产负债表日预计未来期间很可能无法获得足够的应纳税所得额用以抵扣可抵扣暂时性差异的已确认的递延所得税资产，期末借方余额，反映企业确认的递延所得税资产。该账户应按可抵扣暂时性差异等项目进行明细核算。

“递延所得税负债”账户。该账户属于负债类账户，核算企业确认的应纳税暂时性差异产生的递延所得税负债。其贷方登记企业确认的各类递延所得税负债，借方登记资产负债表日递延所得税负债的账面余额大于应有余额的冲减金额，期末借方余额，反映企业确认的递延所得税资产。该账户可按应纳税暂时性差异的项目进行明细核算。

“应交税费——应交所得税”账户。该账户属于负债类账户，核算企业应交的所得税。其贷方登记企业按照税法规定计算的本期应交的所得税数额，借方登记交纳的所得税数额；期末贷方余额反映企业应交未缴的所得税额，如为借方余额，反映企业多交或尚未抵扣的所得税额。

所得税业务核算较为复杂，这里采用简化处理的办法，即假定资产或负债的账面价值与其计税基础相同，且无任何纳税调整事项。

【例 5-21】 根据上述业务，光华公司本期利润 209 520 元，其所得税核算如下。

(1)计算应交所得税：

应纳税所得额=本期利润+(-)纳税调整事项=209 520(元)

应交所得税=应纳税所得额 × 所得税税率=209 520 × 25%= 52 380(元)

会计分录为：

借：所得税费用——当期所得税费用　　52 380

　　贷：应交税费——应交所得税　　52 380

(2)实际上交所得税时，应做如下会计分录：

借：应交税费——应交所得税　　52 380

　　贷：银行存款　　52 380

(3)将“所得税费用”账户发生额转入“本年利润”账户：

借：本年利润　　52 380

　　贷：所得税费用　　52 380

结转“所得税”账户发生额后，“本年利润”账户反映当期累积净利润。

七、利润分配的核算

(一)利润分配的内容

企业实现的利润一般在年末分配，利润分配要按照法定程序进行：第一，企业以前年度如发生亏损，按规定应由以后年度利润弥补；第二，按照法定的比例提取法定盈余公积金。两步分配后的余额是可供投资者分配的利润。投资者自主分配利润也要按照法定顺序进行：首先是支付优先股股利，是指企业按照利润分配方案分配给优先股股东的股利；其次是提取任意盈余公积金，是指企业按照章程或董事会决议规定提取的任意盈余公积金；再次是应付普通股股利，是指企业按照利润分配方案分配给普通股股东的股利。利润分配后的结果体现为未分配的利润或未弥补的亏损。未分配利润可留待以后年度进行分配。未分配利润或未弥补的亏损应当在资产负债表的所有者权益项目中单独反映，未分配利润是企业运营成果新增的所有者权益；未弥补的亏损是企业运营不利耗蚀的所有者权益。利润分配后，盈余公积金和未分配利润将留存于企业，合称留存利润。

利润分配的前一环节没有完成，不得进行下一环节的分配。按法定顺序分配利润的重要意义在于能避免所有者的过度分配。这不仅为企业未来的发展壮大奠定了基础，而且对企业利害相关人尤其是债权人的利益保护也有重要的意义。

(二)账户设置

“利润分配”账户。该账户属于所有者权益类账户，核算企业的利润分配情况。其贷方登记期末从“本年利润”账户中转入的可供分配利润，借方登记当年分配的利润。期末余额在贷方，表示未分配的利润，期末余额在借方，表示未弥补的亏损。“利润分配”账户按利润分配的内容设置明细分类账，专门设置“利润分配——未分配利润”明细账户反映企业未分利润或未补亏损。

“盈余公积”账户。该账户属于所有者权益类账户，核算企业从税后利润中提取的法定盈余公积金和任意盈余公积金。其贷方登记提取数，借方登记用以弥补亏损或转增资本的数额；期末贷方余额，反映盈余公积金的实际结存数额。该账户下设置“法定盈余公积”、“任意盈余公积”明细账，进行明细分类核算。

根据《中华人民共和国公司法》规定，法定盈余公积金一般按税后利润的10%提取；任意公积金提取与否、提取比例均由企业自主决定。盈余公积可用于弥补以后年度亏损，或补充实收资本等。

“应付股利”账户。该账户属于负债类账户，核算企业分配的现金股利或利润数额。其贷方登记应支付的现金股利或利润的增加数，借方登记实际支付给股东的现金股利或利润。期末贷方余额，反映企业应付未付的现金股利或利润。该账户可按投资者进行明细核算。

(三)账务处理

年度终了，应将本年收入和支出相抵后结出的本年实现的净利润，转入“利润分配”科目，借记“本年利润”账户，贷记“利润分配——未分配利润”账户；如为净亏损，则做相反的会计分录。结转后“本年利润”账户应无余额。

【例 5-22】 (1)12 月 31 日，首先将“本年利润”账户余额转入“利润分配——未分配利润”账户。

应做如下会计分录:

借：本年利润　　15 714

　　贷：利润分配——未分配利润　　15 714

(2)按税后利润的 10%提取法定盈余公积金，应做如下会计分录:

借：利润分配——提取盈余公积　　15 714

　　贷：盈余公积——法定盈余公积　　15 714

(3)向股东分配利润 32 000 元。

应做如下会计分录:

借：利润分配——应付股利　　32 000

　　贷：应付股利　　32 000

(4)结转利润分配明细账。

应做如下会计分录:

借：利润分配——未分配利润　　47 714

　　贷：利润分配——提取盈余公积　　15 714

　　　　　　　　——应付股利　　32 000

以上资金来源和财务成果核算所发生的主要账户对应关系，用图表示如下。

债权投资

(44-1)100 000	(44-3)100 000

短期借款

(38-1)200 000	(38-8)200 000

交易性金融资产

(43-1)300 000	(43-4)300 000

固定资产

(32)40 000	
(35)120 000	
(39-6)472 000	

长期股权投资

(45-1)400 500	(45-2)12 000
	(45-4)3 988 500

长期借款

(39-1)400 000	(45-4)400 000

其他业务收入

(50-1)75 000	(40-1)20 000
	(41-1)5 000
	(42-1)50 000

其他业务成本

(40-2)15 000	(50-2)48 000
(41-2)3 000	
(42-2)30 000	

应收利息

(44-1)2 400	(41-2)4 000

投资收益

(44-1)200	(43-2)4 500
(45-1)500	(43-4)150 000
(50)221 600	(44-2)7 200
	(44-3)9 600
	(45-4)51 000

无形资产

(34)200 000	(42-2)30 000

应付账款

(46)30 000	

累计折旧

	(40-1)3 400

应收股利

(43-2)4 500	(43-3)4 500
(45-2)12 000	(45-3)12 000

银行存款

(31)600 000	(36)500
(37)150 000	(38-2)1 000
(38-1)200 000	(38-5)3 000
(39-1)400 000	(38-8)202 000
(40-1)23 400	(39-2)400 000
(41-1)5 000	(39-9)508 000
(42-1)50 000	(43-1)300 500
(43-3)4 500	(44-1)102 600
(44-3)109 600	(45-1)400 500
(43-4)450 000	(49)500
(44-2)9 600	(51-2)52 380
(45-3)12 000	
(45-4)439 500	
(47)3 000	

在建工程

(39-2)400 000	(39-6)472 000
(39-3)27 000	
(39-4)36 000	
(39-5)9 000	

主营业务成本

(50-2)195 180	

营业外收入

(50-1)33 000	(46)30 000
	(47)3 000

营业外支出

(48)50 000	(50-2)50 500
(49)500	

主营业务成本

	(50-1)195 180

主营业务收入

(50-1)300 000	

管理费用

	(50-2)38 600

实收资本

	(31)600 000
	(31)40 000
	(33)300 000
	(34)200 000
	(37)100 000

销售费用

	(50-2)30 000

营业税金及附加

	(50-2)15 800

本年利润

(50-2)420 080	(50-1)629 600
(51-3)52 380	
(52-1)157 140	

财务费用

(38-2)1 000	(50-2)42 000
(38-3)1 000	
(38-4)1 000	
(38-5)1 000	
(38-6)1 000	
(38-7)1 000	
(39-7)27 000	
(39-8)9 000	

所得税费用

(51-1)52 380	(51-3)52 380

应交税费

(50-1)52 380	(40-1)3 400
	(50-1)52 380

应付股利

	(52-4)32 000

资本公积

	(35)120000
	(36)30000
	(37)50000

原材料

(33)300 000	(40-2)15 000
(36)30 500	(48)50 000

盈余公积	
	(52-2) 15 714

利润分配	
(52-2) 15 714	(52-1) 157 140
(52-4) 32 000	(52-4) 15 714
(52-5) 47 714	(52-4) 32 000

练 习 题

一、单项选择题

1．下列账户中，期末结转后可能有余额的是(　　)。

A．生产成本　　B．营业税金及附加　　C．财务费用　　D．主营业务成本

2．向银行取得短期借款，应支付的借款利息应计入(　　)科目。

A．生产成本　　B．制造费用　　C．财务费用　　D．管理费用

3．已知某公司主营业务利润 480 万元，管理费用 120 万元，财务费用 8 万元，销售费用 40 万元，营业外支出 12 万元。则营业利润为(　　)。

A．312 万元　　B．352 万元　　C．360 万元　　D．300 万元

4．企业发生的期间费用应(　　)。

A．计入当期生产成本　　B．计入间接费用

C．计入当期损益　　D．等待以后分摊

5．不影响本期营业利润的项目是(　　)。

A．主营业务成本　　B．主营业务收入　　C．财务费用　　D．所得税费用

6．月末计算出应缴纳的所得税时，应借记(　　)账户。

A．“营业税金及附加”　　B．“所得税费用”

C．“应交税费”　　D．“管理费用”

7．月末损益类账户转入(　　)账户后，余额为零。

A．“利润分配”　　B．“本年利润”　　C．“应付利润”　　D．“所得税费用”

二、多项选择题

1．财务成果是指企业在一定期间全部生产经营活动的最终结果，也就是全部生产经营活动所获得的利润或亏损。由下列(　　)三部分组成。

A．营业利润　　B．投资净收益

C．营业外收支净额　　D．其他业务收支净额

2．企业在生产经营期间取得利润总额，应按下列顺序进行分配 (　　)。

A．应付投资者利润　　B．按规定提取盈余公积

C．给职工增发工资　　D．上交所得税

3．下列(　　)项目确认属于营业外收入。

A．固定资产盘盈　　B．出售原材料收入

C．无法偿还的应付款　　D．财产盘亏

4．企业的利润总额是由(　　)构成。

A．营业利润　B．投资净收益　C．期间费用　D．营业外收支净额

5．财务成果核算的主要业务包括(　　)。

A．利润形成　B．利润分配　C．发放工资　D．利润清算

6．下列各项中，属于其他业务收入的是(　　)。

A．固定资产盘盈收入　B．包装物出租收入

C．销售材料收入　D．出售产品收入

7．“营业税金及附加”账户用于核算企业经营活动发生的(　　)等相关税费。

A．增值税　B．教育费附加　C．城市维护建设税　D．消费税

三、业务题

习题一

1．目的：练习资金筹集的核算。

2．资料：某企业20××年开办时筹集经营资金，发生了下列各项经济业务。

(1)收到国家财政部门对企业投资2 600 000元，其中拨来设备1 400 000元，银行存款1 200 000元。

(2)收到法人对企业投资无形资产商标权，经评估确认作价840 000元，即日起开始启用。

(3)向当地工商银行办理为期6个月的银行借款500 000元，存入存款账户待用。

(4)收到个人投资的各种原材料，经评估作价800 000元，经验收入库待用。

3．要求：根据资料列示的各项经济业务编制会计分录。

习题二

1．目的：练习财务成果的核算。

2．资料：

(1)20××年12月月末将下列损益类收支账户借贷方余额，结转至“本年利润”账户。

主营业务收入	232 200
主营业务成本	126 800
销售费用	36 620
营业税金及附加	15 152
其他业务收入	82 000
其他业务成本	81 000
管理费用	5 600
投资收益	142 000
营业外收入	4 400
营业外支出	3 000

(2)按利润总额的25%计算并结转应交企业所得税。

3．要求：根据上述资料编制会计分录。

习题三

1．目的：练习利润实现和利润分配的核算。

2．资料：某工业公司20××年12月份发生下列经济业务。

(1)收到购货方的滞纳金24 000元存入银行，经批准转为营业外收入。

(2)用银行存款支付希望工程捐款30 000元，经批准转为营业外支出。

(3) 向东南公司销售 A 产品 400 件，每件售价 1 500 元，共计 600 000 元，应向东方公司收取的增值税销项税额 102 000 元，价款及税款通过银行转账已收讫。

(4) 根据合同规定向北方公司销售 B 产品 600 件，每件 800 元，共计 480 000 元，以银行存款代垫运费 3 000 元，应收取的增值税销项税额 81 600 元。价税款及代垫运费均未收回。

(5) 用现金支付退休人员退休退金 3 080 元。

(6) 用银行存款支付罚款 1 400 元，经批准转为营业外支出。

(7) 预提应由本月负担的短期借款利息 1 000 元。

(8) 用银行存款支付广告费 2 400 元。

(9) 月末，结转本月已销售产品的生产成本，其中：A 产品单位生产成本 1 000 元，B 产品单位生产成本 550 元。

(10) 月末，按照规定计算出本月应负担的消费税、城市维护建设税等税金(教育费附加从略)，共计 2 700 元。

(11) 月末，将“主营业务收入”和“营业外收入”账户的贷方余额转入“本年利润”账户。

(12) 月末，将“主营业务成本”、“营业税金及附加”、“销售费用”、“管理费用”、“财务费用”、“营业外支出”等账户本月借方余额转入“本年利润”账户。

(13) 月末，计算本月利润总额，按本月利润总额的 25%计算并结转本月应交所得税。

(14) 月末，按净利润的 10%计提法定盈余公积金。

(15) 年末，企业决定向投资者分配利润 300 000 元。

(16) 年末，根据“本年利润”账户 11 月 30 日贷方余额 750 000 元和 12 月份净利润计算全年实现的净利润，并将其转入“利润分配”账户。

3．要求：根据上述经济业务编制会计分录。

第六章

账户的分类

学习目标与要求：

1. 了解账户分类的意义；
2. 理解和掌握账户按经济内容分类；
3. 了解账户按用途和结构分类及其他分类。

账户是对会计对象的具体内容进行分类反映的重要工具。本教材的第三章、第四章、第五章已经阐述了账户的结构及如何运用账户来核算经济业务。从前面的内容可以看出，企业会计的每个账户独立地反映企业经济活动的某个方面或某个环节，提供某个方面或某个环节的信息，而企业的经济活动作为一个整体的经济信息，则需要由一个个独立账户相互联系的共同构成的账户体系提供。本章将继续对账户进行研究。

根据现代管理理论，分类是一种最基本的管理。按照不同的标志对账户体系进行分类，从不同的角度考察账户，至少具有以下几个方面非常重要的意义。

(1)账户的分类有利于加深对账户体系的全面认识，了解每个账户在会计核算体系中的地位和作用，有助于正确运用设置账户这一会计核算的专门方法，建立起科学、合理的会计核算体系。

(2)账户的分类能够使我们正确认识各会计要素的经济内容，通过对数据按报表信息的要求进行分类，形成报表所需要揭示的财务信息和其他经济信息，为经济管理提供系统的、分门别类的会计资料。

(3)账户的分类有利于我们了解每个账户核算内容之间的区别与联系，从使用账户的技术方法的角度来研究账户的不同用途与结构，揭示账户在使用中的规律性，提高运用账户的技能，从而做到正确、熟练地使用账户。

(4)账户的分类能够揭示全部账户在反映会计内容上存在既分工又合作的关系。当国家统一制定的会计账户随各个时期的经济管理的不同要求变动时，能够尽快适应、并在统一会计制度许可的范围内，根据企业的实际情况增设或合并会计账户。

第一节　账户按经济内容分类

账户的经济内容，即账户所核算的会计对象的具体内容。账户按经济内容分类是账户的基本分类，账户间的区别首先是其所反映的经济内容不同，账户在用途和结构上的差别是由于其所核算经济内容的不同引起的。

会计对象具体内容可以分为资产、负债、所有者权益、收入、费用、利润六大要素，账户按经济内容分类通常联系会计要素分类，但又根据核算需要有所区别，二者不完全一致。为反映各不同性质、不同形态资产的增减变动及结存情况而设置的账户，统归为资产类账户。为反映企业对不同债权人的不同类型、不同期限的债务的形成、偿付及结余情况而设置的账户统称为负债类账户。所有者因出资享有对企业净资产的所有权，享有企业的利润并参与利润分配。为反映所有者的资本投入、利润取得及利润分配而设置的账户统称为所有者权益账户。许多企业，尤其是制造业，要对生产过程进行成本的计算，以对该阶段的各种耗费进行核算和控制并确定资产价值，为反映此项经济内容而设置的账户归为成本类账户。企业在一定期间所取得的收入和收益，以及所发生的需要从当期收入中扣减的各项费用和损失，都要体现在利润的计算中。为方便核算，有些收入(收益)和费用(损失)往往在一个账户中反映。因此，我们将为反映收入(收益)和费用(损失)的账户统归为一类账户，称作损益类账户。据此，按照账户所反映的经济内容，可以将全部账户分作五大类：资产类、负债类、所有者权益类、成本类和损益类。

一、资产类账户

资产类账户是用来核算各类资产增减变动和结存情况的账户。按照流动性的不同，资产类账户又分两类：流动资产账户和非流动资产账户。

(一)流动资产账户

流动资产账户核算可以在一年或超过一年的一个经营周期内变现或耗用的资产。按照资产形态和性质的不同，流动资产账户进一步区分如下。

(1)反映货币资金的账户，包括现金、银行存款、其他货币资金账户。

(2)反映短期投资的账户，包括交易性金融资产、买入返售金融资产等账户。

(3)反映短期债权的账户，包括应收账款、应收票据、其他应收款、预付账款、应收股利、应收利息、坏账准备等账户。

(4)反映存货的账户，包括材料采购(或在途物资)、物资采购、原材料、库存商品、发出商品、委托加工物资、周转材料、材料成本差异等账户。

(二)非流动资产账户

非流动资产账户核算周转期超过一年或超过一年的一个经营周期的资产。按照资产形态和性质的不同，非流动资产账户进一步区分如下。

(1)反映长期投资的账户，包括持有至到期投资、可供出售金融资产、长期股权投资账户、持有至到期投资减值准备、长期股权投资减值准备等账户。

(2)反映固定资产的账户，包括固定资产、累计折旧、在建工程、工程物资、固定资产清理、固定资产减值准备等。

(3)反映无形资产和其他长期资产的账户，包括无形资产、累计摊销、无形资产减值准备、商誉、长期待摊费用、递延所得税资产等账户。

资产类账户借方发生额反映资产的增加，贷方发生额反映资产的减少，余额一般在借方，反映结存情况。

二、负债类账户

负债类账户核算不同类型、不同期限的债务的形成、偿付及结余情况。按偿还期限的不同，负债类账户分类如下。

(一)流动负债账户

流动负债类账户核算需在一年或超过一年的一个经营周期内偿还的债务，包括短期借款、交易性金融负债、卖出回购金融资产款、应付账款、应付票据、预收账款、应付职工薪酬、应交税金、应付利息、应付股利、其他应付款等账户。

(二)非流动负债的账户

非流动负债核算偿还期超过一年或超过一年的一个经营周期的债务，包括长期借款、应付债券、长期应付款、专项应付款、预计负债等账户。

三、所有者权益类账户

所有者权益类账户核算所有者在企业中所拥有的经济利益。按照权益的来源不同，所有者权益类账户分类如下。

(1)反映初始投资及其自身增值的账户，包括实收资本(或股本)、资本公积账户。

(2)反映留存利润的账户，包括盈余公积、本年利润、利润分配账户。

负债类账户和所有者权益类账户统称为权益类账户。与资产类账户相反，一般借方反映权益减少，贷方反映权益增加，余额一般在贷方反映投资者实际拥有的权益数额。

四、成本类账户

成本类账户核算企业为生产产品、提供劳务而发生的资产耗费。成本类账户包括制造费用、生产成本、劳务成本、研发支出等账户。

成本类账户借方反映成本增加，贷方反映成本减少。生产成本、劳务成本、研发支出期末余额在借方。制造费用账户除季节性的生产性企业外，期末应无余额。

五、损益类账户

损益类账户核算一定期间的收入和其他收益、费用和其他损失。

(一)收入和其他收益类账户

收入和其他收益类账户核算一定期间企业日常经营活动或其他活动引起的资源流入。一般认为，收益包含收入，收入仅指在日常的销售商品、提供劳务、让渡资产使用权带来的资源流入。

收入和其他收益类账户主要包括主营业务收入、其他业务收入、公允价值变动损益、投资收益、营业外收入等账户。

收入和其他收益类账户贷方反映收入、收益增加，借方反映收入、收益减少，期末将发生额转入本年利润的贷方后，没有余额。

(二)费用和其他损失类账户

费用和其他损失类账户核算一定期间企业日常经营活动或其他活动引起的资源流出。一般认为，损失包含费用，费用仅指在日常的销售商品、提供劳务、让渡资产使用权带来的资源流出。

费用类账户包括主营业务成本、其他业务成本、营业税金及附加、销售费用、财务费用、管理费用、资产减值损失、营业外支出、所得税等。

费用和其他损失类账户借方反映费用、损失增加，贷方反映费用、损失减少，期末将发生额转入本年利润的借方后，没有余额。

以上账户按经济内容进行分类，可以了解各类账户所核算和监督的经济内容，可以帮助我们确定需要设置哪些账户来对经济业务进行全面、系统的核算。

现将账户按经济内容分类，简单归结如下(如图 6-1 所示)。

- 账户
  - 资产类账户
    - 流动资产账户
      - 库存现金
      - 银行存款
      - 其他货币资金
      - 交易性金融资产
      - 应收票据
      - 应收账款
      - 预付账款
      - 应收股利
      - 应收利息
      - 其他应收款
      - 坏账准备
      - 材料采购
      - 在途物资
      - 原材料
      - 材料成本差异
      - 库存商品
      - 发出商品
      - 商品进销差价
      - 委托加工物资
      - 周转材料
      - 存货跌价准备
    - 非流动资产账户
      - 长期投资账户
        - 持有至到期投资
        - 持有至到期投资减值准备
        - 可供出售金融资产
        - 长期股权投资
        - 长期股权投资减值准备
      - 固定资产账户
        - 固定资产
        - 累计折旧
        - 固定资产减值准备
        - 在建工程
        - 工程物资
        - 固定资产清理
      - 无形资产和其他资产账户
        - 无形资产
        - 累计摊销
        - 无形资产减值准备
        - 商誉
        - 长期待摊费用
        - 递延所得税资产
        - 待处理财产损溢
        - 未实现融资收益
        - 长期应收款
  - 负债类账户
    - 流动负债账户
      - 短期借款
      - 交易性金融负债
      - 卖出回购金融资产款
      - 应付票据
      - 应付账款
      - 预收账款
      - 应付职工薪酬
      - 应交税费
      - 应付利息
      - 应付股利
      - 其他应付款
    - 非流动负债账户
      - 长期借款
      - 应付债券
      - 长期应付款
      - 未确认融资费用
      - 专项应付款
      - 预计负债
      - 递延所得税负债
  - 所有者权益类账户
    - 实收资本
    - 资本公积
    - 盈余公积
    - 本年利润
    - 利润分配
    - 库存股
  - 成本类账户
    - 生产成本
    - 制造费用
    - 劳务成本
    - 研发支出
    - 工程施工
    - 工程结算
  - 损益类账户
    - 主营业务收入
    - 其他业务收入
    - 公允价值变动损益
    - 投资收益
    - 营业外收入
    - 主营业务成本
    - 其他业务成本
    - 营业税金及附加
    - 销售费用
    - 管理费用
    - 财务费用
    - 资产减值损失
    - 营业外支出
    - 所得税费用
    - 以前年度损益调整

图 6-1　账户按经济内容分类

第二节　账户按用途和结构分类

账户的用途，也就是设置和运用账户的目的，指通过账户的记录能够提供什么核算资料。例如，设置“材料采购”账户的目的就是归集和确认企业因材料采购所发生的材料买价和采购费用，计算和确认各批各类材料的总成本和单位成本。账户的结构，是指如何在账户中记录经济业务，以取得各种必要的核算指标，具体包括账户借方和贷方核算的内容、期末余额的方向及其所表示的内容。例如，“原材料”账户的结构是：借方登记入库原材料的实际成本，贷方登记发出原材料的实际成本；余额在借方，表示库存原材料的实际成本。

账户按用途和结构分类是对账户按经济内容分类的必要补充，是在账户按经济内容分类的基础上，对用途和结构基本相同的账户进行适当的归类，对于正确认识和掌握账户的使用规律，科学地管理和运用账户有十分重要的意义。

账户按用途和结构一般可以划分为盘存类账户、结算类账户、资本类账户、集合分配类账户、跨期摊提类账户、成本计算类账户、收入类账户、费用类账户、财务成果类账户、计价对比类账户和调整类账户 11 类。

现就各类账户的用途、结构和主要特点分述如下。

一、盘存类账户

盘存类账户，是用来反映各项货币资金及财产物资的增减变化和其实存数的账户。这类账户反映的财产物资一般都具有实物指标，而且这类账户的结存数，可以通过实物盘点的方式来确定。该类账户主要包括“现金”、“银行存款”、“交易性金融资产”、“原材料”、“库存商品”、“周转材料”、“固定资产”、“工程物资”等账户。

这类账户在内容上属于资产。它的结构是借方反映增加数，贷方反映减少数，余额在借方，表示其结存数额。盘存账户的结构可用图 6-2 表示。

盘存类账户在用途和结构上的主要特点如下。

(1) 可以通过实地盘点或核对账目的方法，检查账面结存数额是否与实存数额相符，验证账面记录是否正确，实物资产在经营管理上是否存在问题。

(2) 除“现金”和“银行存款”账户外，其他反映财产物资的盘存类账户的明细分类账应分别提供实物量指标和金额指标。

(3) 这类账户的余额在借方，表示各类财产、物资、货币资金的实有数，不会出现贷方余额。

借方	贷方
期初余额：期初财产物资和货币资金的结存数额 发生额：本期财产物资和货币资金的增加数额	发生额：本期财产物资和货币资金的减少数额
期末余额：期末财产物资和货币资金的结存数额	

图 6-2　盘存账户

二、结算类账户

结算类账户是用来核算和监督企业同其他单位或个人之间的债权、债务结算情况的账户。

由于结算业务性质不同，结算类账户又可分为债权结算账户、债务结算账户和债权债务结算账户等三类。

(一) 债权结算账户

债权结算账户也称资产结算账户，是专门用来核算、监督企业同各个债务单位或个人之间的债权结算业务的账户。债权结算类账户的主要包括“应收账款”、“应收票据”、“预付货款”、“其他应收款”、“应收股利”、“应收利息”等账户。

这类账户在内容上属于资产类账户。账户借方登记债权(应收款项或预付款项)的增加数，贷方登记债权的减少数，其余额一般在借方，表示期末尚未收回或转销的债权(应收款项或预付款项)的实有数额。债权结算账户的结构可用图 6-3 表示。

借方	贷方
期初余额：期初尚未收回的应收款项或转销的预付款项的实有额 发生额：本期应款项或预付款的增加额	发生额：本期应款项或预付款的减少额
期末余额：期末尚未收回的应收款项或尚未转销的预付款项	

图 6-3　债权结算账户

(二) 债务结算账户

债务结算账户也称负债结算账户，是专门用来核算和监督企业同各个债权单位或个人之间的结算业务的账户。债务结算账户主要包括“短期借款”、“应付账款”、“应付票据”、“预收账款”、“应付职工薪酬”、“应交税费”、“应付利息”、“应付利润”、“其他应付款”、“长期借款”、“应付债券”、“长期应付款”、“专项应付款”等账户。

债务结算账户在内容上属于负债类账户，其贷方登记债务(借入款项、应付款项或预收款项)的增加数，借方登记债务的减少数，其余额一般在贷方，表示尚未偿还的债务(借入款项、应付款项或预收款项)的实有数。债务结算账户的结构可用图 6-4 表示。

借方	贷方
发生额：本期借入款项、应付款项或预收款项的减少数额	期初余额：期初尚未收回的应收款项或转销的预付款项的实有额 发生额：本期借入款项、应付款项或预收款项的增加额
	期末余额：期末尚欠的借入款项和应付款项或尚未结算的预收款项的数额

图 6-4　债务结算账户

(三) 债权债务结算账户

债权债务结算账户也称资产负债结算账户或往来结算账户，是用来核算和监督企业同其他单位或个人之间往来结算业务的账户。在实际工作中，与企业经常发生业务往来的单位，有时是企业的债权人，有时又是企业的债务人。为了集中核算和监督企业与某一单位或个人发生的债权、债务的往来结算情况，可以在一个结算账户中既核算应收又核算应付该单位的款项的增减变动及其余额情况。例如，如果企业不单独设置“预付账款”账户，而用“应付账款”账户同时核算和监督对供应商的应付账款和预付账款，则此时的“应付账款”账户就是一个债权债务结算账户；又如，如果企业不单独设置“预收账款”账户，而用“应收账款”

账户同时核算和监督对客户的应收账款和预收账款，则此时的“应收账款” 账户就是一个债权债务结算账户；有的企业设置“其他往来” 账户，用来同时核算和监督企业应收账款和应付账款，是一个典型的债权债务结算账户。

债权债务类结算账户既反映资产，又反映负债，属双重性质账户。其借方登记债权的增加和债务的减少，贷方登记债务的增加和债权的减少，余额可能在借方，也可能在贷方。余额如在借方，表示尚未收回的债权净额(尚未收回的债权大于尚未偿付的债务的差额)，余额如在贷方，表示尚未偿付的债务净额(尚未偿付的债务大于尚未收回的债权的差额)。债权债务结算账户的结构可用图 6-5 表示。

借方	贷方
期初余额：期初债权大于债务的差额 发生额：本期债权的增加数额或债务的减少数额	期初余额：期初债务大于债权的差额 发生额：本期债务的增加数或债权的减少数额
期末余额：期末债权大于债务的差额	期末余额：期末债务大于债权的差额

图 6-5　债权债务结算账户

结算类账户在用途和结构上的特点如下。

(1)结算类账户只能提供货币指标，按发生结算业务的单位和个人开设明细分类账户，进行明细分类核算。

(2)为保证核算资料的正确性,结算账户需要定期通过与有关单位和个人核对账目以保证账实相符。

(3)由于债权债务结算账户属于双重性账户,其借方余额或贷方余额只是表示债权债务增减变动的差额，并不反映企业债权和债务的实际余额。因此，对于这类账户，在编制资产负债表时，应根据有关总分类账户所属明细分类账户余额的方向，来分析判断余额的性质，是资产还是负债，以便真实反映企业债权债务的实际情况。

三、资本类账户

资本类账户是用来核算和监督企业所有者投入的资本及其自身增值和留存利润的增减变动及结存情况的账户。设置这类账户的目的是为了保证实收资本的安全和完整，留存收益分配使用的合理，以维护企业所有者的权益。这类账户主要包括“实收资本”、“资本公积”、“盈余公积” 等账户。

资本账户在内容上反映所有者权益，其贷方反映所有者权益增加数，借方反映所有者权益减少数，余额在贷方，表示所有者权益的实有数额。资本类账户的结构可用图 6-6 表示。

借方	贷方
发生额：本期所有者权益的减少数	期初余额：期初所有者权益的实有数 发生额：本期所有者权益的增加数
	期末余额：期末所有者投资的实有数

图 6-6　资本类账户

资本类账户在用途和结构上的主要特点：这类账户能够反映出企业投资者对企业净资产的所有权，余额应在贷方，一般不会出现借方余额。

四、集合分配类账户

集合分配类账户是用来汇集和分配生产过程中所发生的各种共同费用的账户。企业生产过程中发生的某些应由多个产品共同负担的费用，在发生时不能直接计入某个成本计算对象，可以先通过集合分配类账户归集，在该生产阶段完成后，按照一定的标准分配到各个成本计算对象中去。集合分配类账户包括“制造费用”账户。

集合分配类账户从反映内容上看属于成本类账户。其借方记录共同费用的发生数，贷方记录期末分配费用数，一般情况下，当期发生的费用全部分配出去，期末没有余额。集合分配类账户的结构可用图 6-7 表示。

集合分配类账户在用途和结构上的主要特点如下。

(1) 一般情况下，当期发生的费用全部分配出去，期末没有余额。

(2) 集合分配类账户除能满足归集和分配共同费用的需要外，还可以考核费用的执行情况，加强费用预算管理。

借方	贷方
发生额：本期费用的发生数	发生额：分配给各成本计算对象的数额

图 6-7　集合分配类账户

五、跨期摊提类账户

跨期摊提类账户是用来记录和分配应由多个会计期间共同负担的费用的账户。生产经营过程中发生的某些费用，其受益期涉及多个会计期间。按照权责发生制原则，应该严格划清费用的受益期限，将这些费用合理地分配到各个会计期间，由多个会计期间共同负担，以便正确地计算各期的损益。为此，需要设置跨期摊提类账户。跨期摊提类账户包括“长期待摊费用”账户等。

跨期摊提类账户的结构可用图 6-8 表示。

借方	贷方
期初余额：前期已经支付，但截至本期期初尚未摊配完的费用数额 发生额：本期实际支付的费用数额	发生额：本期计入当期损益的费用数额
期末余额：期末时已经支付，但尚未计入当期及前期损益的费用数额	

图 6-8　跨期摊提类账户

六、成本计算类账户

成本计算类账户，是用以反映和监督企业生产经营过程中某一阶段所发生的全部费用支出并确定成本计算对象实际成本的账户。企业在生产经营不同阶段，需要运用各个不同的账户，对该阶段的成本进行归集和计算，以考核该阶段的生产经营业绩，确定该阶段取得或生产的资产价值。例如，在材料采购阶段，需要运用“材料采购”账户归集材料的买价和所发生的各项费用，从而考核采购人员的经营业绩，确定所采购原材料的实际成本；在生产阶段，需要运用“生产成本”账户归集产品生产过程中所发生的材料费、人工费和各项间接费用，从而计算产成品的成本，并对生产过程的业绩进行考核；在固定资产购建过程中，需要运用“在建工程”账户归集固定资产建造过程中发生的各项支出，从而计算出固定资产的价值。成本计算类账户包括“材料采购”、“生产成本”、“在建工程”账户。

成本计算类账户从反映的内容上看属于资产类账户，“材料采购”账户的借方余额反映企业尚未完成采购阶段的在途材料资产；“生产成本”账户的借方余额反映企业尚未完成生产阶段的在产品资产；“在建工程”账户的借方余额反映企业尚未竣工的建造工程。

从结构上看，成本计算类账户的借方登记经营过程中某个阶段所发生的应计入成本的全部费用(包括不需要分配而直接计入的直接费用和期末通过集合分配账户分配转来的间接费用)，贷方登记转出已完成某个阶段的成本计算对象的实际成本，期末如有余额一定在借方。其借方余额表示尚未完成该阶段的成本计算对象的实际成本。成本计算账户的结构可用图 6-9 表示。

借方	贷方
期初余额：期初尚未完成某个经营阶段的成本计算对象的实际成本 发生额：归集经营过程某个阶段所发生的全部费用额	发生额：结转已完成某个经营阶段的成本计算对象的实际成本
期末余额：期末尚未完成某个经营阶段的成本计算对象的实际成本	

图 6-9　成本类计算账户

成本计算类账户在用途和结构上的主要特点如下。

(1)成本计算类账户除设置总分类账户外，还应按各成本计算对象或费用控制的责任部门分别设置明细分类账进行明细分类核算，并按成本项目归集各项费用，提供有关成本计算对象的货币指标和实物指标。

(2)成本计算类账户的借方归集成本计算对象经营过程某个阶段所发生的全部费用额，贷方结转已完成某个经营阶段的成本计算对象的实际成本。当成本计算对象全部完成某个经营阶段后，成本计算类账户应无余额，具有一定的过渡性质。

(3)成本计算类账户除能满足不同生产经营阶段成本计算的需要外，还可以控制考核各项成本开支，加强成本管理。

七、收入类账户

收入类账户是用来反映和监督企业在一定时期(月份、季度、半年或年度)内所取得的各种收入和收益的账户。收入类账户包括“主营业务收入”、“其他业务收入”、“营业外收入”、“投资收益”等账户。

收入类账户从反映的内容上看属于损益类账户，对应损益类账户中反映收入和收益的部分。从结构上看，这类账户的贷方登记取得的收入或收益，借方登记收入或收益的减少数及期末转入“本年利润”账户的收入或收益。由于当期实现的全部收入或收益都要于期末转入“本年利润”账户的贷方，所以收入类账户期末没有余额。收入类账户的结构可用图 6-10 表示。

借方	贷方
发生额：(1)收入或收益的减少额；(2)期末转入“本年利润”账户的收入或收益额	发生额：本期收入或收益的增加额

图 6-10　收入类账户

收入类账户在用途和结构上的主要特点如下。

(1)收入类账户汇集一定期间取得的各项收入和收益，一般要在期末全部结转，以满足计算利润的需要。账户期末没有余额，属于过渡性质的账户。

(2)为考核收入的来源情况，收入类账户一般要按商品或业务类别设置明细分类账户。进行明细分类核算时，有时还兼用实物量单位。

八、费用类账户

费用类账户是用来核算和监督企业在一定时期(月份、季度、半年或年度)内所发生的应计入当期损益的各项费用和损失的账户。费用类账户包括“主营业务成本”、“其他业务成本”、“营业税金及附加”、“销售费用”、“管理费用”、“财务费用”、“所得税费用”、“营业外支出”等账户。

费用类账户从反映的内容上看属于损益类账户，对应损益类账户中反映费用和损失的部分。从结构上看，费用类账户的借方登记费用或损失的增加额，贷方登记费用或损失的减少额和期末转入“本年利润”账户的费用支出数额。由于当期发生的各项费用或损失都要于期末转入“本年利润”账户的借方，所以费用类账户期末没有余额。费用类账户的结构可用图 6-11 表示。

借方	贷方
发生额：本期费用支出的增加额	发生额：(1)本期费用支出的减少额 (2)期末转入“本年利润”账户的数额

图 6-11　费用类账户

费用类账户在用途和结构上的主要特点如下。

(1)费用类账户汇集一定期间取得的各项费用和损失，一般要在期末全部结转，以满足计算利润的需要。账户期末没有余额，属于过渡性质的账户。

(2)为考核费用的发生情况，有些费用类账户要按费用性质开设专栏式明细账，对不同性质的费用开支进行总额控制；有些费用类账户要按商品或业务类别设置明细分类账户，除金额控制外，并兼用实物量单位，进行数量控制。

九、财务成果类账户

财务成果类账户是用来核算和监督企业在一定时期(月份、季度、半年或年度)内全部经营活动的最终成果的账户。财务成果类账户包括“本年利润”账户。

“本年利润”账户从反映的内容上看属于所有者权益类账户。从结构上看，期末从各收入、收益账户贷方转入的营业收入、营业外收入和投资收益等增加所有者权益的项目，计入“本年利润”账户的贷方；期末从各费用支出账户借方转入的营业成本、销售费用、财务费用、营业税金及附加和营业外支出等减少所有者权益的项目，计入“本年利润”账户的借方。期末若余额在贷方，表示企业获得的利润总额；若余额在借方，则表示企业发生的亏损总额。财务成果类账户的结构可用图6-12表示。

财务成果类账户在用途和结构上的主要特点如下。

(1)“本年利润”账户借方汇集当期的费用损失，贷方汇集当期的收入、收益，二者比较得出利润，是一个利润计算账户，是联系收入和费用的桥梁。

(2)年度内各期期末都有余额，贷方余额为本年累计利润，借方余额为本年累计亏损。年度终了，由于企业将当年实现的净利润或亏损总额全部转入“利润分配——未分配利润”账户，本账户年末没有余额。

借方	贷方
发生额：汇集应计入本期益损的各项成本、费用和损失	发生额：汇集本期实现的各项收入和收益
期末余额：期末累计发生的亏损	期末余额：期末累计实现的净利润

图6-12　财务成果类账户——“本年利润”账户

十、计价对比类账户

计价对比类账户是用来对某项经济业务按照两种不同的计价标准进行核算对比，借以确定其业务成果的账户。这类账户借贷双方采用不同的价格标准进行核算，通过双方对比计算出业务成果。按计划成本进行材料日常核算的企业，“材料采购”账户属于计价对比类账户。

“材料采购”账户从反映的内容上看属于资产类账户，从结构上看，账户借方核算材料的实际采购成本，按实际成本计价，贷方核算材料的计划采购成本，按计划成本计价，借贷双方两种计价的对比，即可确定采购的业务成果——节约额或超支额，用以评价采购部门的工作业绩。对于已经完成采购过程(已经验收入库)的原材料，确定的采购业务成果应当从计价对比账户转出，因此，如果当期采购的原材料全部验收入库，计价对比账户期末没有余额；如果采购的原材料期末没有验收入库，则体现为材料采购账户的借方余额，即在途材料的实际成本。

计价对比类账户的结构可用图6-13表示。

借方	贷方
期初余额：期初在途材料的实际成本(第一种计价) 发生额：(1)外购材料的实际成本(第一种计价)； (2)贷差(第一种计价小于第二种计价的差额)，即材料节约差异，转入“材料成本差异”账户的贷方	发生额：(1)入库材料的计划成本(第二种计价)； (2)借差(第二种计价小于第一种计价的差额)，即材料超支差异，转入“材料成本差异”账户的借方
期末余额：期末在途材料的实际成本(第一种计价)	

图6-13　计价对比类账户——“材料采购”账户

十一、调整类账户

调整账户是用来调整有关账户（即被调整账户）的余额，以表示被调整账户的实际余额而设置的账户。在会计核算中，由于管理上的需要或其他原因，对于某些会计要素，有时需要用两种不同的数字来记录和反映，相应地需要设置和应用两个账户。一个账户记录和反映会计要素的原始数字，另一个账户反映对原始数字的调整数字。将原始数字与调整数字相加或相减，就可以求得现在的实有数字。在会计核算中，把反映原始数字的账户称为被调整账户；反映调整数字的账户称为调整账户。将调整账户和被调整账户联系在一起，可以提供管理上所需的资料。

调整账户，按其调整方式的不同，可以分为备抵账户、附加账户和备抵附加账户三类。现分别说明如下：

（一）备抵账户

备抵账户又叫抵减账户，是用来抵减被调整账户的余额，以求得被调整账户的实际余额而设置的账户。其调整方式，可用下列公式表示：

被调整账户余额–备抵账户余额=被调整账户的实际余额

由于二者之间的抵减关系，被调整账户与备抵账户的余额和记账方向必定相反。

按照被调整账户的性质，备抵账户又可分为资产备抵账户和权益备抵账户两类。

(1) 资产备抵账户。资产备抵账户是用来抵减某一资产账户（被调整账户）的余额，以求得该资产实有数额的账户，包括“累计折旧”、“坏账准备”、“持有至到期投资减值准备”、“存货跌价准备”、“长期股权投资减值准备”、“固定资产减值准备”等账户。

以下以常见的“累计折旧”账户为例介绍资产备抵账户。

资产备抵账户与被调整账户之间的关系及其调整方式可用图 6-14、图 6-15 表示。

借方	贷方
期初余额：期初固定资产的原始价值 发生额：本期增加固定资产的原始价值	发生额：本期减少固定资产的原始价值
期末余额：期末固定资产的原始价值	

图 6-14　被调整账户——固定资产

借方	贷方
发生额：(1) 当期减少固定资产已提折旧	期初余额：期初固定资产已提折旧 发生额：(1) 当期增加固定资产的已提折旧 (2) 当期计提折旧
	期末余额：期末固定资产已提折旧

图 6-15　资产备抵账户——累计折旧

资产备抵账户在用途和结构上的特点如下。

“固定资产”账户作为被调整账户，反映固定资产的原始价值，“累计折旧”账户作为备抵账户，专门反映固定资产由于使用而引起的价值减少，二者相对照，就是固定资产的净值，可以反映固定资产的新旧程度。这样，就为了解企业固定资产总体情况提供了全面、系统的信息。

"固定资产"与"累计折旧"账户性质相同，但结构相反：折旧增加记借方，减少记贷方，余额在贷方。

由于"累计折旧"专门用来反映固定资产价值减少，折旧增加意味着资产价值减少，因此，其结构特点与借贷记账法下资产类账户的结构并不矛盾。

(2)权益备抵账户。权益备抵账户是用来抵减某一权益账户(被调整账户)的余额，以求得该权益账户的实际余额的账户。"利润分配"账户就是"本年利润"这个权益账户的备抵账户。

权益备抵账户与被调整账户的关系及其调整方式可用图 6-16、图 6-17 表示。

权益备抵账户在用途和结构上的特点如下。

"本年利润"账户反映已实现的利润累计数额，而"利润分配"账户反映已分配的利润数额。这样，将"本年利润"账户贷方余额减去"利润分配"账户的借方余额，其差额表示企业当期期末尚未分配的利润数。通过"本年利润"账户与"利润分配"账户余额的对比分析，可以了解利润的赚取和分配情况。

"本年利润"账户与"利润分配"账户的结构相反。

借方	贷方
	期初余额：期初累计已实现利润
发生额：当期发生亏损	发生额：当期实现利润
	期末余额：期末累计已实现利润

图 6-16　被调整账户——本年利润

借方	贷方
期初余额：期初累计已分配利润	
发生额：当期分配利润	
期末余额：期末累计已分配利润	

图 6-17　权益备抵账户——利润分配

(二)附加账户

附加账户是用来增加被调整账户的余额，以求得被调整账户的实际余额的账户。其调整方式，可用下列公式表示：

被调整账户余额+附加账户余额=被调整账户的实际余额

例如，在"原材料"账户按供应单位发票价格核算的情况下，有关的采购费用就需设置一个"采购费用"账户(附加账户)加以登记。这样，"采购费用"账户的借方余额加上"原材料"账户(被调整账户)的借方余额，就是库存材料的实际成本。被调整账户的余额与附加账户的结构一致，如果被调整账户的余额在借方(或贷方)，则附加账户的余额也一定在借方(或贷方)。

在实际工作中，这类账户较少运用。

附加账户与被调整账户的关系及其调整方式可用图 6-18、图 6-19 简单表示。

借方	贷方
余额：某项经济活动的原始数据（原材料的发票价格）	

图 6-18 被调整账户——原材料

借方	贷方
余额：某项经济活动的附加数额（原材料的采购费用）	

图 6-19 附加账户——采购费用

3．备抵附加账户

备抵附加账户是既用抵减又用增加方式调整被调账户的余额，以求得被调整账户的实际余额的账户。

这类账户兼有备抵账户与附加账户的功能，但不能同时起作用。备抵附加账户是实际发挥备抵账户的作用还是附加账户的作用，要取决于该账户的余额是否与被调整账户的余额方向一致：当调整账户的余额与被调整账户的余额在相反方向时，起备抵账户作用；当调整账户余额与被调整账户的余额在相同方向时，起附加账户作用。“材料成本差异”账户就是典型的备抵附加账户。

工业企业在对原材料采用计划成本法进行日常收发核算时，“原材料”账户核算原材料的计划成本，需要专门设置“材料成本差异”账户核算原材料的实际成本与计划成本的差异，即节约额或超支额。二者对比，得出原材料的实际成本。当“材料成本差异”反映节约额时，起备抵账户的作用，与“原材料”账户的结构相反；当“材料成本差异”反映超支额时，起附加账户的作用，与“原材料”账户的结构相同。

备抵附加账户与被调整账户的关系及其调整方式可用图 6-20、图 6-21 简单表示。

借方	贷方
期初余额：期初结存原材料的计划成本	
发生额：当期购入原材料的计划成本	发生额：当期领用原材料的计划成本
期末余额：期末结存原材料的计划成本	

图 6-20 被调整账户——原材料

借方	贷方
期初余额：期初结存原材料的超支差异	期初余额：期初结存原材料的节约差异
发生额：当期购入原材料的超支差异 当期领用原材料的节约差异	发生额：当期购入原材料的节约差异 当期领用原材料的超支差异
期末余额：期末结存原材料的计划成本	

图 6-21 备抵附加账户——材料成本差异

综合以上分析，账户按用途和结构分类可用图 6-22 表示（涵盖部分账户）。

- 基本账户
  - 盘存类账户
    - 库存现金
    - 银行存款
    - 其他货币资金
    - 交易性金融资产
    - 买入返售金融资产
    - 材料采购
    - 在途物资
    - 原材料
    - 库存商品
    - 发出商品
    - 委托加工物资
    - 周转材料
    - 融资租赁资产
    - 持有至到期投资
    - 可供出售金融资产
    - 长期股权投资
    - 固定资产
    - 在建工程
    - 工程物资
  - 结算类账户
    - 应收票据
    - 应收账款
    - 预付账款
    - 应收股利
    - 应收利息
    - 其他应收款
    - 长期应收款
    - 短期借款
    - 交易性金融负债
    - 应付票据
    - 应付账款
    - 预收账款
    - 应付职工薪酬
    - 应交税费
    - 应付利息
    - 应付股利
    - 其他应付款
    - 长期借款
    - 应付债券
    - 长期应付款
    - 专项应付款
  - 跨期摊配账户
    - 无形资产
    - 商誉
    - 未确认融资费用
    - 长期待摊费用
    - 预计负债
    - 递延所得税资产
    - 递延所得税负债
  - 资本类账户
    - 实收资本
    - 资本公积
    - 盈余公积
    - 利润分配
    - 已归还投资
    - 库存股
- 调整账户
  - 备抵账户
    - 累计折旧
    - 坏账准备
    - 待处理财产损溢
    - 材料成本差异
    - 商品进销差价
    - 持有至到期投资减值准备
    - 存货跌价准备
    - 长期股权投资减值准备
    - 固定资产减值准备
    - 无形资产减值准备
    - 固定资产清理
  - 集合分配类账户 —— 制造费用
  - 成本计算类账户
    - 生产成本(本期发生额)
    - 劳务成本(本期发生额)
    - 物资采购(本期发生额)
    - 在建工程(本期发生额)
  - 集合配比类账户
    - 主营业务收入
    - 其他业务收入
    - 递延收益
    - 营业外收入
    - 主营业务成本
    - 主营业务税金及附加
    - 其他业务成本
    - 期间费用——
      - 营业费用
      - 管理费用
      - 财务费用
    - 所得税费用
    - 投资收益
    - 营业外支出
    - 以前年度损益
  - 财务成果类账户 —— 本年利润

图 6-22　账户按用途和结构分类

第三节　账户的其他分类

一、按账户提供指标的详细程度分类

按照提供指标的详细程度，账户可以分为总分类账户和明细分类账户。总分类账户提供总括指标，明细分类账户提供明细指标和详细资料。

如果一级明细账反映的经济内容比较复杂，可以进一步设置二级、三级明细账，提供更为详细、具体的指标。

该部分内容已经在第三章详细讲述过，不再重复。

二、按与报表的关系分类

账户按与报表的关系分类，分为资产负债表账户和损益表账户。

资产负债表账户所提供的资料是编制资产负债表的依据。从与账户按经济内容分类的关联上看，资产负债表账户包括资产类、负债类、所有者权益类和成本类账户，核算资产负债表中的资产、负债、所有者权益的具体内容。资产负债表账户一般有期末余额，并需结转到下一个会计期间，成为下一个会计期间的期初余额。

损益表账户所提供的资料是编制损益表的依据。从与账户按经济内容分类的关联上看，损益类账户就是损益表账户。这些账户是根据损益表的项目设置的，归集当期的各项收入、费用，发生额期末转入“本年利润”账户，没有期末余额。

三、按与会计主体的关系分类

按与会计主体的关系分类，账户可分为表内账户和表外账户。表内账户是指用来核算一个会计主体的资产、负债、所有者权益、收入、费用、利润的账户，前面列举的账户均为表内账户。表内账户资料均会计入会计报表。表外账户是指用来核算不属于本会计主体的资产或权益的账户，如租入固定资产账户、代管商品物资账户等都是表外账户。这些账户反映的内容只是暂存企业的资产或作为参考资料的权益，一般不应列入会计报表之内。

研究账户按会计主体分类，目的在于严格划清会计核算和监督内容的空间界限，为本企业的经营管理者提供更多的资料。

四、按期末余额分类

账户按期末余额分类，可分为借方余额账户、贷方余额账户和期末无余额账户。借方余额账户是指账户的借方发生额表示增加，贷方发生额表示减少，期末余额一定在借方的账户。资产类账户一般都是借方余额账户。贷方余额账户是指账户的借方发生额表示减少，贷方发生额表示增加，期末余额一定在贷方的账户。负债类和所有者权益类账户的期末余额一般都在贷方。期末无余额账户是指期末结账时，将本期汇集的借（贷）方发生额分别从贷（借）方转出，结转后期末没有余额的账户。收益类和费用类账户为期末没有余额的账户。

通常将期末有余额的账户称为实账户，实账户的期末余额代表着企业的资产、负债或所

有者权益；将期末无余额、下期开始前需另行设置的账户称为虚账户，虚账户的发生额反映企业的损益情况。

练 习 题

一、单项选择题

1. 账户按用途结构分类，“库存现金”账户属于（　　）。

A. 资本账户　　B. 结算账户　　C. 盘存账户　　D. 财务成果账户

2. “财务费用”账户按用途结构分类属于（　　）。

A. 集合分配账户　　B. 期间费用账户　　C. 资产结算账户　　D. 成本计算账户

3. 账户按经济内容（会计要素）分类“累计折旧”账户属于（　　）。

A. 资产账户　　B. 负债账户　　C. 费用账户　　D. 备抵调整账户

4. 按账户的统驭与被统驭关系分类，“应付账款——甲公司”应是（　　）的被统驭账户。

A. 应付账款——乙公司　　B. 应付账款——丙公司　　C. 应付账款　　D. A 和 B

5. 集合分配账户的特点：具有明显的过渡性质，借方归集的费用数额，要在贷方分配转出，期末（　　）。

A. 余额在借方　　B. 余额在贷方　　C. 一般没有余额　　D. 余额在借方或贷方

6. 下列账户中，（　　）不属于调整类账户。

A. 累计折旧　　B. 坏账准备　　C. 材料成本差异　　D. 长期待摊费用

7. 下列账户中不可能属于债权债务结算账户的是（　　）。

A. 应付股利　　B. 应付账款　　C. 其他应付款　　D. 预付账款

二、多项选择题

1. 账户按经济内容分类，可以分为以下（　　）账户。

A. 资产类　　B. 负债类　　C. 所有者权益类

D. 成本类　　E. 损益类

2. 下列账户中，属于损益类账户的有（　　）。

A. 主营业务收入　　B. 应交税金　　C. 管理费用

D. 营业外收入　　E. 所得税费用

3. 下列账户中属于成本计算账户的有（　　）。

A. 制造费用　　B. 管理费用　　C. 生产成本

D. 材料采购　　E. 财务费用

4. “固定资产”、“应收账款”、“本年利润”的备抵账户分别是（　　）。

A. 在建工程　　B. 累计折旧　　C. 坏账准备

D. 应付账款　　E. 未分配利润　　F. 利润分配

5. 一般情况下，（　　）账户月末无余额。

A. 集合分配　　B. 跨期摊配　　C. 成本计算　　D. 损益计算

6. （　　）账户的余额方向不易确定。

A. 盘存　　B. 财务成果　　C. 待处理　　D. 债权债务结算

三、判断题

1．调整账户和被调整账户的余额方向恰好相反。（　）

2．使用跨期摊配账户，是为了使费用的确认建立在权责发生制的基础上，有利于确定成本和利润。（　）

3．“本年利润”和“利润分配”账户属于财务成果类账户。（　）

4．备抵附加账户与被调整账户的关系是：被调整账户的余额-备抵账户余额=被调整账户的实际余额。（　）

5．所得税费用属于债务类结算账户。（　）

6．盘存类账户都是资产类账户，但资产类账户并不全是盘存类账户。（　）

7．当“材料成本差异”账户是贷方余额时，表示材料实际成本大于计划成本的超支数。（　）

第七章

会 计 凭 证

学习目标及要求：

1. 理解会计的概念、原始凭证与记账凭证的概念、原始凭证与记账凭证的关系，掌握原始凭证、记账凭证的填制方法和填写要求；
2. 掌握填制和审核凭证的基本技能；
3. 熟悉会计凭证的各种分类，原始凭证、记账凭证的基本内容；
4. 了解会计凭证的传递保管。

第一节　会计凭证的意义和分类

一、会计凭证及其意义

会计凭证，简称凭证，是记录经济业务的发生和完成情况，明确经济责任的书面证明，是登记账簿的重要依据。

为了保证会计记录的客观性和真实性，会计主体对发生的每一项经济业务都必须按照规定的程序和要求，由经办业务的有关人员从外部获取或自行填制会计凭证，以书面形式详细反映经济活动的内容，并在凭证上签名或盖章，明确经济责任。取得或填制会计凭证后，还要经有关人员审核确定后，才能作为登记账簿的依据。

正确填制和审核会计凭证，是会计核算的一项重要基础工作，是日常会计核算的起点。会计凭证对于完成会计的任务和实现会计的职能具有重要的意义。

第一，通过会计凭证的填制与审核，可以及时、正确地反映各项经济业务的完成情况，为登记账簿提供可靠的依据。

每个企业在生产经营中，会发生大量的、各种各样的经济业务。会计部门要及时正确地记录这些经济业务，必须依据会计凭证。当业务发生时，要及时取得或填制相应的会计凭证，并按一定的方法对会计凭证进行审核、整理、分类、汇总。这样，才可以正确及时地反映各项经济业务的发生及完成情况，并为会计记账提供真实可靠的依据。

第二，通过会计凭证的填制与审核，可以加强对经济业务的监督检查。

由于在会计凭证中明确了经济业务的内容、发生的时间和地点及有关经办人员的签名或盖章等，这就为检查经济业务的发生是否符合国家的有关法律制度，是否符合企业的经营方针、收支预算等提供了可靠线索，从而为查明经济责任、防范不法行为提供了安全保障。

第三，通过会计凭证的填制与审核，可以加强经营管理上的责任制。在会计凭证的内容中，有经济业务经办人员和有关人员的签章，这就有利于明确经济责任，从而促使有关人员按照国家法律和制度办事。同时，通过凭证审核，可以及时发现漏洞，查明责任，并采取有效措施，改进工作，加强经营管理上的责任制。

二、会计凭证分类

由于会计主体、经济业务的性质和管理上的要求多种多样，会计凭证种类繁多、形式各异。按照其填制的程序和作用不同，会计凭证可分为原始凭证和记账凭证两大类。

(一)原始凭证

原始凭证是在经济业务发生时取得或填制的，用来记录经济业务内容和完成情况、明确经济责任的书面证明。它是编制记账凭证的直接依据，会计核算的原始资料。

1．原始凭证按其来源或编制单位不同，分为自制原始凭证和外来原始凭证

自制原始凭证，是由本单位内部经办部门或个人在经济业务发生或完成时所填制的凭证，如收料单、领料单、产品入库单、差旅费报销单等，都是自制原始凭证。

外来原始凭证是指企业同外单位发生经济往来关系时，从外单位取得的凭证，如购物时由销货方开具的增值税专用发票、从银行取得的结算凭证、各种收费单位开来的现金收据等。

无论是自制的原始凭证还是外来的原始凭证，都是用来证明经济业务已经实际发生或完成，并可作为会计核算原始资料的凭证。凡是不能证明经济业务已经实际发生或完成的文件和凭证，如原材料请购单、派工单、购销合同等，都不能算做会计凭证，也就不能作为会计核算的依据。

2．原始凭证按其填制方法不同，又可分为一次原始凭证、累计原始凭证和汇总原始凭证

一次原始凭证是指在经济业务发生或完成后一次完成填制手续的凭证。一次凭证一般只反映一项经济业务或几项同类性质的经济业务，如一次性领料单、现金收据、发货票等。一次原始凭证由于只反映一笔经济业务，使用方便灵活。

累计原始凭证是指在一定时期内，在一张凭证上多次反映同一性质经济业务的凭证。累计原始凭证的填制手续不是一次完成的，而是把一定时期内所发生的同类经济业务连续登记在一张凭证上。这种情况多见于实行材料定额控制，或者材料消耗包干时所使用的“定额领料单”。累计原始凭证可以简化凭证的填制手续，经济业务的累计数量可随时与计划或定额标准相对照，还可以达到预算控制的目的。

汇总原始凭证也称原始凭证汇总表，是指根据多种同类经济业务的原始凭证或其他会计核算资料定期加以汇总而编制的凭证，如发出材料汇总表等。汇总原始凭证不但可以提供经济活动的一些总量指标，还可以简化会计核算手续，降低会计人员的工作量。

3．原始凭证按用途不同，可以分为通知凭证、执行凭证和计算凭证

通知凭证是指要求、命令单位或个人执行某项经济业务的原始凭证，如“罚款通知书”、“付款通知单”等。通知凭证一般不能立即据以编制记账凭证。

执行凭证是指证明经济业务已经发生或已经执行完毕的凭证，如“领料单”、“入库单”、“销货发票”等。

计算凭证是指根据其他原始凭证和有关会计核算资料而编制的，显示某些数据来源和产生情况而编制的凭证，如“工资计算表”、“产品成本计算单”等。

上述原始凭证按不同标志区分的多种类别是密切关联的。外来凭证一般都是一次性的凭证，计算凭证、累计凭证多是内部凭证。特定的单个凭证，根据其特征，可以归入多个不同的类别。例如，销货发票这种常见的原始凭证，可归属于外来凭证、一次性凭证、执行凭证类别。

常见的原始凭证格式如表 7-1 至表 7-6 所示。

表 7-1　领料单

年　月　日

领料部门：　　　　　　　　　　　　　　凭证编号：

用　　途：　　　　　　　　　　　　　　发料仓库：

材料编号	材料名称	规　格	单　位	数　量		价　格	
				请　领	实　发	单价	金额
备注						合计	

领料单位负责人：　　　　领料人：　　　　发料人：　　　　记账：

表 7-2　收料单

年　月　日

发票号码：　　　　　　　　　　　　　　凭证编号：

供应单位：　　　　　　　　　　　　　　收料仓库　：

材料编号	材料名称	规　格	单　位	数　量		实际成本		计划成本	
				应　收	实　收	单　价	金　额	单　价	金　额

供应部门：　　　　记账：　　　　仓库保管：　　　　验收人：

表 7-3　限额领料单

年　月　日

领料部门：　　　　　　　　　　　　　　凭证编号：

用　　途：　　　　　　　　　　　　　　发料仓库：

材料编号	材料名称	规格	计划投产量	单位消耗定额	计量单位	计划成本	领用限额	全月实用	
								数　量	金　额

领料日期	请领数量	实　发					限额结余
		数　量	金　额	发　料　人	领　料　人	记　账	

生产计划部门负责人：　　　　　　　　供应部门负责人：

表 7-4　××市增值税专用发票

开票日期：　　年　月　日　　　　　　　　　　　　　　　　NO1245688

<table>
<tr><td rowspan="2">购货单位</td><td>名称</td><td colspan="4"></td><td colspan="10">纳税登记号</td><td colspan="8"></td></tr>
<tr><td>地址、电话</td><td colspan="4"></td><td colspan="10">开户银行及账号</td><td colspan="8"></td></tr>
<tr><td colspan="2" rowspan="2">货物或应税劳务名称</td><td rowspan="2">计量单位</td><td rowspan="2">数量</td><td rowspan="2">单价</td><td colspan="9">金额</td><td rowspan="2">税率%</td><td colspan="9">金额</td></tr>
<tr><td>百</td><td>十</td><td>万</td><td>千</td><td>百</td><td>十</td><td>元</td><td>角</td><td>分</td><td>百</td><td>十</td><td>万</td><td>千</td><td>百</td><td>十</td><td>元</td><td>角</td><td>分</td></tr>
<tr><td colspan="2"></td><td></td><td></td><td></td><td></td><td></td><td></td><td></td><td></td><td></td><td></td><td></td><td></td><td></td><td></td><td></td><td></td><td></td><td></td><td></td><td></td><td></td><td></td></tr>
<tr><td colspan="2"></td><td></td><td></td><td></td><td></td><td></td><td></td><td></td><td></td><td></td><td></td><td></td><td></td><td></td><td></td><td></td><td></td><td></td><td></td><td></td><td></td><td></td><td></td></tr>
<tr><td colspan="2"></td><td></td><td></td><td></td><td></td><td></td><td></td><td></td><td></td><td></td><td></td><td></td><td></td><td></td><td></td><td></td><td></td><td></td><td></td><td></td><td></td><td></td><td></td></tr>
<tr><td colspan="2">合　计</td><td></td><td></td><td></td><td></td><td></td><td></td><td></td><td></td><td></td><td></td><td></td><td></td><td></td><td></td><td></td><td></td><td></td><td></td><td></td><td></td><td></td><td></td></tr>
<tr><td colspan="2">价税合计(大写)</td><td colspan="22">仟　佰　拾　万　仟　佰　拾　元　角　分</td></tr>
<tr><td rowspan="2">销货单位</td><td colspan="4">名　称</td><td colspan="6"></td><td colspan="7">纳税登记号</td><td colspan="6"></td></tr>
<tr><td colspan="4">地址、电话</td><td colspan="6"></td><td colspan="7">开户银行及账号</td><td colspan="6"></td></tr>
<tr><td>备注</td><td colspan="23"></td></tr>
</table>

收款人：　　　　　　　　　　　　　　开票单位：(未盖章无效)

表 7-5　发出材料汇总表

年　月　日

<table>
<tr><td colspan="2">会计科目</td><td>领料部门</td><td>原　材　料</td><td>燃　　料</td><td>合　　计</td></tr>
<tr><td rowspan="6">生产成本</td><td rowspan="3">基本生产成本</td><td>一车间</td><td></td><td></td><td></td></tr>
<tr><td>二车间</td><td></td><td></td><td></td></tr>
<tr><td>小计</td><td></td><td></td><td></td></tr>
<tr><td rowspan="3">辅助生产成本</td><td>供电车间</td><td></td><td></td><td></td></tr>
<tr><td>锅炉车间</td><td></td><td></td><td></td></tr>
<tr><td>小计</td><td></td><td></td><td></td></tr>
<tr><td colspan="2" rowspan="3">制　造　费　用</td><td>一车间</td><td></td><td></td><td></td></tr>
<tr><td>二车间</td><td></td><td></td><td></td></tr>
<tr><td>小计</td><td></td><td></td><td></td></tr>
<tr><td colspan="2">合　计</td><td></td><td></td><td></td><td></td></tr>
</table>

会计负责人：　　　　　　　　复核：　　　　　　　　制表：

表 7-6　产品成本计算单

产品名称：　　　　　　　　　年　月　日　　　　　　　　　单位：元

项　　目	直接材料	直接人工	制造费用	合　　计
期初在产品成本				
本期生产费用				
合计				
完工产品成本				
单位产品成本				
在产品成本				

(二)记账凭证

记账凭证是会计人员根据审核无误的原始凭证或汇总原始凭证，按照经济业务的内容，进行归类整理而编制的、用来确定会计分录的凭证。记账凭证将纷繁复杂的经济业务的原始资料转化为统一、规范的会计语言，指明了应借、应贷的账户名称和金额，为登记会计账簿提供了直接依据。

1. 记账凭证按其反映的经济内容是否和现金、银行存款的收付有关，可以分为收款凭证、付款凭证和转账凭证

收款凭证是专门记载现金、银行存款增加业务的记账凭证，相应分为现金收款凭证和银行存款收款凭证两类。收款凭证的借方科目是固定的，现金收款凭证的借方科目为“现金”科目；银行存款收款凭证的借方科目为“银行存款”科目。收款凭证是登记现金、银行存款日记账及有关对应的总账、明细账的依据，也是出纳员的收款依据。

付款凭证是专门记载现金、银行存款减少业务的记账凭证，相应分为现金付款凭证和银行存款付款凭证两类。付款凭证的贷方科目是固定的，现金付款凭证的贷方科目为“现金”科目；银行存款付款凭证的贷方科目为“银行存款”科目。付款凭证是登记现金、银行存款日记账及有关对应的总账、明细账的依据，也是出纳员的付款依据。

转账凭证是专门记载不涉及现金、银行存款收付的其他各项经济业务的凭证。转账凭证的借贷方科目均不固定，是登记相关总账、明细账的依据。

收款凭证、付款凭证、转账凭证的格式分别如表 7-7、表 7-8、表 7-9 所示。

表 7-7 收款凭证

借方科目： 年 月 日 字第 号

摘 要	贷方科目		金额										记 账
	总账科目	明细科目	千	百	十	万	千	百	十	元	角	分	
合 计													

附单据 张

会计主管 记账 出纳 审核 制证

表 7-8 付款凭证

贷方科目： 年 月 日 字第 号

摘 要	借方科目		金额										记 账
	总账科目	明细科目	千	百	十	万	千	百	十	元	角	分	
合 计													

附单据 张

会计主管 记账 出纳 审核 制证

表 7-9 转账凭证

年 月 日 字第 号

摘 要	总账科目	明细科目	记账	借方金额										记账	贷方金额									
				千	百	十	万	千	百	十	元	角	分		千	百	十	万	千	百	十	元	角	分
合 计																								

附单据 张

会计主管 记账 审核 制证

2. 记账凭证按其编制方式的不同，可以分为单式记账凭证和复式记账凭证

复式记账凭证是把一项经济业务所涉及的会计科目都集中填列在一张记账凭证上的凭

证。复式记账凭证可以集中反映每项经济业务的账户对应关系，便于了解有关经济业务的全貌，同时可减少凭证数量，节约纸张；但不利于汇总计算每一会计科目的发生额。上述收款凭证、付款凭证和转账凭证的格式就是复式记账凭证的格式。

单式记账凭证是把一项经济业务所涉及的每一个会计科目，都要分别填制一张记账凭证，即每一张记账凭证上只能填列一个会计科目。如果一项经济业务涉及几个对应的会计科目，就应分别填制几张凭证，借方科目填制借项记账凭证，贷方科目填制贷项记账凭证。单式记账凭证便于总计每一会计科目的发生额，同时也利于分工记账。因此，对业务量大，财会部门内部分工比较细的单位，可以采用单式记账凭证。

单式记账凭证的一般格式如表 7-10、表 7-11 所示。

表 7-10　借项记账凭证

对方科目：　　　　　　　年　月　日　　　　　　　凭证编号：

摘　要	一级科目	明细科目	金　额	记　账

附件　张

会计主管：　　　　　记账：　　　　　出纳：　　　　　制单：

表 7-11　贷项记账凭证

对方科目：　　　　　　　年　月　日　　　　　　　凭证编号：

摘　要	一级科目	明细科目	金　额	记　账

附件　张

会计主管：　　　　　记账：　　　　　出纳：　　　　　制单：

在会计实务中，为减少登记总分类账的工作量，可以把同类业务的记账凭证归类汇总，编制成汇总记账凭证。也可将多类记账凭证汇总，编制科目汇总表。汇总记账凭证和科目汇总表也属于会计凭证的范畴，将在“第十一章账务处理程序”中详细介绍。

会计凭证的分类如图 7-1 所示。

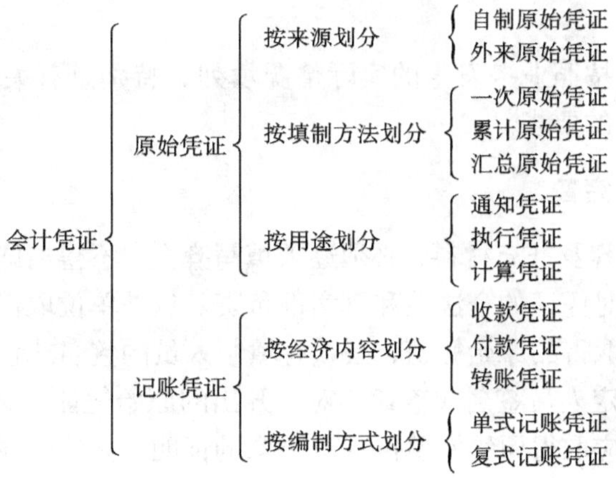

图 7-1　会计凭证的分类

第二节　原始凭证的填制与审核

一、原始凭证的基本内容

企业经济业务是复杂多样的，相应地记录经济业务的原始凭证的内容和格式也多种多样的。各种形式各异的原始凭证所共同具备的基本内容通常称作原始凭证的要素。一般包括 6 个方面：

(1)原始凭证的名称；

(2)原始凭证的填制日期与编号；

(3)接受凭证的单位或个人的名称；

(4)经济业务的内容摘要；

(5)经济业务所涉及的品名、数量、单价、金额等；

(6)经办部门和人员的盖章或签名。

除上述内容之外，有些原始凭证还要列入计划指标、合同号码等相关内容，以满足计划、统计或其他管理工作的需要，使原始凭证发挥更多的作用。

二、原始凭证的填制

填制原始凭证要由填制人员将各项原始凭证要素按规定的方法填写齐全,办妥签章手续，明确经济责任。

原始凭证有三种填制方式：一是根据实际发生或完成的经济业务直接填列，如“收料单”、“领料单”等；二是根据已经入账的有关经济业务，对账簿资料进行加工整理填列，如“生产成本计算单”等；三是根据若干张反映同类经济业务的原始凭证定期汇总，填列汇总原始凭证，如“发出材料汇总表”等。

原始凭证作为会计核算工作的原始资料和重要依据，是会计信息质量的重要保证。原始凭证的填制是一项严肃的工作，必须符合以下几项要求。

(一)内容真实可靠

原始凭证的内容，要按照业务发生的实际情况填列，特别是有关数字信息，必须真实可靠，这是原始凭证最基本的要求。

(二)内容完整、手续完备

原始凭证中的所有内容及补充材料，必须逐项填写齐全，不得遗漏和省略。有关经办单位和人员要认真审核签章，对凭证的合法性和真实性负责。从外单位取得的原始凭证，必须盖有填制单位的公章。从个人取得的原始凭证，必须有填制人员的签名或盖章。自制原始凭证必须有经办单位负责人或其指定人员签名或盖章。对外开出的原始凭证，必须加盖本单位的公章。外来原始凭证如有丢失，应取得原签发单位盖有公章的证明，并注明原来凭证的号码、金额和内容等，由经办单位负责人批准后，才能代替原始凭证。确实无法取得证明的，如火车票、轮船票、飞机票等凭证，需由当事人写出详细情况，由经办单位负责人批准后代替原始凭证。

(三)书写清楚、方法规范

原始凭证上的数字和文字，要用蓝色墨水书写，字迹要清楚、工整和规范。一式几联的收据和发票必须用双面复写纸套写，并连续编号。阿拉伯数字金额前应写人民币“¥”，或者港币“HK$”、美元“US$”符号，其后面不再写“元”字，符号与数字之间不得留有空白。所有以“元”为单位的数字，除表示单价等情况外，一律写到角分；无角分的可写“00”，有角无分的，分位应写“0”，不得省略。汉字大写金额数字，一律用正楷字或行书字书写，如：壹(壹)、贰(贰)、叁(叁)、肆(肆)、伍(伍)、陆(陆)、柒(柒)、捌(捌)、玖(玖)、拾(拾)、佰(佰)、仟(仟)、万(万)、亿(亿)、圆(圆)、元(元)、角(角)、分(分)、零(零)、整(整)、正(正)等，不得用一、二、三、四、五、六、七、八、九、十等代替，其前应注明“人民币”三字，且不留空白。大写金额数字以元或角结束的，其后写“整”或“正”字；以分结束的，分字后面不写“整”字。

任何凭证不得有污染、抹擦、刀刮、挖补、粘贴、化学消字和涂改液消除等情况。如果有书写错误，应按照规定方法更正，如用红色墨水在错误的文字和数字上划线注销，再将正确的文字和数字写在划线部分的上面，并加盖经手人或负责人的印章。一式几联的发票和收据，作废时应加盖“作废”戳记，连同存根一起保存，不得撕毁。

(四)填制及时

原始凭证应按业务的进展情况及时填制，并按规定程序及时送交会计部门，以便及时审核、记账，保证会计信息的时效性和防止出现差错。

三、原始凭证的审核

原始凭证的审核，是会计监督工作的一个重要环节。为保证原始凭证的记录真实可靠，会计人员必须履行监督职能，对原始凭证进行严格的审核和核对。只有经过审核无误的原始凭证，才能作为编制记账凭证和登记账簿的依据。

原始凭证审核的主要内容包括以下 3 个方面。

(一)合理合法性审核

原始凭证的合理合法性审核，主要是审核原始凭证反映的经济业务的发生是否符合国家有关方针、政策、法律和制度，以及是否符合企业的经营方针、开支标准和有关手续。对于违规的原始凭证，会计人员应拒绝受理。在审查中，凡是有下列情况之一者不能作为合法的会计凭证：(1)多计或少计收入、支出、费用、成本；(2)擅自扩大开支范围，提高开支标准；(3)不按国家规定的资金渠道和用途使用资金或挪用资金进行计划外基本建设；(4)巧立名目，虚报冒领，违反规定出借公款公物；(5)套取现金，签发空头支票；(6)不按规定比例或标准提取费用；(7)私分公共财物和资金；(8)擅自运用公款公物请客送礼等。若发现有违法乱纪行为，应立即扣留凭证，及时向上级有关人员汇报，以便严肃查处。

(二)完整性审核

完整的凭证应填列齐全、手续齐备，有关经办人员都已签名或盖章，并由主管人员审核批准。在审核中，如发现有其中一项不符合标准，会计人员都应将原始凭证退还经办人员，待其补办完整后再予以受理。

（三）正确性审核

审核凭证的基本内容等是否真实、正确。凡有下列情况之一者不能作为正确的原始凭证，必须进行错误更正后才能进行会计处理：（1）未写接受单位或名称不符；（2）数量和金额计算不正确；（3）有关责任人员没有签字或盖章；（4）凭证联次不符；（5）有污染、抹擦、刀刮和挖补等情况。

第三节　记账凭证的填制与审核

一、记账凭证的基本内容

企业取得或编制的原始凭证种类繁多，格式大小不一，纸的质量不同，不便经常使用，其内容也不完全符合记账的要求，因而需要对其加以归类、整理，编制记账凭证，作为记账的直接依据。

记账凭证的基本内容包括：

（1）记账凭证的名称；

（2）填制凭证的日期和编号；

（3）经济业务的内容摘要；

（4）应借、应贷科目（包括总账科目和明细科目）的名称、方向和金额；

（5）所附原始凭证的张数；

（6）会计主管、记账、复核、制证等有关人员的签名或盖章。

二、记账凭证的填制

（一）记账凭证的填制要求

正确填制记账凭证是保证账簿质量的重要环节，填制记账凭证除了符合原始凭证的填制要求外，还需要注意以下几方面。

（1）要科学编写摘要。一方面，记账凭证的摘要应能清楚反映经济业务的主要内容，使人通过阅读摘要就能了解该项经济业务的性质、特征，而无须翻阅原始凭证。另一方面，摘要的文字应简练概括，一目了然。

（2）要正确使用会计科目。应正确分析经济业务的发生对会计要素的影响，根据会计制度统一规定的会计科目的名称和核算内容正确地编制会计分录。会计科目的对应关系应当清楚反映资金的来龙去脉和经济业务的全貌，名称必须写全称，不能随意简化。

（3）金额栏的填制。第一，登记方向要正确；第二，数字书写要规范；第三，如有空行，应划斜线注销。借贷金额填齐后要加总合计，以检查借贷双方及总账科目和明细科目的金额是否平衡。

（4）记账凭证应附有相应的原始凭证，并注明张数，以便日后查阅、核对原始凭证。结账和更正错误的原始凭证，可以不附原始凭证。若一张原始凭证涉及多张记账凭证时，应将原始凭证附在一张主要记账凭证的后面，其他次要记账凭证的后面要注明该主要记账凭证的编号。

总之，每张记账凭证都要有证明自身客观真实性的原始凭证，并能随时方便地核对。

记账凭证应在一个月内连续编号。记账凭证的编号便于记账凭证与会计账簿核对，利于完整、连续地记录经济业务。记账凭证可以按类别采用“字号编号法”顺序编号。例如，收字第×号，付字第×号，转字第×号。一笔业务需填制多张记账凭证的，可采用分数编号法。例如，一笔经济业务需要编制三张记账凭证，凭证的顺序号是12，则可编制转字第12 1/3号、第12　2/3号，第12　3/3号。使用单式记账凭证时，也可以采用分数编号法。每月末最后一张记账凭证的编号旁边要加注“全”字，以免凭证散失。

若在登记账簿之前发现记账凭证出现填制错误，应将错误凭证作废，并重新填制凭证，不得在记账凭证上直接进行任何更改。若在登记账本后发现记账凭证填制有误，则应按照规定的更正方法(在以后有关章节讲述)予以更正。

(二)记账凭证的填制方法

1. 收款凭证的填制

凡是引起现金、银行存款增加的业务，都要根据现金、银行存款的收入原始凭证填制收款凭证。收款凭证的特点是借方科目固定为“库存现金”或“银行存款”，贷方科目根据资金的来源不同而变化。收款凭证进一步可区分为现金收款凭证、银行存款收款凭证，简称现收凭证、银收凭证。

【例7-1】 光华公司8月3日收到光明公司前欠货款30 000元。

这笔银行存款收款业务应编制的银行存款收款凭证如表7-12所示。

表7-12　收款凭证

借方科目：银行存款　　　　****年8月3日　　　　银收字第13号

摘　　要	贷方科目		金额										记账	
	总账科目	明细科目	千	百	十	万	千	百	十	元	角	分		附单据2张
收到光明公司前欠货款	应收账款	光明公司				3	0	0	0	0	0	0		
合　　计						3	0	0	0	0	0	0		

会计主管(签章)　　记账(签章)　　出纳(签章)　　审核(签章)　　制证(签章)

2. 付款凭证的填制

凡是引起现金、银行存款减少的业务，都要根据现金、银行存款的开支原始凭证填制付款凭证。付款凭证的特点是贷方科目固定为“库存现金”或“银行存款”，借方科目根据资金的去向不同而变化。付款凭证进一步可区分为现金付款凭证、银行存款付款凭证，简称现付凭证、银付凭证。

【例7-2】 8月15日，支付本月职工工资32 000元。

这笔现金付款业务应编制的现金付款凭证如表7-13所示。

避免重复入账，对于现金、银行存款相互划转的业务，如从银行提取现金，将现金转存银行的业务，会计实务中的习惯性做法是只填制付款凭证。即从银行提取现金业务，只填制银行存款付款凭证；将现金存入银行业务，只填制现金付款凭证。当然，企业也可以按规定采用其他方式。

表 7-13　付款凭证

贷方科目：库存现金　　　　　　　　****年 8 月 15 日　　　　　　　　现付字第 10 号

摘　　要	借方科目		金　　额										记账
	总账科目	明细科目	千	百	十	万	千	百	十	元	角	分	
支付本月职工工资	应付工资					3	2	0	0	0	0	0	
合　　计						3	2	0	0	0	0	0	

附单据 1 张

会计主管(签章)　　　记账(签章)　　　出纳(签章)　　　审核(签章)　　　制证(签章)

3. 转账凭证的填制

不涉及现金、银行存款变动的业务，要填制转账凭证。转账凭证的借贷方科目不确定，随业务经济内容的不同而不同。

【例 7-3】 光华公司 8 月 31 日共计提固定资产折旧 50 000 元，其中生产车间 40 000 元，行政管理部门 10 000 元。

此业务应填制的转账凭证如表 7-14 所示。

表 7-14　转账凭证

****年 8 月 31 日　　　　　　　　转字第 30 号

摘要	总账科目	明细科目	记账	借方金额										记账	贷方金额									
				千	百	十	万	千	百	十	元	角	分		千	百	十	万	千	百	十	元	角	分
计提本月固定资产折旧	制造费用						4	0	0	0	0	0	0											
	管理费用						1	0	0	0	0	0	0											
	累计折旧																	5	0	0	0	0	0	0
合　　计							5	0	0	0	0	0	0					5	0	0	0	0	0	0

附单据 1 张

会计主管(签章)　　　记账(签章)　　　出纳(签章)　　　审核(签章)　　　制证(签章)

4. 单式记账凭证的填制

前述收款凭证、付款凭证、转账凭证均为复式凭证。单式凭证上只填列一个会计科目。一项经济业务如涉及多个会计科目，则需要填列多张记账凭证，借方科目填列借项凭证，贷方科目填贷项凭证。凭证一般采用分数编号法编号。

上例计提固定资产折旧的业务需填列三张单式凭证，如表 7-15、表 7-16、表 7-17 所示。

表 7-15　借项记账凭证

对方科目：累计折旧　　　　　　　　****年 8 月 31 日　　　　　　　　凭证编号：30 1/3

摘　　要	一级科目	明细科目	金　　额	记　　账
计提本月固定资产折旧	制造费用		40 000	

附件 1 张

会计主管：(签章)　　　记账：(签章)　　　出纳：(签章)　　　制单：(签章)

表 7-16　借项记账凭证

对方科目：累计折旧　　　　　　　　　　****年 8 月 31 日　　　　　　　　　　凭证编号：30 2/3

摘　　要	一级科目	明细科目	金　　额	记　账	附件张
计提本月固定资产折旧	管理费用		10 000		

会计主管：（签章）　　记账：（签章）　　出纳：（签章）　　制单：（签章）

表 7-17　贷项记账凭证

对方科目：制造费用、管理费用　　　　　　****年 8 月 31 日　　　　　　　　　　凭证编号：30 3/3

摘　　要	一级科目	明细科目	金　　额	记　账	附件张
计提本月固定资产折旧	累计折旧		50 000		

会计主管：（签章）　　记账：（签章）　　出纳：（签章）　　制单：（签章）

(三) 记账凭证的审核

为保证账簿记录的正确性，记账凭证要根据审核无误的原始凭证编制。记账凭证编制后，也必须经专人审核才能据以记账。记账凭证的审核可采用以下几种形式。

(1) 自审。即谁编制谁审核。

(2) 互审和序审。互审是各制证人员将所编制的记账凭证，交互审核其内容，以保证其正确性。序审是按记账凭证的流向，由下一道会计手续的有关人员对经办上一道会计手续人员传来的记账凭证进行审核。会计手续之间的审核，对于控制记账凭证的质量有一定的意义。

(3) 专审。由专职审核（稽核）人员对记账凭证进行审核。审核人员要审核记账凭证是否合法、内容是否真实、手续是否完备，会计分录是否符合制度，数字是否正确；审核后应在记账凭证上签章，以明责任。

记账凭证的审核要点如下。

(1) 记账凭证是否附有原始凭证，记账凭证的经济内容是否与所附原始凭证的内容相符。

(2) 会计科目的使用是否正确，账户的对应关系是否清晰，是否符合国家会计制度的规定。

(3) 记账凭证上所记录的金额是否正确，是否与原始凭证所记录的金额相符。

(4) 记账凭证中的项目如日期、摘要、凭证编号等，是否按规定填列齐全，有关人员的签章是否齐全。

(5) 再次审核经济业务的合理性、合法性、真实性。

经过审核，符合规定要求的记账凭证才能作为记账的依据；不符合规定要求的记账凭证，应补办手续、更正错误或重新编制。

第四节　会计凭证的传递与保管

一、会计凭证的传递

(一) 合理组织会计凭证传递的意义

会计凭证的传递，是指会计凭证从取得或填制开始，经过审核、记账直到归档保管为止，在本单位内部有关职能部门和人员中的传递路线、传递时间和处理程序。

会计凭证的传递流程，实际上决定了各个部门分工协作，共同完成经济业务的过程。例如，外购原材料验收入库业务要由供应、保管和财会三个部门分工协作来完成。对于供货单位发运来的原材料，保管部门应组织验收入库。一般保管部门需要根据验收入库的实际情况填制入库单一式三联，一联仓库留作原始凭证，登记仓库材料保管账；一联由仓库传递给供应部门，使供应部门了解其所采购的原材料的验收入库情况；一联由仓库传递给财会部门，财会部门需将原材料的入库单与购货合同相核对，办理付款并登记原材料的总账、明细账。

合理组织会计凭证的传递，具有重要的意义。

(1) 合理组织会计凭证的传递，有利于有关部门的分工和协作，加强岗位责任制，实行会计监督。上例中，供应部门负责外出谈合同、办采购；仓库部门负责对供应部门采购回来的原材料进行验收、保管；财会部门负责付款、记账，实现价值上的控制。通过入库单在三个部门的传递，既实现了三个部门的沟通与协作，又明确了各自的岗位经济责任。

(2) 合理组织会计凭证的传递，可以加速业务处理过程，提高工作效率。

(3) 合理组织会计凭证的传递，有利于及时、真实地反映和监督经济业务的发生和完成情况，反映会计信息。

(二) 合理组织会计凭证传递的基本要求

各个单位会计凭证的具体传递程序要结合企业经济业务、内部组织机构和人员分工的具体特点来确定。基本要求如下。

(1) 会计凭证的传递程序要体现内部牵制的基本原则。

内部牵制制度是单位内部的一种管理制度，是指单位的领导、各职能部门、基层机构及其人员之间，在处理各项经济业务时相互联系、相互制约的一种管理制度体系，通过其相互联系、相互制约的关系，达到控制和管理经济活动的目的。内部牵制制度要求各职能部门的权利、责任必须划分清楚，要求在处理各项经济业务时，应由多人负责，并相互牵制，相互制约，防止一人包办。内部牵制尤其要求钱、账、物分管，同时建立复核、查对制度。

(2) 要尽量减少不必要的环节，根据有关部门和人员办理经济业务的必要时间，合理确定凭证在各个环节停留的时间，防止不必要的时间耽搁，做到既符合内部牵制原则，又能提高工作效率，提高会计信息的及时性。

二、会计凭证的保管

会计凭证的保管，是指会计凭证登账后的整理、装订和归档存查等工作。会计凭证是记账的依据，是重要的经济档案和历史资料，必须妥善保管，不得丢失和任意损毁。会计凭证保管的具体要求如下。

(1) 会计凭证登账完毕后，应当按照分类和顺序编号定期加以整理，连同所附的原始凭证，折叠整齐，加具封面，装订成册。封面上应注明单位的名称、所属的年度和月份、总册数等内容，并有相关人员签章，以明确责任，如表 7-18 所示。

(2) 装订成册的会计凭证应指定专人负责保管，年度终了，应移交会计档案室登记归档。会计凭证一般不能外借。其他单位因特殊原因需要查阅会计凭证时，需经本单位会计机构负责人、会计主管人员和单位负责人的批准，查阅时应遵守规定的手续、制度。必要时可以提供复印件。

表 7-18 记账凭证封面

记 账 凭 证 封 面	
单位名称	
时间	年　　月
册数	本月共　册　本册是第　册
张数	本册自第　号至　号共　张
附记	

会计主管：　　　　　　　　　　　　　　装订人：

(3)会计凭证的保管期限和销毁手续，必须严格遵守会计制度的有关规定。《会计档案管理办法》规定，一般的会计凭证的保管期为15年。重要的会计凭证，如涉及外事和重要业务的资料，保管期为25年或永久保存。对于保管期满需要销毁的会计凭证，必须开列清单，经本单位领导审核，向主管部门申请同意后，方能销毁。

练　习　题

一、单项选择题

1. 原始凭证又称单据，是在(　　)，用以记录经济业务的发生或完成情况的书面证明。

A. 收付款项及物资后填制的　　B. 经审核无误后填制的

C. 经济业务发生或完成时取得或填制的　　D. 验收物资时填制的

2. 结转完工入库产品的实际成本应编制(　　)。

A. 转账凭证　　B. 收款凭证　　C. 付款凭证　　D. 累计凭证

3. 外来原始凭证，是指在经济业务发生或完成时，由本单位经办人员，从(　　)。

A. 本单位取得的原始凭证　　B. 经办人员自行填制的原始凭证

C. 其他单位取得的原始凭证　　D. 银行取得的原始凭证

4. 下列各种原始凭证中，属自制原始凭证是(　　)。

A. 仓库保管员填制“收料单”　　B. 银行转来的“收款通知单”

C. 电业部门“电费计算单”　　D. 铁路部门“运费计算单”

5. 记账凭证是会计人员根据审核无误的(　　)，用来确定经济业务应借、应贷的会计科目和金额而填制的。

A. 商品调价通知单　　B. 用品请领单

C. 合同或协议书　　D. 原始凭证或汇总原始凭证

6. 转账凭证，是用来记录与现金、银行存款等货币资金收付款(　　)的凭证。

A. 有关的经济业务　　B. 有关或无关的经济业务

C. 无关的转账业务　　D. 其他的经济业务

7. 原始凭证审核过程中，对那些属于技术性方面存在的问题，数字计算有错等，应当向经办人员讲清楚，(　　)。

A. 重新填制和补办手续　　B. 有权不予接受

C. 照办无误　　D. 其他方面

8．如果发生的经济业务只涉及现金与银行存款的收付，如以现金存入银行或从银行提取现金，可以只编制（　　）。

A．收款凭证、付款凭证同时编制　　B．转账凭证

C．收款凭证　　D．付款凭证

二、多项选择题

1．会计凭证，是用来记录经济业务的发生或完成情况、办理业务手续的一种书面证明，是（　　）的依据。

A．明确经济责任　　B．登记账簿

C．供货单位收款　　D．纳税

2．会计凭证的种类很多，而且可以用各种不同的标准划分，其中最基本的是按照填制程序和用途，把会计凭证分为（　　）两大类别。

A．转账凭证　　B．通用凭证

C．原始凭证　　D．记账凭证

3．原始凭证按其取得的来源不同，可以分为（　　）。

A．自制原始凭证　　B．代替原始凭证

C．汇总原始凭证　　D．外来原始凭证

4．汇总原始凭证，也叫原始凭证汇总表，是财会部门为简化工作，对一定期间内经常重复发生的同类经济业务的原始凭证，按一定的要求进行汇总编制的原始凭证汇总表是（　　）。

A．收料凭证汇总表　　B．发料凭证汇总表

C．销售汇总表　　D．工资发放表

5．专用记账凭证是指专门记录某一类经济业务的记账凭证。专用记账凭证包括（　　）。

A．通用记账凭证　　B．付款凭证

C．收款凭证　　D．转账凭证

6．一切不能证明经济业务已经执行或完成的文件和凭证，不能算作会计凭证，如（　　）。

A．领料单　　B．增值税专用发票

C．经济合同　　D．不能用货币计价的证据

7．各种原始凭证都具有一些共同的基本内容，原始凭证的基本内容也称凭证要素，主要有（　　）。

A．填制凭证单位名称　　B．原始凭证的名称、填制日期

C．接受凭证单位的名称　　D．经济业务的基本内容

8．记账凭证必须具备下列一些基本内容（　　）。

A．记账凭证名称、填制日期及编号　　B．经济业务内容摘要

C．应借、应贷账户名称和金额　　D．有关人员签名或盖章

9．原始凭证必须经过审核无误，才能作为记账依据。主要审核内容是（　　）。

A．用纸大小规范性　　B．填写内容的完整性和正确性

C．经济业务的合法性　　D．其他方面

10．记账凭证编制后，还必须经业务熟练、经验丰富的会计人员做好记账凭证的审核工作。保证会计核算的质量。审核的主要内容是（　　）。

A．所附原始凭证是否齐全相符

B．使用的会计科目及金额是否正确

C．填制项目是否齐全，有关人员是否签章

D．其他方面

三、判断题

1．记账凭证的填制日期与原始凭证的填制日期应当相同。（　）

2．收款凭证和付款凭证是用来记录货币资金收付业务的凭证，既是登记现金日记账、银行存款日记账、明细分类账及总分类账等账簿的依据，也是出纳人员收、付款项的依据。（　）

3．原始凭证不得涂改、挖补。发现原始凭证有错误的，应当由开出单位重开或更正，更正处应当加盖开出单位的公章。（　）

4．原始凭证是由会计部门填制的，是登记账簿的直接依据。（　）

5．记账凭证的“过账”栏内用“√”表示已审核完毕。（　）

6．累计凭证一般为自制原始凭证。（　）

7．一些事先印制好编号的重要凭证作废时，应在作废的凭证上加盖“作废”戳记，连同存根一起保存，不得随意撕毁。（　）

8．所有记账凭证都必须附有原始凭证，并注明张数。（　）

四、业务题

1．目的：练习会计凭证的填制。

2．资料：武汉市通恒公司20××年8月份1—10日发生下列业务。

(1)8月1日，出纳员李红填制现金支票2 000元备用。本单位账号为42001237044050001075，开户银行为建行光谷支行。

(2)8月5日收到武汉市万达公司开出的一张转账支票，金额50 000元，系付前欠货款。出纳员李红填制银行进账单进账。万达公司账号为14559908091000，开户银行为中行东湖支行。

(3)8月8日，基本生产车间生产甲产品领用01-14#规格20×20×3的角钢100千克，单价5元，总计500元。

3．要求：

(1)根据上述资料分别填制现金支票、进账单、领料单等原始凭证(如表7-19、表7-20、表7-21所示)。

(2)根据填制的原始凭证确定应填制的记账凭证种类，并填制记账凭证(如表7-22、表7-23、表7-24所示)。

表7-19　现金支票

<table>
<tr><td>中国建设银行
现金支票存根（汉）
03708474
科　目＿＿＿＿
对方科目＿＿＿＿
出票日期　年　月　日</td><td rowspan="5">本支票付款期限十天</td><td colspan="11">中国建设银行　现金支票(汉)　03708474
出票日期(大写)　年零捌月零壹日　付款行名称：建行光谷支行
收款人：武汉市通恒公司　收款人账号：42001237044050001075
人民币
(大写)
用途：＿＿＿＿＿＿</td></tr>
<tr><td>收款人：</td><td>亿</td><td>千</td><td>百</td><td>十</td><td>万</td><td>千</td><td>百</td><td>十</td><td>元</td><td>角</td><td>分</td></tr>
<tr><td>金额：</td><td></td><td></td><td></td><td></td><td></td><td></td><td></td><td></td><td></td><td></td><td></td></tr>
<tr><td>用途：</td><td colspan="11">上列款项请从　验印
我账户内支付</td></tr>
<tr><td>单位主管　会计</td><td colspan="11">出票人盖章　复核　记账</td></tr>
</table>

表 7-20 进账单

中国银行进账单(回单或收款通知)

年 月 日 第×号

收款人	全 称		付款人	全 称	
	账 号			账 号	
	开户银行			开户银行	

人民币(大写)	千	百	十	万	千	百	十	元	角	分

票据种类		收款人开户银行盖章
票据张数		
单位主管 会计 复核 记账		

表 7-21 领料单

领 料 单

领料单位 发料仓库

用 途 年 月 日 编 号

材料编号	材料名称	规 格	单位	数量		价格	
				请领	实领	单 价	金 额
合 计							
仓库负责人	保管员	领料人	复核				

表 7-22 付款凭证

付 款 凭 证

贷方科目: 年 月 日 字第 号

摘 要	借方总账科目	明细科目	√	金 额										附单据 张
				千	百	十	万	千	百	十	元	角	分	
合 计														
会计主管	记账	出纳	审核	制单										

表 7-23 收款凭证

收 款 凭 证

借方科目: 年 月 日 字第 号

摘 要	借方总账科目	明细科目	√	金 额										附单据 张
				千	百	十	万	千	百	十	元	角	分	
合 计														
会计主管	记账	出纳	审核	制单										

表 7-24　转账凭证

转 账 凭 证

年　月　日　　　　字第　号

摘　　要	总账科目	明细科目	√	借方金额										√	贷方金额										附单据　张
				千	百	十	万	千	百	十	元	角	分		千	百	十	万	千	百	十	元	角	分	
合计																									

会计主管　　　记账　　　出纳　　　审核　　　制单

第八章

会 计 账 簿

学习目标和要求：

1. 理解账簿的定义及分类，现金日记账、银行存款日记账、总账、明细账的含义；
2. 掌握现金日记账、银行存款日记账、总账、明细账的登记方法和记账依据，总账与明细账的关系与平行登记方法，错账更正方法的运用；
3. 熟悉结账和对账；
4. 了解账簿的设置要求及其设置和登记会计账簿在会计核算中的意义。

第一节　会计账簿的意义与种类

一、会计账簿及其意义

会计账簿，是以会计凭证为依据，由专门格式的账页组成，用以全面、连续、序时分类地记录和反映各项经济业务的簿籍。设置和登记账簿是会计核算的一种专门方法。

通过凭证的填制和审核，大量的经济信息转化为会计信息记录在记账凭证上，可以核算和监督各项经济业务的完成情况。但是，由于会计凭证数量很多，比较零星分散，其所提供的是单个业务的信息，是零散的、片面的，很不系统。为了提供企业经营管理系统的核算资料，并为编报会计报表提供依据，需要设置和登记账簿。

账簿的设置和登记，对于全面、连续、序时分类地反映各项经济业务，充分发挥会计在经济管理中的作用，具有重要意义。

(一) 可以为经营管理提供分类真实、完善的会计资料，为会计报表的编制提供资料来源

在账簿中，可以规定若干类账页分别作为总分类账户或明细分类账户，专门、序时地核算各经济业务的发生所引起的某总分类科目或某明细分类科目的增减变化情况。这样，会计账簿中的各总分类账户可以提供企业全部经济活动的总括分类的资料，各明细分类账户可以提供详细分类的资料，共同实现了对企业纷繁复杂的经济业务的分类、系统核算。

会计账簿的分类资料是编制会计报表的直接资料来源。与账簿信息相比较，报表信息更加综合。账簿信息再一次归类、汇总，按照特定的顺序和格式列示于表格中，就成为综合反映企业经济活动全貌的报表信息。

(二) 确保财产物资的安全完整，并合理使用各项资金

通过设置和登记账簿，可以连续反映各类财产物资的增减变动及其结存情况，并借助于

财产清查、账目核对等方法，全面反映财产物资的运用情况和存在状态，发现问题及时解决，可以起到控制作用，以保证财产物资的安全完整，并合理使用各项资金。

(三)提供经营成果的详细资料，为财务成果的分配提供依据

通过账簿的设置与登记可以确定财务成果的形成，并按规定的程序和方法进行利润分配或亏损弥补。通过设置和登记账簿，还可以提供经营成果形成的详细内容，做好财务分析，为以后各期的运营提供计划数据。

(四)提供会计分析的参考资料，为会计检查提供依据

通过设置和登记账簿，提供各项会计核算资料，并利用这些资料进行会计分析，以便改善经营管理，同时有利于参照会计核算资料进行会计检查，实施会计监督。账簿是重要的会计档案，设置账簿，有利于保存会计资料，便于调阅和审计。

二、设置账簿的原则

各单位必须根据自身的业务特点及经营管理的需要,设置相应的账簿体系及具体的账簿。各单位的具体情况不同，账簿设置的方法也不尽一致。设置账簿应遵循下列三项原则。

(一)合规性原则

首先,《会计法》规定,各单位发生的各项经济业务事项应当在依法设置的会计账簿上统一登记、核算，不得违反规定私设会计账簿。其次，各单位设置的会计账簿应符合国家统一会计制度的规定，提供相互可比的会计信息。

(二)科学性原则

会计账户的设置要符合复式记账和会计控制的基本原理，账簿要能清晰反映账户之间的对应关系，账簿之间要相互衔接、相互补充、相互制约，整个账簿体系应能提供企业经济业务完整、系统的资料。

(三)实用性原则

会计账簿应依据企业规模大小、经济业务特点、具体管理要求设置。既要防止重叠、烦琐，影响会计核算效率，又不能过于简化。账簿格式要力求简明实用，其所提供的各项指标以满足经营管理所需为度。

三、账簿的种类

为了便于了解和运用，各种账簿可以按不同的标准进行分类。

(一)账簿按用途分类

账簿按用途分类，可以分为序时账簿、分类账簿和备查账簿。

1. 序时账簿

序时账簿也称为日记账，是按各项经济业务发生时间的先后顺序，逐日逐笔连续进行登记的账簿。

序时账簿按其记录的内容不同，又分为普通日记账和特种日记账两种。普通日记账是登记全部经济业务的日记账。普通日记账实际上是将各项经济业务的会计分录按照时间顺序计入账簿中，故又称为分录簿。特种日记账是专门用来记录某一类经济业务的日记账。通常企业对某种比较重要的经济业务设置特种日记账，如现金日记账、银行存款日记账、购货日记账、销货日记账等。

日记账可以用来核算和监督某类或全部经济业务的发生和完成情况，检查经济业务的账簿记录是否正确完整。

2. 分类账簿

分类账簿是对全部经济业务进行分类登记的账簿。分类账簿按其反映的经济内容详细程度不同，分为总分类账和明细分类账两种。按照总分类账户分类登记，用以提供全部经济业务总括核算资料的账簿，叫做总分类账，也称总账。根据明细分类账户分类登记，用以提供某一类经济业务详细核算资料的账簿，叫做明细分类账，又称明细账。

分类账可以分别反映和监督各项会计要素的增减变动情况，以及财务成果的形成和分配情况。分类账的记录，是编制会计报表的主要依据。

3. 备查账簿

备查账簿又称辅助账簿，是对某些未能在日记账和分类账等主要账簿中记录的经济事项或记录不全的经济业务进行补充登记的账簿，如租入固定资产登记簿、受托加工材料登记簿等。

备查账簿主要是为某些经济业务的经营决策提供必要的参考资料，与其他账簿之间不存在严密的依存、钩稽关系。

(二)账簿按形式分类

各种账簿就其形式来说，都是由具有专门格式而又相互联结在一起的许多账页组成的。账簿按其形式可分为订本式账簿、活页式账簿和卡片式账簿。

1. 订本式账簿

订本式账簿简称订本账，是在账簿未启用以前，就把许多顺序编号的账页装订在一起的账簿。订本账的优点是可以避免账页散失和防止抽换账页。但是由于账页序号和总数固定，不能增减，在开设账户时，就必须为每一账户预留空白账页；这就使得在使用中可能出现某些账户由于预留账页不足，以至于影响账簿记录的连续登记，而另外一些账户的预留账页过多，造成浪费的现象。另外，采用订本式账簿，在同一时间里，只能由一人登账，不便于记账人员分工。

订本式账簿主要适用于总分类账、现金日记账、银行存款日记账。

2. 活页式账簿

活页式账簿简称活页账，是将某类零散的账页放入账夹，自行组合成的账簿。活页账的账页平时不再固定装订，其优点是可以根据实际需要，随时增减账页，简单方便，也利于多人分工登账；缺点是账页容易散失和被抽换。在使用时，空白账页必须顺序编号并装置在账夹内；会计期末再装订成册或予以封扎，妥善保管。活页账主要适用于各种明细分类账。

3. 卡片式账簿

卡片式账簿简称卡片账，是由专门格式的卡片存放在卡片箱保存的账簿。卡片账的优缺点与活页式账簿基本相同，卡片账还可以跨年度长期使用，无须更换账页。固定资产明细账采用这种形式，即固定资产卡片。

（三）账簿按账页的格式分类

按账页的格式不同，账簿可以分为三栏式账簿、多栏式账簿、数量金额式账簿、横线登记式账簿。

1. 三栏式账簿

三栏式账簿是指账页的金额栏由借方、贷方、余额三栏组成的账簿。三栏式账簿只进行价值核算；现金日记账、银行存款日记账、各总分类账和应收账款、应付账款等结算类账户及其他一些只进行价值核算而不进行实物量核算的明细账均采用三栏式账簿。

2. 多栏式账簿

多栏式账簿是指账页有三个以上的金额栏的账簿。多栏式账簿适用于成本、费用类明细账。

3. 数量金额式账簿

数量金额式账簿是指账页的借方、贷方、余额三栏内又分别设置数量、单价、金额三个小栏目的账簿。数量金额式账簿不但可以进行价值核算，还可以进行实物量核算，适用于各种存货等物资财产明细账。

4. 横线登记式账簿

横线登记式账簿是指由平行式账页组成的账簿。横线登记式账簿将相互密切关联的两项业务在账页的同一行进行登记，通过对比反映整体业务的发生和完成情况。“材料采购”明细账常采用横线登记式账簿。

四、会计账簿的基本内容

不同种类、形式和格式的账簿都应具备以下基本内容。

（一）封面

封面主要标明账簿的名称，如总分类账、现金日记账等。

（二）扉页

扉页主要列示目录（如表 8-1 所示）及账簿使用登记表（如表 8-2 所示）。一般将科目索引列示于扉页，账簿使用登记表列示于账簿最后。活页账、卡片账装订成册后，填列账簿使用登记表。

表 8-1　科目索引

页　数	科　目	页　数	科　目	页　数	科　目	页　数	科　目

（三）账页

账页是账簿的主体。除金额栏外，账页中还有账户名称、日期、凭证号、摘要、总页次、分户页次等栏目。

表 8-2　账簿使用登记表

<table>
<tr><td colspan="2">使用者名称</td><td colspan="3"></td><td colspan="2">印　鉴</td></tr>
<tr><td colspan="2">账簿名称</td><td colspan="3"></td><td colspan="2" rowspan="4"></td></tr>
<tr><td colspan="2">账簿编号</td><td colspan="3"></td></tr>
<tr><td colspan="2">账簿页数</td><td colspan="2">本账簿 共计　　页</td><td></td></tr>
<tr><td colspan="2">启用日期</td><td colspan="3">年 月　日</td></tr>
<tr><td rowspan="2">责任者</td><td></td><td>主　管</td><td colspan="2">会　计</td><td>记　账</td><td>审　核</td></tr>
<tr><td></td><td></td><td colspan="2"></td><td></td><td></td></tr>
<tr><td rowspan="8">经管人员姓名及交接日期</td><td rowspan="2"></td><td>经管 年 月 日</td><td colspan="2"></td><td colspan="2"></td></tr>
<tr><td>交出 年 月 日</td><td colspan="2"></td><td colspan="2"></td></tr>
<tr><td rowspan="2"></td><td>接管 年 月 日</td><td colspan="2"></td><td colspan="2"></td></tr>
<tr><td>交出 年 月 日</td><td colspan="2"></td><td colspan="2"></td></tr>
<tr><td rowspan="2"></td><td>接管 年 月 日</td><td colspan="2"></td><td colspan="2"></td></tr>
<tr><td>交出 年 月 日</td><td colspan="2"></td><td colspan="2"></td></tr>
<tr><td rowspan="2"></td><td>接管 年 月 日</td><td colspan="2"></td><td colspan="2"></td></tr>
<tr><td>交出 年 月 日</td><td colspan="2"></td><td colspan="2"></td></tr>
<tr><td colspan="2">备考</td><td colspan="5"></td></tr>
</table>

第二节　日记账的设置与登记

一、日记账的设置

日记账可以用来连续记录全部经济业务的完成情况，也可以用来连续记录某一类经济业务的完成情况。各单位一般应设置现金日记账和银行存款日记账等特种日记账，有条件的企业还可以采用普通日记账形式登记转账业务的完成情况，设转账日记账。设置现金日记账和银行存款日记账，可以逐日反映库存现金和银行存款收入的来源、支出的用途和结存的余额情况，有利于对货币资金的保管、使用，以及现金管理制度的执行情况进行严格的日常监督。同时，利用现金日记账和银行存款日记账的记录，还可以检查收款凭证和付款凭证有无丢失情况，保证账证相符。

现金日记账和银行存款日记账必须采用订本式账簿，账页顺序编号。账页的格式主要有两种：一是常用的三栏式，设“收入”、“支出”、“结余”三个金额栏；二是“多栏式”，即收入栏、支出栏分别再按对应科目设专栏。多栏式日记账存在账页过宽，不便于记账的问题，故一般将收支分账设置，可设置“现金收入日记账”、“现金支出日记账”、“银行存款收入日记账”和“银行存款支出日记账”。多栏式日记账能够清晰地反映货币资金的收入来源和支出用途，但由于账页的限制，仅适用于收支业务类型简单且不同类型收支频繁的单位。

此外，三栏式日记账为了清晰地反映现金和银行存款收付业务的具体内容，在“摘要”栏后，专设“对方科目”栏，登记对方科目名称。为了便于与银行对账，也便于反映银行存款收付所采用的结算方式，并突出各单位支票的管理，银行存款日记账还专设了“结算凭证种类和号数”栏或专设“现金支票号数及转账支票号数”栏。三栏式及多栏式的现金日记账和银行存款日记账的格式，如表 8-3、表 8-4、表 8-5、表 8-6、表 8-7 所示。

普通日记账逐笔登记每一笔经济业务的会计分录，再转计入分类账中。企业也可以将转账业务专设账簿登记。普通日记账和转账日记账均较少运用于实务。二者账页格式类似。

表 8-3　现金日记账(三栏)

2004年		凭证		摘要	对方科目	账页	借方										贷方										余额									
月	日	类别	号数				千	百	十	万	千	百	十	元	角	分	千	百	十	万	千	百	十	元	角	分	千	百	十	万	千	百	十	元	角	分
6	1			前期余额																													7	0	0	0
	2	银付	1	提取现金	银行存款	总 7						5	0	0	0	0																5	7	0	0	0
	2	现付	1	张三借差费	其他应收款	总 16																3	0	0	0	0						2	7	0	0	0
	2	现付	2	办公零星支出	管理费用	总 45																	6	0	0	0						2	且	0	0	0
	2	现收	1	废纸箱收入	营业外收入	总 51						1	8	0	0	0																3	9	0	0	0
				本日合计								6	8	0	0	0						3	6	0	0	0						3	9	0	0	0

表 8-4　银行存款日记账(三栏)

账号：180040001—55 户名：东花坛分理处

2004年		凭证号	摘要	对方科目	现金支票号码	转账支票号码	借方											贷方											借或贷	余额											
月	日						亿	千	百	十	万	千	百	十	元	角	分	一	千	百	十	万	千	百	十	元	角	分		十	亿	千	百	十	万	千	百	十	元	角	分
6	1		前期结余																										借					3	5	6	2	9	7	2	0
	2	银付 1	提取现金	现金	007																		6	0	0	0	0							3	5	0	2	9	7	2	0
	2	银收二	销售收入	销售收入							2	0	0	0	0	0	0																	3	8	0	2	9	7	2	0
			本月合计								2	0	0	0	0	0	0						6	0	0	0	0	0	借					3	8	0	2	9	7	2	0

表 8-5 现金收入日记账(多栏)

年		凭证号数	摘要	贷方科目				支出合计	结余
月	日						收入合计		

表 8-6 现金支出日记账(多栏)

年		凭证号数	摘要	结算凭证		借方科目			
月	日			种类	号数				支出合计

表 8-7 现金(银行存款)日记账(多栏)

存款种类: 第 页

年		记账凭证		摘要 号数	结算凭证		借方						贷方						结存
月	日	种类	种类		种类	号数	应贷科目					合计	应借科目					合计	

二、日记账的登记

现金日记账是由出纳员根据审核后的现金收款凭证、现金付款凭证，逐日逐笔顺序登记的。其中，“借方”栏应根据现金收款凭证登记；“贷方”栏根据现金付款凭证登记。但对于从银行所提取的现金收入数，为避免重复记账，只填制银行存款的付款凭证，不再填制现金收款凭证，所以，对于从银行提取现金的现金收入数额，应直接根据银行存款付款凭证登记现金日记账的借方栏。每次收付现金后，应随时结出账面余额。现金日记账应每日同库存现金实存额相核对。

银行存款日记账应当按照每一种存款分别设户登记，以利于与银行核对和存款管理。银行存款日记账也是由出纳员根据各种审核后的银行存款收款凭证、银行存款付款凭证，逐日逐笔顺序登记的。其中，银行存款日记账的“借方”栏一般根据银行存款收款凭证登记，“贷方”栏一般根据银行存款付款凭证登记。但对于现金存入银行或从本单位其他存款户转入本存款户的银行存款的业务，由于一般只填制现金付款凭证或其他存款户的银行存款付款凭证，不再填制收款凭证，因此，对此类业务，应据现金付款凭证或本单位其他存款户的银行存款付款凭证登记银行存款日记账的借方栏。每次收付银行存款后，应随时结出银行存款的余额。银行存款日记账应每月同银行送来的对账单相核对，并随时检查、监督各种款项收付，避免出现超过实有余额付款而透支和长期未达账项。

为了坚持内部牵制原则，实行钱、账分管，出纳人员不得负责登记现金日记账和银行存款日记账以外的任何账簿。出纳人员登记现金日记账和银行存款日记账后，应将各种收付款凭证交由会计人员据以登记总分类账及有关的明细分类账。“现金”和“‘银行存款” 总账与日记账应定期核对。

第三节　分类账的设置与登记

一、总分类账的格式和登记方法

总分类账是根据总账科目开设的，用来分类登记反映全部经济业务，提供各项资产、负债、所有者权益、收入、费用和利润等总括分类核算指标的分类账簿。运用总分类账，能够全面总括地反映经济活动和财务收支情况，并为编制会计报表提供所需要的资料。每一个企业都必须设置总分类账。

总分类账按照一级会计科目的编码顺序为每个账户预留若干账页，即分设账户。总分类账簿为订本式，一般为借、贷、余三栏式账页(如表 8-8 所示)。

表 8-8　总分类账

会计科目：短期借款　　　　　　　　　　　　　　　　　　　　　　总第 21 页 分第 2 页

04 年		凭　证		摘　　要	借　　方				借或贷	余　　额
月	日	字	号		金　额	对方科目	金　额	对方科目		
1	1			承上页					贷	120 000

总分类账的登记取决于企业选用的账务处理程序。它可以直接根据各种记账凭证逐笔登记；也可以先把各种记账凭证汇总编制成科目汇总表或汇总记账凭证，再据以登记。每月月份终了，结出总账各账户的本期发生额和期末余额，作为编制会计报表的主要依据。

二、明细分类账的设置与登记

明细分类账，简称明细账，是按照总分类科目所属明细科目设置，详细记录某类经济业务明细核算资料的分类账。明细分类账是企业经济活动和财务收支详细资料的重要来源，为编制会计报表提供明细资料。明细分类账对各项财产物资、债权和债务、收入取得、费用开支的核算监督及日常控制发挥着重要的作用。

明细账一般采用活页式或卡片式，按账页格式的不同分述如下。

(一) 三栏式明细账

那些只需要进行金额核算，不需要进行实物数量核算的“应收账款”、“应付账款”等债权、债务科目的明细核算，需设置三栏式明细账(如表 8-9 所示)。

表 8-9　应收账款明细分类账

二级或明细科目：宏昌公司

04 年		凭证		摘　　要	借　　方	贷　　方	借 或 贷	余　　额
月	日	字	号					
1	1			上年结余			借	13 000
	8	转	6	出售 A 产品	15 000			28 000
	9	收	9	收到上年货款		13 000		15 000

续表

04年		凭证		摘要	借方	贷方	借或贷	余额
月	日	字	号					
				本月发生额及余额	15 000	13 000		15 000

(二)数量金额式明细账

既要进行金额核算，又要进行实物数量核算的各种财产物资，如“原材料”、“产成品”等账户的明细核算，需设置三栏式明细账(如表8-10所示)。这种格式还常根据需要在账页上端设置和登记一些必要的项目，如材料物资和产品的类别、名称、规格、计量单位等。

表8-10 原材料明细分类账

类别：甲　　编号：4-21　　品名或规格：B

存放地点：3号库　　计量单位：吨　　第1页

04年		凭证号		摘要	收入			发出			结存		
月	日	字	号		数量	单价	金额	数量	单价	金额	数量	单价	金额
3	1			月初余额							20	550	11 000
	3	转	3	入库	5	550	2 750				25	550	13 750
	10	转	6	出库				7	550	3 850	18	550	9 900

(三)多栏式明细账

成本类、某些负债类和损益类科目的明细分类核算，如“生产成本”、“管理费用”、“应交税金——应交增值税”等的明细分类账户需设置多栏式明细账(如表8-11、表8-12所示)。

表8-11 生产成本明细分类账

名称：甲产品　　单位：元

04年		凭证号		摘要	成本项目			
月	日	字	号		直接材料	直接人工	制造费用	合计
3	3	转	3	直接领用	4 200			4 200
	5	转	5	直接领用	8 500			12 700
	31	转	38	工人工资及福利费		3 500		16 200
	31	转	39	分配制造费用			1 200	17 400
	31	转	40	结转完工产品成本	−11 430	−3 150	−1 080	−15 660
	31				1 270	350	120	1 740

表8-12 应交税金——应交增值税明细分类账

04年		凭证号		摘要	借方			贷方			借或贷	余额
月	日	字	号		合计	进项税额	已交税金	合计	销项税额	出口退税		
1	2	付	3	购入甲材料	680	680					借	680
	4	收	4	销售A产品				2 328	2 328		贷	1 648
	5	转	3	基建领用甲材料				620	620		贷	2 268

费用类账户平时多有借方发生额，明细账一般在借方按不同费用性质设专栏。对于有关冲减费用的会计事项，可以在明细账中用红字登记借方。会计期末，所有的借方发生额合计，从贷方转入“本年利润”账户的借方。

收入类账户平时多有贷方发生额，明细账一般在贷方按不同收入类型设专栏。对于有关冲减收入的会计事项，可以在明细账中用红字登记贷方。会计期末，所有的贷方发生额合计，从借方转入“本年利润”账户的贷方。

(四)横线登记式明细账

常见的横线登记式明细账有“材料采购”明细账、“委托银行收款”明细账。

三、总分类账与明细分类账平行登记

(一)账户的级次

与会计科目相对应，账户按核算经济业务详细程度的不同，首先分为总分类账户和明细分类账户。总分类账户核算的是总分类科目增减变动的情况及其结果；明细账户核算的是明细分类账户的情况及其结果。总分类账户的核算内容是其所属明细分类账户核算内容的综合，对所属明细账户起着统驭和控制作用。明细分类账户所记录的内容是对其相应的总分类账的补充说明。也就是说，总分类账与明细分类账所核算的内容是相同的，只不过是一个核算大类，一个核算大类中的小类，一种概括，一种详细罢了。

明细分类账户根据详细程度又体现多个层次。如前述“应收账款”总账账户下设置了“甲单位”、“乙单位”；“原材料”总账账户下设置了“原料及主要材料”和“燃料”等第一层明细账户，称为一级明细账户；“原料及主要材料”明细账户下设置的“圆钢”和“碳钢”账户是第二层次的明细账户，称为二级明细账户，依次类推，有几层即称几级明细账户，也可以将它们统称为明细账户。明细账户的结构形式有的与总账账户相同，有的则差别较大。

账户的层次及其相互关系举例如图 8-1 所示。

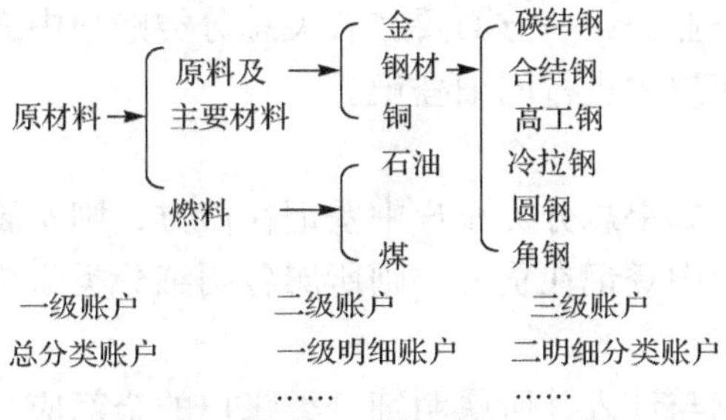

图 8-1　账户的层次及其相互关系

(二)明细分类核算的意义

通过总分类核算资料，我们可以概括地了解和全面控制资本运动。但是只有总分类核算，还是非常不够的。

首先，总分类核算不够详细具体，还不能说明企业、单位各方面详细情况。例如，“应收账款”账户可以提供有关企业的所有应收账款的总括资料，但收取的对象、应收取的金额及已经收回的金额等详细情况却难以分清，不利于企业加强对应收账款的管理。因此，有必要按债务人(单位或个人)的名称对应收账款做进一步的分类，规定更加详细的科目，并据以设置账户。如“应收账款——甲单位”、“应收账款——乙单位”等。有了这些明细账户，应收账款的对象就明确了。

其次，总分类核算只有货币指标，即只限于价值核算，使其具有明显的局限性。如“原材料”账户能提供所有材料价值的增加、减少和结存等总括资料，但材料的不同类别、品种、规格等的增减变动情况却不详，也不利于加强管理。为此，需要按各类材料及其品种、规格设置明细账户，如“原材料——原料”及“主要材料——圆钢”、“原材料——原料”及“主要材料——碳钢”、“原材料——燃料”等。有了这些明细账户，就可以使价值核算与使用价值核算(实物量的核算)紧密结合起来。实践证明：要管好用好财产，既要组织好金额核算，又要组织好数量核算，否则，既无法管好用好物资，也无法管好资金，最终当然就谈不上如实反映和有效控制资本运动。

总之，在会计核算中，除了应正确组织总分类核算，提供总括反映资本运动的各项货币指标外，还应正确组织明细分类核算，提供详细反映各项资产、负债，以及收入、费用和所有者权益变动的详细具体信息。其中，有关财产物资的明细分类核算还需要提供必要的实物数量指标。

(三)总分类账户与明细分类账户的平行登记

1. 平行登记的含义

总分类账户与明细分类账户的密切关系，决定了在经济业务发生后，必须采取平行登记的方法登记总分类账户和明细分类账户。

所谓平行登记，就是对同一项经济业务依据相同的会计凭证分别在有关的总分类账户及其所属明细分类账户进行登记的方法。

平行登记的要点如下。

(1)时期相同。

对于发生的每一项经济业务，一方面要在有关总分类账户中进行总括的登记，另一方面应同时在所属各明细分类账户中进行明细登记。

(2)方向一致。

对于发生的经济业务，如果总分类账户中登记在借方，则所属各明细分类账户中也应登记在借方；如果总分类账户中登记在贷方，则所属各明细分类账户中也应登记在贷方。

(3)金额相等。

计入总分类账户的金额与计入其所属明细分类账户的金额应当相等。如果同时涉及几个明细账户，则计入总分类账户的金额与计入其所属各明细分类账户的金额之和应当相等。

平行登记决定了总分类账户与其所属明细分类账户之间存在数量上的一致关系。用公式表示为：

总分类账户本期发生额=该账户所属明细分类账户本期发生额合计

总分类账户期末余额=该账户所属明细分类账户期末余额合计

根据以上有关数字之间的相等关系，可以核对总分类账户与其所属明细分类账户的登记是否正确。如果不等，表明记账或计算出现差错，应当查明纠正。核对的方法，可以编制明细分类账户本期发生额及其余额明细表与总分类账户核对。

2. 平行登记简例

下面分别以“应付账款”和“原材料”为例说明总分类账户与明细分类账户的平行登记。

【例 8-1】 (1)假设某企业“原材料”和“应付账款”总分类账户 2004 年 6 月 30 日的余额中包括如下几项。

原材料:

A 材料 1 000 千克 单价 20 元 计 20 000 元

B 材料 1 760 千克 单价 25 元 计 44 000 元

合计 64 000 元

应付账款:

东华商场 12 000 元

江南公司 15 000 元

合计 27 000 元

(2)7 月份发生的有关材料采购及其收发业务如下。

①4 日，购进 A、B 材料并验收入库，货款尚未支付。

东华商场 A 材料 200 千克 单位成本 20 元 计 4 000 元

江南公司 B 材料 600 千克 单位成本 25 元 计 15 000 元

合计 19 000 元

有关会计分录如下:

借: 原材料——A 材料 4 000

——B 材料 15 000

贷: 应付账款——东华商场 4 000

——江南公司 15 000

②10 日，材料仓库发出一批原材料，用于产品生产，发出的材料包括:

A 材料 600 千克 单价 20 元 计 12 000 元

B 材料 800 千克 单价 25 元 计 20 000 元

合计 32 000 元

有关会计分录如下:

借: 生产成本 32 000

贷: 原材料——A 材料 12 000

——B 材料 20 000

③7 月 12 日，企业用银行存款偿还东华商场和江南公司货款分别为 12 000 元和 15 000 元。

有关会计分录如下:

借: 应付账款——东华商场 12 000

——江南公司 15 000

贷: 银行存款 27000

根据以上资料，在“原材料”总分类账户及其所属明细分类账户“A 材料”、“B 材料”

中进行平行登记的结果如表 8-13、表 8-14、表 8-15 所示；在“应付账款”总分类账户及其所属明细账户“东华商场”、“江南公司”中进行平行登记的结果如表 8-16、表 8-17、表 8-18 所示。

表 8-13 原材料总分类账

04 年		凭证号数	摘要	借方	贷方	借或贷	余额
月	日						
7	1		月初余额			借	64 000
	4		购进	19 000		借	83 000
	10		生产领用		32 000	借	51 000
7	31		本月合计	19 000	32 000	借	51 000

表 8-14 原材料明细分类账

明细账户：A 材料

04 年		凭证号数	摘要	单位	单价	收入		发出		余额	
月	日					数量	金额	数量	金额	数量	金额
7	1		月初余额	千克	20					1 000	20 000
	4		购进	千克	20	200	4 000			1 200	24 000
	10		生产领用	千克	20			600	12 000	600	12 000
7	31		本月合计	千克	20	200	4 000	600	12 000	600	12 000

表 8-15 原材料明细分类账

明细账户：B 材料

04 年		凭证号数	摘要	单位	单价	收入		发出		余额	
月	日					数量	金额	数量	金额	数量	金额
7	1		月初余额	千克	25					1 760	44 000
	4		购进	千克	25	600	150 000			2 360	59 000
	10		生产领用	千克	25			800	20 000	1 560	39 000
7	31		本月合计	千克	25	600	15 000	800	20 000	1 560	39 000

表 8-16 应付账款总分类账

04 年		凭证号数	摘要	借方	贷方	借或贷	余额
月	日						
7	1		月初余额			贷	27 000
	4		赊购材料		19 000	贷	46 000
	12		偿还欠款	27 000		贷	19 000
7	31		本月合计	27 000	19 000	贷	19 000

表 8-17 应付账款明细分类账

明细账户：东华商场

04 年		凭证号数	摘要	借方	贷方	借或贷	余额
月	日						
7	1		月初余额			贷	12 000
	4		赊购材料		4 000	贷	16 000
	12		偿还欠款	12 000		贷	4 000
7	31		本月合计	12 000	4 000	贷	4 000

表 8-18 应付账款明细分类账

明细账户：江南公司

04 年		凭证号数	摘　要	借　方	贷　方	借或贷	余　额
月	日						
7	1		月初余额			贷	15 000
	4		赊购材料		15 000	贷	30 000
	12		偿还欠款	15 000		贷	15 000
7	31		本月合计	15 000	15 000	贷	15 000

从上列“原材料”总分类账户及其所属明细分类账户平行登记的结果，可以看出它们之间的关系：

第一，“原材料”总分类账户的期初余额(64 000 元)等于其所属的两个明细分类账户的期初余额合计数(44 000 元+20 000 元)；

第二，“原材料”总分类账户的借方本期发生额(19 000 元)等于其所属两个明细分类账户的借方本期发生额合计数(4 000 元+15 000 元)；

第三，“原材料”总分类账户的贷方本期发生额(32 000 元)等于其所属两个明细分类账户的借方本期发生额合计数(12 000 元+20 000 元)；

第四，“原材料”总分类账户的期末余额(51 000 元)等于其所属的两个明细分类账户的期初余额合计数(12 000 元+39 000 元)。

由此可见，总分类账户的期初、期末余额和借、贷方本期发生额，起到了统驭所属明细分类账户的相应数额的作用。同时，各明细分类账户的期初、期末余额和借、贷方本期发生额，又对总分类账户的相应数额起到了补充说明作用。

关于“应付账款”总分类账户及其所属明细分类账户的平行登记结果同样符合以上规律。

根据东华商场与江南公司的两个明细分类账户，编制材料物资和应付账款的本期发生额及其余额明细表，如表 8-19、表 8-20 所示。

表 8-19 材料物资本期发生额及余额明细表

明细分类账户	期初余额	本期发生额		期末余额
		借　方	贷　方	
A 材料	20 000	4 000	12 000	12 000
B 材料	44 000	15 000	20 000	39 000
合计	64 000	19 000	32 000	51 000

表 8-20 应付账款本期发生额及余额明细表

明细分类账户	期初余额	本期发生额		期末余额
		借　方	贷　方	
东华商场	12 000	12 000	4 000	4 000
江南公司	15 000	15 000	15 000	15 000
合计	27 000	27 000	19 000	19 000

表中的合计数，应与“材料物资”、“应付账款”总分类账户的相应数字核对相符。

第四节　登账技术与错账的更正方法

一、启用会计账簿的规则

启用会计账簿时，应当在账簿封面上写明单位名称和账簿名称。在账簿扉页上应当附启用表，内容包括启用日期、账簿页数、记账人员和会计机构负责人、会计主管人员姓名，并加盖名章和单位公章。记账人员或会计机构负责人、会计主管人员调动工作时，应当注明交接日期、接办人员或监交人员姓名，并由交接双方人员签名或盖章。

启用订本式账簿，应当从第一页到最后一页顺序编定页数，不得跳页、缺号。使用活页式账页，应当按账户顺序编号，并须定期装订成册。装订后再按实际使用的账页顺序编定页码。另加目录，记明每个账户的名称和页次。

二、登记账簿的基本要求

会计人员应当根据审核无误的会计凭证登记会计账簿。账簿登记应该遵循下列要求。

(1)登记会计账簿时，应当将会计凭证日期、编号、业务内容摘要、金额和其他有关资料逐项计入账内，做到数字准确、摘要清楚、登记及时、字迹工整。

(2)登记完毕后，要在记账凭证上签名或盖章，并注明已经登账的符号，表示已经记账。

(3)账簿中书写的文字和数字上面要留有适当空格，不要写满格；一般应占格距的二分之一；以便于划线更正 。

(4)登记账簿要用蓝黑墨水或碳素墨水书写，不得使用圆珠笔(银行的复写账簿除外)或铅笔书写。

(5)红色墨水记账有特殊的意义：

① 按照红字冲账的记账凭证，冲销错误记录；

② 在不设借栏或贷栏的多栏式账页中，登记减少数；

③ 在三栏式账户的余额栏前，如未印明余额方向的，在余额栏内登记负数余额；

④ 根据国家统一会计制度的规定可以用红字登记的其他会计记录。

(6)各种账簿按页次序连续登记，不得跳行、隔页。如果发生跳行、隔页，应当将空行、空页划线注销，或者注明“此行空白”、“此页空白”字样，并由记账人员签名或盖章。

(7)凡需要结出余额的账户，结出余额后，应当在“借或贷”等栏内写明“借”或“贷”等字样。没有余额的账户，应当在“借或贷”等栏内写“平”字，并在余额栏内用“0”表示。

现金日记账和银行存款日记账必须逐日结出余额。

(8)每一账页登记完毕结转下页时，应当结出本页合计数及余额，写在本页最后一行和下页第一行的有关栏内，并在摘要栏内注明“过次页”和“承前页”字样；也可以将本页合计数及金额只写在下页第一行有关栏内，并在摘要栏内注明“承前页”字样。

对需要结计本月发生额的账户，结计“过次页”的本页合计数应当为自本月初起至本页末止的发生额合计数；对需要结计本年累计发生额的账户，结计“过次页”的本页合计数应当为自年初起至本页末止的累计数；对既不需要结计本月发生额也不需要结计本年累计发生额的账户，可以只将每页末的余额结转至次页。

三、更正错账规则

账簿记录发生错误，不准涂改、挖补、刮擦或用药水消除字迹，不准重新抄写，必须按照下列方法进行更正。

(一) 划线更正

如果发现账簿记录有错误，而其所依据的记账凭证没有错误，即“账错证未错”，应采用划线更正的方法进行更正。更正的方法是：将错误的文字或数字划一条红色横线注销，但必须使原有字迹仍可辨认，以备查考；然后，在划线的上方用蓝字将正确的文字或数字填写在同一行的上方位置，并由更正人员在更正处盖章，以明确责任。应注意：对于错误的数字，应当用红线划去全部数字，不得只更正其中的错误数字。对于文字错误，可只划去错误的部分。

(二) 红字更正

红字更正，又称红字冲销。在会计上，以红字记录表明对原记录的冲减。红字记借方相当于蓝字记贷方，红字记贷方相当于蓝字记借方。红字更正适用于由于记账凭证的编制错误而引起的记账错误，即“账证同时错，错误相同”的情况。

根据记账凭证所记录的内容记账以后，发现记账凭证中的应借、应贷会计科目，金额或记账方向有错误，且记账凭证同账簿记录相吻合，采用红字更正的具体方法是：先用红字金额填制一张与原错误记账凭证内容完全相同的记账凭证，并据以用红字登记入账，冲销原有错误的账簿记录；然后，再用蓝字填制一张正确的记账凭证，据以用蓝字登记入账。

【例 8-2】 (1) 以转账支票支付下季度房屋租赁费 1000 元，在填制记账凭证时误计入“管理费用”科目，并据以登记入账，其错误记账凭证所反映的会计分录为：

借：管理费用　　　　600

　　贷：银行存款　　　　600

(2) 该项分录应用的会计科目和金额均存在错误。在更正时，应用红字金额编制相同记账凭证：(□表示红字，下同)

借：管理费用　　　　[600]

　　贷：银行存款　　　　[600]

(3) 根据更正错账的记账凭证以红字金额记账后，表明已全部冲销原有错误记录，然后用蓝字填制如下正确分录，再据以登记入账(如图 8-2、图 8-3、图 8-4 所示)。

借：待摊费用　　　　1 000

　　贷：银行存款　　　　1 000

借	银行存款 贷
	(1) 600
	(2) [600]
	(3) 1000

图 8-2　银行存款丁字账

借	管理费用	贷
(1) 600		
(2) 600		

图 8-3 管理费用丁字账

借	待摊费用	贷
(3) 1000		

图 8-4 待摊费用丁字账

上述红字更正采用的是总额冲销的方式。根据记账凭证所记录的内容记账以后，如果发现原填记账凭证中应借、应贷科目没有错误，记账凭证和账簿记录的金额相吻合，但所填金额大于应填金额时，也可采用差额冲销的方式。即按照正确数字与原错误数字之间的差额，用红字金额填制一张记账凭证，据以登记入账加以冲销。

【例 8-3】 (1)生产车间领用材料 1 000 元，在填制记账凭证时，将金额误记为 10 000 元，但会计科目、借贷方向均无错误，已登记入账。

借：制造成本　　10 000

　　贷：材料物资　　10 000

(2)在更正时，应用红字金额 9000 元编制如下记账凭证：

借：制造成本　　9 000

　　贷：材料物资　　9 000

根据更正错误的记账凭证以红字金额记账后，即可反映其正确金额为 1000 元(如图 8-5、图 8-6 所示)。

借	制造成本	贷
(1) 10 000		
(2) 9 000		

图 8-5 制造成本丁字账

借	材料物资	贷
		(1) 10 000
		(2) 9 000

图 8-6 材料物资丁字账

如果记账凭证所记录的文字、金额与账簿记录的文字、金额不符，应首先采用划线法更正，然后用红字冲销法更正。

采用红字更正法进行错账更正时应注意，不得以蓝字金额填制与原错误记账凭证记账方向相反的记账凭证去冲销错误记录或冲销原错误金额，因为蓝字记账凭证反方向记载的会计分录反映某些特殊经济业务，而不能作为错账更正。如编制蓝字记账凭证借记“银行存款”，贷记“管理费用”，反映已支付的费用款项又收回，而借记“材料物资”，贷记“制造成本”，反映已领用的材料退库。尽管这样记录也能使记账的结余数额与实际情况相符，但这不能表明更正错误记录的性质，这样的分录也无法附上与分录内容相吻合的原始凭证，很容易使人们产生误解。

但对于以前年度的错误，因错误的账簿记录已经在以前会计年度终了进行结账或决算，不可能再将已经决算的数字进行红字冲销，这时只能用蓝字或黑字凭证对除文字外的一切错账进行更正，并在更正凭证上，特别注明“更正××年度错账”的字样。

(三)补充登记

在记账以后，如果发现记账凭证中应借、应贷科目虽然没有错误，记账凭证和账簿记录的金额相吻合，但所填金额小于应填的正确金额时，应采用补充登记法。更正的方法是，将少记的金额用蓝字填制一张与原错误记账凭证所记载的借贷方向、应借应贷会计科目相同的记账凭证，并据以登记入账，以补记少记金额，得出正确金额。

【例 8-4】 预提本月份银行借款利息 1 400 元，在填制记账凭证时，误记金额为 400 元，其错误记账凭证所反映的会计分录为：

借：财务费用　　　　400
　贷：应付利息　　　　400

上述会计分录已登记入账。

在更正时，可用蓝字编制如下记账凭证：

借：财务费用　　　　1 000
　贷：应付利息　　　　1 000

将更正错误的记账凭证以蓝字记账后，即可反映其正确的金额为 1400 元(如图 8-7、图 8-8 所示)。

借　　　财务费用	贷
(1)　400	
(2)　1 000	

图 8-7　财务费用丁字账

借　　　应付利息	贷
	(1)　400
	(2)　1 000

图 8-8　应付利息丁字账

如果记账凭证中所记录的文字、金额与账簿记录的文字、金额不符，应首先采用划线法更正，然后用补充登记法更正。

第五节　对　　账

一、对账的意义

如实反映企业经济活动情况，是会计核算的基本原则，但在实际工作中，有时难免会发生各种差错和账实不符的情况，如在编制记账凭证时的差错、记账或过账时的差错、数量或金额计算时的差错，以及在财产清查中发生盘盈、盘亏等。这些差错或盘点发现的溢缺，都必然造成账证不符、账账不符和账实不符等现象。这些现象的产生，有的是由于手工操作笔误而造成的；有的是由于会计工作人员的疏忽大意而造成的；有的是却是由于某些人员的不良行为或某些财产物资的自然原因所造成的。因此，为了保证账簿记录和会计报表数字真实可靠，就有必要核对各种账簿的记录有无差错。结账前对各种账簿记录进行核对，即为“对账”。

对账，是会计工作中一个重要环节，只有核对账证相符、账账相符，进而检查账实相符，才能据以编制出真实可靠的会计报表，如实地反映企业经济活动情况，提供符合实际的会计信息。

会计核算是一项严密细致的工作，有一套特有的核算方式和体系，在核算资料之间存在着相互依存、相互衔接、相互验证的联系。这种内在的相互关系，就为对账提供了有利条件。对账工作，一般地讲可分为内部对账和外部对账两个方面。内部对账，是指对本单位内部的账证、账账、账实之间的核对，通常在规定的时间进行，如月末、季末、年终等。外部对账，则指凡与本单位有结算关系的单位，彼此进行核对。经常有往来关系的单位，一般定期进行核对，如应收账款、应付账款的函证，有的是由对方主动来进行，有的则由本单位主动来查对，其中对一些必须进行查对的款项，可随时查对。

二、对账的内容

对账的主要内容包括以下几个方面：账证核对，即账簿记录与会计凭证的相互核对；账账核对，即总分类账记录与有关日记账、明细分类账记录相互核对；账实核对，即账簿记录与实有数额相互核对。这些账证核对、账账核对和账实核对，不仅可以及时查核企业经济活动中各有关记录有无差错，并提供准确的信息，还可揭露可能存在的违法乱纪事件和行为。

（一）账证核对

账证核对，是指各种账簿记录与记账凭证及其所附的原始凭证相核对。这种核对，主要是在日常记账工作中进行。在发现账账或账实不符时，也需追本求源地对账簿记录和会计凭证检查、核对，以查找账账、账实不符的原因。

（二）账账核对

账账核对，是指各种相关账簿之间的核对，包括以下几方面。

（1）总分类账之间的核对。各账户期初借方余额的合计数、期末借方余额的合计数应该与各账户期初贷方余额的合计数、期末贷方余额的合计数核对相等；各账户本期借方发生额合计数应该与各账户本期贷方发生额合计数核对相等。

（2）各明细分类账和现金日记账、银行存款日记账的期末余额之和应该同总分类账中各有关账户的期末余额核对相等。

（3）会计部门有关财产物资的明细分类账的余额应与财产物资保管部门或使用部门的相应的保管账或使用登记簿的余额核对相符。

账账核对的方法是编制总分类账发生额、余额试算平衡表，明细账发生额、余额明细表等。

在对账过程中，账账核对时，如果发现错账，应立即查明错账的原因，甚至追本溯源再进行账证核对，查明之后，应立即按照规定的更正错账办法加以更正。

账账核对时，也可能发现凭证本身无错，仅在进行平行登记时发生错误，即总账和所属明细账的账簿记录中的一方有错，而另一方没有错误的情况。例如，总账记录正确，明细账却出现了错误，从而使得账账不符；此时，需要编制一张“只记明细账，不记总账”的摘要的凭证对明细账进行更正即可。

错账的原因是多种多样的，除了原始凭证或填制记账凭证发生的差错外，大多是记账时发生的差错，如漏记、重记或方向相反、科目用错及数字错位等。数字错位和数字颠倒，更是常见的错误，如把 1 000 元写成 10 000 元，或写成 100 元，把 1 234 元写成 2 134 元等，这些虽然是记账时的疏忽大意，但却是造成错账的主要因素。当发现账目不符时，为了便于查找记账工作中发生的差错，一般可将两个不同的合计数来求取它的差额，然后根据这个差额进行分析查找。利用差数查找错误有两种方法：“除 2 法”和“除 9 法”。

① 除 2 法，是根据求得的差数除以 2，按取得的商数，在有关的账户和会计凭证中查找，有无这个数额的方法。错账数能用 2 除尽，则错账很可能是一笔分录记错了借贷方向(如应计入借方而相反地计入贷方)，如 6 000 元，用 2 除以后，商数为 3 000 元，可先查有无 3 000 元这个数字的经济业务，然后再查这个数字的业务计入账户的借贷方向有无错误。

除 2 法适用于查找记错借贷方向的错误，因为应计入借方的数额误计入贷方，或应计入贷方的数额而误计入借方，就必然使一方的合计数恰比错记数多出一倍，所以“除 2 法”是一种寻找错记借贷方向差错的最简便方法。

② 除 9 法，是根据求得的差数除以 9，按取得的商数，去分析和查找错账的方法。如果差数除以 9 后，能够除尽，则其错误原因可能有以下两种。

一是大小数错误，就是记账时把数字记错位数，如“100”误记为“10”。这种数位错误，不论是大错小，或者小错大，其差数总是较小数的 9 倍，如上述相差 90(100–10)，它们都可以用 9 除尽，并可用其商数 10(90 ÷ 9)去寻查是否由于这个数字记颠倒，也称为“前后数”错误。

邻位数字颠倒便查表如表 8-20 所示。

对邻位数颠倒，可先相出原数的参考数，再去寻找是否属于这些数的颠倒。

同理，如果差数不但可以被 9 除尽，而且可以被 99 除尽，有可能是三位数的头尾颠倒，如果可以被 999 除尽，就有可能是四位数的头尾颠倒，其余类推。

图 8-20　邻位数字颠倒便查表

差　数	81	72	63	54	45	36	27	18	9
二位数颠倒的因数	09—90	19—91 08—80	29—92 18—81 07—70	39—93 28—82 17—71 06—60	49—94 38—83 27—72 16—61 05—50	59—95 48—84 37—73 26—62 15—51 04—40	69—96 58—85 47—74 36—63 25—52 14—41 03—30	79—97 68—86 57—75 46—64 35—53 24—42 13—31 02—20	89—93 78—87 67—76 56—65 45—54 34—43 23—32 12—21 01—10

(三) 账实核对

账实核对，是指在账账核对一致的基础上，对各项财产物资的账面余额与实物结存数量进行的核对。账实核对，是保证账实相符的必要措施，是保证会计信息客观性的前提条件。核对内容主要包括以下方向。

(1)现金日记账，应于每日业务终了结出余额，与实存的现金进行核对相符。

(2)银行存款日记账,应于每月终与银行存款对账单进行核对,对未达账项应编制调节表,将双方实际结存调节相符。

(3)年终决算前，采用财产清查办法，对各项财产物资，如材料、商品、在产品、产成品、有价证券、固定资产及其他实物财产等进行盘点，并与各该明细分类账、保管账(卡)和使用登记簿等所登记的数量核对相符。

在年终决算前，应对“应收账款”、“应付账款”的各个客户进行结算款项的查询核对。

上述各项账实核对工作，将在第九章财产清查中做详细介绍。

第六节　结　　账

一、结账的意义

结账就是在把一定时期内所发生的经济业务全部登记入账的基础上，期末计算并结转各账簿的本期发生额和余额。

在会计期末，即在月份、季度、年度终了时，为了总结某一时期内如月份、季度和年度的经济活动和财务收支情况，每个企业都要结账，以确定本期的经营成果(利润或亏损)，同时，也为编制会计报表准备数据。另外，企业因撤销、合并而办理账务交接时，也需要办理结账。

各会计期间内所发生的经济业务，于该会计期间全部登记入账并对账以后，即可通过账簿记录了解经济业务的发生和完成情况，但管理上需要掌握各会计期间的经济活动情况及其结果，并相应编制各会计期间的财务报表。而根据会计凭证将经济业务计入账簿后，还不能直观地获得所需的各项数字资料，必须通过结账的方式，把各种账簿记录结算清楚，才能提供所需的各项信息资料。

会计分期一般实行日历制，月末进行计算，季末进行结算，年末进行决算。结账于各会计期末进行，所以，可以分为月结、季结和年结。

二、结账的程序和内容

企业应当在本期所发生的经济业务全部入账，按权责发生制的要求对有关账户的记录进行了调整，并做好对账工作之后，才能办理结账。

各单位应当按照规定定期结账。结账程序主要包括以下两个步骤。

(一)结账前，必须将属于本期内发生的各项经济业务和应由本期受益的收入、负担的费用全部登记入账

(1)将本期内所发生的各项经济业务全部登记入账。

(2)账项调整。按照权责发生制原则，对有关账项进行调整，以正确地反映当期的财务状况和经营成果。账项调整的内容主要分以下几类。

第一，期末尚未收到款项的本期收入。按照权责发生制原则，凡属于本期的收入，不管款项是否收到，都应作为本期的收入来处理。相应地，在编制会计报表之前，应将未收到款的当期收入调整入账，如应收金融机构的存款利息等。

第二，期末尚未支付的本期费用。按照权责发生制原则，凡属于本期的费用，不管款项是否支付，都应作为本期的费用来处理。如应付金融机构的借款利息、应付债券的利息，固定资产折旧，无形资产、待摊费用摊销，应提取的职工福利费、工会经费、劳动保险费，应计提的坏账准备等。每个会计期末，都要把这些本期已经耗用，但不在本期发生现金支付的项目估计入账。

第三，属于本期收入的前期收款。按照权责发生制原则，凡属于本期的收入，即使款项当期未收，也应当作为本期的收入来处理。例如，企业出租固定资产的预收租金，收到租金时不能确认收入，但是随后由于固定资产的使用，租期的每个月末都应当将已经实现的收入调整计入当期的收入中去。

第四，属于本期费用的前期付款。按照权责发生制原则，凡属于本期的费用，尽管款项当期尚未支付，也应当作为本期的费用来处理。如预付的报纸、杂志订阅费等各项开支，支付时不能直接计入有关费用科目，应该在随后的受益期间内，在每个月月末将应分摊的部分调整入账。

(3)结转损益类账户本期发生额，以考核企业的经营成果。

① 月末结清各种收入、费用类账户。

每月终了时，编制结账分录，并过入各收入、费用类账户和“本年利润”账户，使各收入、费用类账户的月末余额为零，在“本年利润”账户结出本月份利润或亏损总额及本年累计损益。

② 年末结转“本年利润”账户及各“利润分配”明细分类账户。

“本年利润”账户是用来计算会计年度内所实现的利润(或亏损)总额的一个过渡性账户，利润(亏损)额只有同某一特定会计期间联系起来才具有意义，所以，在年度终了时，企业应将本年实现的利润总额或亏损总额，全部从“本年利润”账户转入“利润分配——未分配利润”账户，以结清“本年利润”账户。

“利润分配——计提盈余公积金”、“利润分配——应付利润”等明细账反映当年已分配的利润，年末应转入“利润分配——未分配利润”明细账户的借方。转账后，“利润分配——未分配利润”若有借方余额，表示未弥补的亏损；若有贷方余额，则表示未分配的利润。

(二)结出每个账户的本期发生额和期末余额

需要结出当月发生额的，应当在摘要栏内注明“本月合计”字样，并在下面通栏画单红线。需要结出本年累计发生额的，应当在摘要栏内注明“本年累计”字样，并在下面通栏画单红线；12 月月末的“本年累计”就是全年累计发生额。全年累计发生额下面应当通栏画双红线。年度终了结账时，所有总账账户都应当结出全年发生额和年末余额。具体方法如下。

1. 办理月结

应在各账户本月份最后一笔记录下面画一通栏红线，表示本月结束；然后在红线下结算出本月发生额和月末余额(无月末余额的，可在“余额”栏内注明“平”字或注明“0”符号)，并在摘要栏内注明“月度发生额及余额”或“本月合计”字样；最后，再在本摘要栏下面画一通栏红线，表示完成月结工作。

2. 办理季结

应在各账户本季度最后一个月的月结下面(需按月结出本年累计发生额的，应在“本年累计”下面)画一通栏红线，然后在红线下面结算出本季发生额和季末余额，并在摘要栏内注明“季度发生额及余额”或“本季合计”字样；最后，再在本摘要栏下面画一通栏红线，表示完成季结工作。

3. 办理年结

应在12月份月结下面(需办理季结的，在第四季度的季结下面)结算填列全年发生额及余额，并在摘要栏内注明“年度发生额及余额”或“本年合计”字样，然后在其下画通栏双红线，表示该账户已在本年底结束。

需按月结出本年累计发生额的，12月份的“本年累计”即全年累计，其下画通栏双红线即可表示年结(如表8-21、表8-22所示)。

表8-21　账户名称：应收账款①

2003年		凭证		摘　　要	借　　方	贷　　方	借或贷	余　　额
月	日	字	号					
12	31			本期发生额合计 期末余额结转下年	(略)	(略) 40 000	借 平	40 000 0

表8-22　账户名称：应收账款

2004年		凭证		摘　　要	借　　方	贷　　方	借或贷	余　　额
月	日	字	号					
1	1			上年结转			借	40000

(三)年末余额的结转

年末结账后，所有有余额的账户，要将余额计入新账余额栏内，结转下年，不需编制会计凭证。

总账、日记账和多数明细账一般每年应更换一次，有些财产物资明细账，债权、债务明细账等，根据企业实际情况，也可以跨年度使用，不必一年一更换。备查账簿也可跨年使用。

练　习　题

一、单项选择题

1．银行存款日记账的借方除了根据银行存款收款凭证登记外，有时还要根据(　　)登记。

① 表中用波浪线代表红线。下同。

A．银行存款付款凭证　　B．现金收款凭证

C．现金付款凭证　　D．转账凭证

2．总分类账适用于(　　)账簿。

A．订本式　　B．活页式　　C．多栏式　　D．数量金额式

3．记账凭证上记账栏中的“√”记号表示(　　)。

A．已经登记入账　　B．不需登记入账　　C．此凭证作废　　D．此凭证编制正确

4．不宜采用三栏式账页的是(　　)。

A．总账　　B．应付账款明细账　　C．现金日记账　　D．原材料明细账

5．债权、债务明细账的格式一般采用(　　)。

A．数量金额式　　B．多栏式　　C．订本式　　D．三栏式

6．活页式账簿的优点是灵活、方便，有利于记账的分工，而且不会出现订本账页留多或留少造成的浪费或不足等问题。它的缺点是(　　)。

A．格式复杂不好使用　　B．容易散失、可被任意抽换

C．账页大小不一、不便装订　　D．不便分工记账

7．备查账簿，属于一种临时性的辅助账簿，用于专门记录(　　)的参考资料。

A．正式账簿以外经济事项　　B．合同、协议的事项

C．正式账簿以内经济事项　　D．其他事项

8．记账以后，如果发现记账凭证中的借方、贷方会计科目或金额有错误，就应采用(　　)来改正。

A．划线更正法　　B．补充登记法　　C．红字更正法　　D．用剪刀刮掉法

9．会计档案管理办法规定会计账簿保管期限是 15 年，其中现金，银行存款日记账(　　)，保管期满以后，还要按照规定的审批程序报经批准后，才能销毁。

A．1.5 年　　B．30 年　　C．25 年　　D．10 年

10．记账凭证中应借应贷会计科目有错，而导致账簿记录错误，更正时可以采用(　　)。

A．划线更正法　　B．红字更正法　　C．补充登记法

D．用红字填制一张记账凭证冲销原有错误记录的方法

二、多项选择题

1．企业到银行提取现金 500 元，此项业务应在(　　)中登记。

A．现金日记账　　B．银行存款日记账

C．总分类账　　D．明细分类账　　E．备查账

2．设置和登记备查账簿，主要是为会计核算提供某些经济业务内容的参考资料或补充信息，如(　　)。

A．租入固定资产登记簿　　B．经济合同登记簿

C．包装物出租出借登记簿　　D．应收、应付票据登记簿

3．必须采用订本式账簿有(　　)。

A．原材料明细分类账　　B．现金日记账

C．银行存款日记账　　D．总分类账

4．三栏式明细分类账，适用于那些只需金额核算，不需进行数量核算的账户，如(　　)。

A．应收账款　　B．应付账款　　C．短期借款　　D．原材料

5．数量金额式明细分类账，适用于那些既需要反映数量又要登记实物数量和单价的账户如(　　)。

A．库存商品　　B．原材料　　C．预收账款　　D．库存现金

6．账簿核对，通常又称对账，即核对账目，是指在会计核算中对会计账簿的记录进行审查核对。主要包括以下三个方面（　　）。

A．账证核对　　B．账账核对　　C．账实核对　　D．账表核对

7．账账核对，是指核对本单位不同会计账簿之间的账簿记录是否相等。具体包括（　　）。

A．总账有关账户的余额核对　　B．总账与其所属明细账核对

C．总账与日记账核对

D．会计部门的财产物资明细账与财产物资保管和使用部门的有关明细账核对等

8．账实核对，是指对各种财产物资的会计账簿记录的账面余额与实存数额相核对。主要包括（　　）。

A．现金日记账账面余额与现金实际库存数相核对

B．银行存款日记账账面余额定期与银行存款对账单相核对

C．各种财产物资明细账账面余额与财产物资实存数额相核对

D．各种应收、应付款明细账账面余额与有关债权、债务单位或个人相核对等

三、判断题

1．分类账簿，是对经济业务进行分类登记的账簿。按照反映内容详细程度不同，分为总分类账和明细分类账。（　　）

2．总分类账与明细分类账平行登记的要点是同时登记、方向相反、金额不等。（　　）

3．凡需要结出余额的账户，结出余额后，应当在"借或贷"栏内写明"借"、"贷"或"平"字样。（　　）

4．结账之前，如果发现账簿中所记文字或数字有过账笔误或计算错误，而记账凭证并没有错，应当将错误的文字或数字划红线注销，但必须使原有字迹仍可辨认；然后在划线上方填写正确的文字或数字，并由记账人员在更正处盖章，这就是划线更正法。（　　）

5．记账以后，如果发现记账凭证和账簿记录的金额有错误，而原记账凭证中的借方、贷方会计科目并无错误，也应采用划线更正法来更正。（　　）

6．在会计核算中，红笔一般只在划线、改错、冲账和表示负数金额时使用。（　　）

7．账簿中书写的文字和数字一般应占格距的1/2。（　　）

8．结账时，应当结出每个账户的期末余额。需要结出当月发生额的，应当在摘要栏内注明"本月合计"字样，并在下面通栏画单红线。（　　）

四、业务题

习题一

1．目的：练习现金日记账、银行存款日记账的登记。

2．资料：

(1)某企业2008年6月初"库存现金"借方余额为2 200元，"银行存款"借方余额为40 000元。

(2)6月份的有关现金、银行存款经济业务全部如下。

① 6月2日，向银行借入为期6个月的流动资金借款10 000元，存入银行。

② 6月3日，向本市红光公司购进甲材料60吨，单价400元，货款24 000元，已用支票支付，材料已验收入库。

③ 6月4日，以银行存款14 600元偿还前欠红星公司货款。

④ 6月5日，采购员张三预借差旅费400元，用现金支付。

⑤ 6月6日，交多余现金1 000元送存银行。

⑥ 6月10日，从银行提取现金2 000元备用。

(3)要求：根据上述资料，编制会计分录，然后登记现金日记账和银行存款日记账并结出本期发生额和期末余额。

习题二

1. 目的：练习账簿中错误记录更正方法。

2. 资料：某工业企业20××年2月份发生下列各项经济业务。

(1)购进一批原材料36 000元，增值税进项税额6 120元，计42 120元，材料运达入库，货款未结算。

(2)将库存现金2 400元，送存银行。

(3)发生销售产品运输费用1 260元，以银行存款支付。

(4)销售一批产品23 600元，增值税销项税额4 012元，产品发出，货款尚未结算。

(5)生产车间领用原材料54 000元。

(6)采购员李平借支差旅费500元，以库存现金支付。

该企业财务人员把上述6项经济业务错误地做成如下会计分录，并已登记入账。

(1)借：库存商品	36 000	
应交税费——应交增值税	6 120	
贷：应付账款		42 120
(2)借：库存现金	2 400	
贷：银行存款		2 400
(3)借：管理费用	1 260	
贷：银行存款		1 260
(4)借：应收账款	2 761.2	
贷：主营业务收入		2 360
应交税费——应交增值税		401.2
(5)借：生产成本	540 000	
贷：原材料		540 000
(6)借：其他应收款	50	
贷：库存现金		50

3. 要求：将资料中列示的会计分录检查出错误，应用适当方法进行更正。

第九章

财 产 清 查

学习目的和要求：

1. 明确财产清查对于保证会计核算质量的重要作用；
2. 掌握财产物资的两种盘存制度、财产清查结果的会计处理；
3. 熟悉各种财产物资，货币资金，债权、债务的清查方法；
4. 了解财产清查的概念、意义、种类。

第一节　财产清查的意义和种类

一、财产清查及其意义

所谓财产清查，就是通过对各项财产物资进行盘点和核对，确定其实存数额，并查明实存数额与账面结存数额是否相符的一种专门方法。

保证会计信息的客观真实性，是会计核算应遵循的基本原则之一，也是经营管理对会计核算的基本要求。企业的各项财产物资，是经过填制凭证、严格审核，然后登记入账的，应该说能够真实地反映企业财产的实际情况，账面数与实有数，即账实应该是相符的。但实际工作中往往存在不一致的现象。究其原因，无非在于账面记录和实物保管两个方面。从账面记录来看，由于记账人员疏忽会发生漏记账或错记账。例如，购进甲材料，应该登记到甲材料的明细账，却误计入乙材料明细账上，造成甲、乙材料的明细账都会发生差错。从实物保管来看，由于自然原因或人为原因造成的账实不一致一般有以下几种情况。

(1)财产在收发过程中，由于计量、检验不准确而发生品种、数量或质量上的差错。

(2)财产在保管过程中发生了自然损耗，如汽油的自然挥发、油漆的干耗等造成数量短缺。

(3)由于保管不善发生财产物资的损坏、霉烂、变质，或者由于工作人员的失职而造成现金、往来款项的短缺等。

(4)由于不法分子的贪污、盗窃、舞弊等造成财产物资的损失。

(5)发生自然灾害和意外损失。

(6)结算过程中由于账单未到或拒付等原因造成与其他企业往来款项上的不符。

因此，必须通过财产清查，对各项财产物资定期或不定期地进行盘点和核对，以便掌握各项财产物资的真实情况。若发现账实不符，要查明原因，更正差错，并进一步采取措施改进财产物资管理工作，提高会计信息的真实性和经营管理水平。

财产清查的作用，具体表现为以下几个方面。

(一)保证会计信息的真实可靠

通过财产清查，可以查明各项财产物资、货币资金、债权债务的实有数，以确定账实是否相符。对于不符的账项，进一步查明原因，及时调整账簿记录，做到账实相符，以保证账簿记录的真实正确，为经济管理提供可靠的数据。

(二)保护财产物资的安全完整

通过财产清查，不仅可以查明各项财产物资的实际结存数额及实存数与账存数之间的差异，而且可以进一步分析产生差异的原因，检查各项财产物资有无毁损、变质，是否挪用、贪污、盗窃。同时，通过财产清查，还可以检查各项财产物资的增减收支是否按照规定的制度办理了必要的手续，各种物资的保管是否安全妥善等。通过这些方面的检查，可以及时发现问题，进一步采取措施，消除各种不安全因素，切实保护各项财产物资的安全与完整。

(三)有利于挖掘财产物资的潜力，加速资金周转

通过财产清查，可以查明各项财产物资的储备和利用情况，对超储积压、闲置不用的物资，要采取措施，做到物尽其用，从而挖掘企业财产的潜力，减少储备资金的占用，加速资金周转。

(四)加强财经纪律，维护结算制度

在财产清查中，通过对各种物资、货币资金的清查和对各种结算款项的查询核对，可以具体地检查企业、单位对财经纪律的遵守情况，检查有无长期拖欠、偷漏税等违反财经纪律的情况，并查明原因，及时纠正，从而促使单位及时清理债权债务，并自觉遵守财经纪律和结算制度。

(五)促使企业、单位改善财产物资的管理，提高经营管理水平

财产清查不仅是对各种财产物资本身的清查，同时也是对财产物资管理工作的检查。财产清查中发现的问题，不论大小，总是和财产物资的管理制度、管理方法分不开的。财产物资的毁损、短缺、积压、浪费，总是意味着财产物资管理乃至整个经营管理上存在着缺陷，因此，通过财产清查，就可以针对清查中发现的问题，研究原因，促进企业、单位建立与健全财产物资管理制度，改进管理方法，不断提高经营管理水平。

二、财产清查的种类

(一)按清查对象和范围财产清查可分为全面清查与局部清查

1. 全面清查

全面清查是对属于本单位所有的财产物资进行全面的盘点和核对。就工业企业而言，全面清查的内容一般包括：

(1)现金、银行存款等货币资金和各种有价证券；

(2)银行借款、各种往来结算款项、缴拨款项；

(3)原材料、在产品、库存商品等存货；

(4)委托其他单位加工或保管的材料及物资等；

(5)房屋、建筑物、机器设备等固定资产及在建工程。

全面清查的内容多、范围广，需要投入大量的人力、物力，花费的时间也长，所以一般是在以下几种情况下才需要进行财产清查：

(1)年终决算之前；

(2)单位撤销、合并或改变隶属关系时；

(3)开展清产核资。

2. 局部清查

局部清查是根据需要只对部分财产物资进行的清查。其清查的对象主要是流动性较大的财产。相对全面清查而言，局部清查内容少、范围小，涉及的人也少，但专业性较强，一般在下列情况下进行：

(1)现金应由出纳员在每日业务终了时点清，做到日清月结；

(2)银行存款、银行借款应每月与银行核对一次；

(3)材料、在产品和产成品要有计划地轮流抽查或重点抽查，对于贵重的财产物资，应每月盘点一次；

(4)债权、债务应在年度内至少核对1～2次，有问题的应及时核对，及时解决。

(二)按清查的时间财产清查可分为定期清查与不定期清查

1. 定期清查

就是按预先安排的时间对财产物资进行的清查。这种清查，一般在月末、季末、半年末、年末结账时进行。通过定期清查，可在编制会计报表前发现账实不符的情况，并据以调整有关账簿的记录，做到账实相符。定期清查的范围不定，可以是全面清查，也可以是局部清查，一般在年末进行全面清查，半年末、季末、月末进行局部清查。

2. 不定期清查

就是事先不规定时间，而根据实际需要进行的临时性清查。如更换出纳员时，对现金、银行存款进行的清查。更换保管员时，对其保管的财产进行的清查。财产发生非常灾害和意外损失时，对受损失的财产进行的清查。上级主管部门、财政、银行、物价、审计等部门对单位进行检查时，按检查要求和范围所进行的清查。不定期清查的范围可以是全面清查，也可以是局部清查。

第二节　财产清查的方法

一、财产清查的准备工作

财产清查是一项复杂而细致的工作，涉及面广，政策性强，工作量大，为顺利地进行财产清查，必须在清查前做好有关组织上、业务上的准备工作。

(一) 组织准备

进行财产清查要成立企业的财产清查专门机构，有计划地组织进行。财产清查应由主要领导负责，会计部门、保管部门、财产使用等相关部门相互配合，协作完成。

(二) 业务准备

业务上的准备是进行财产清查必要的前提条件，各业务部门特别是会计部门和物资保管部门应主动配合，做好以下准备工作。

(1) 会计部门应在财产清查前，将有关账目登记齐全，结出余额，并保证账证、账账相符，为财产清查提供可靠的账存数。

(2) 物资保管部门应在清查前，将所有业务办好凭证手续，全部登入财产物资明细账，并结出余额。对所保管的各项财产物资整理清楚，排放整齐，分别标签，标明品种、规格和结存数量，以便进行实物盘点。

(3) 准备并校验好各种必要的计量器具，备齐有关清查登记表册等。

(4) 对银行存款、债权和债务等应在清查前取得或编制对账单，以便与对方进行核对。

二、财产清查的方法

(一) 实物资产的清查

不同种类的实物资产，由于其具体形态、存放方式等各不相同，相应的清查方法也不一样。对实物数量确定的方法通常有以下两种。

(1) 实地盘点：就是在财产物资的存放地点逐一对其进行清点或用计量仪器确定其实存数量的一种方法。该种方法范围广，要求严格，数字准确，但工作量大。

(2) 技术推算：是指利用技术方法，如计量方尺等对财产物资的实存数进行推算的一种方法。该种方法适用于大量成堆，无法逐一清点的财产物资，如煤炭、矿石、建筑工地的沙石料等。

实物资产的清查是对各种原材料、在产品、半成品、固定资产等在数量和质量上的清查。实物清查时，保管人员必须在场，并参加盘点工作。具体清查程序如下。

(1) 清点实物。可采用上述实地盘点或技术推算的方法，对实物进行点数、过秤或度量，来确定其实存数量。

(2) 登记盘存单。清点实物后，应将清点结果计入事先准备好的盘存单中，并由盘点人员和实物保管人员签字、盖章。盘存单是反映清查日实物的实有数量和质量情况，记录实物清查结果的原始凭证，其格式如表 9-1 所示。

表 9-1　盘存单

单位名称：　　　　盘点时间：　　　　编号：

财产类别：　　　　存放地点：

编　号	名　称	计量单位	数　量	单　价	金　额	备　注

盘点人：　　　　实物保管人：

(3) 编制账存实存对比表。为了核对清查结果与账面余额是否一致，应根据盘存单的资料和账簿余额编制账存实存对比表。此表是确定各种实物资产实存数与账存数之间差异的依据，是分析清查结果、查找差异原因和调整账簿记录的直接依据，应由财会部门认真填写。其格式如表 9-2 所示。

表 9-2　账存实存对比表

年　月　日

单位名称：　　　　　　　　　　　　　　　　　　　　　　　　　　　　　　（单位：元）

编号	类别及名称	计量单位	单价	实存		账存		差异				备注
				数量	金额	数量	金额	盘盈		盘亏		
								数量	金额	数量	金额	

主管人员：　　　　　　　　　　　会计：　　　　　　　　　　　制表：

(二) 货币资金的清查

1. 现金的清查

现金的清查采取实地盘点法，盘点库存现金的实存数，并与现金日记账的账面余额相核对。盘点时，出纳人员必须在场，要注意检查有无挪用，或用白条、借条、收据抵冲现金的情况。现金盘点后，应填制库存现金盘点报告表，由盘点人和出纳员共同签字或盖章方能生效。库存现金盘点报告表是反映现金实有数的原始凭证，可作为查找差异的原因和调整账簿记录的重要依据。其格式如表 9-3 所示。

表 9-3　库存现金盘点报告表

年　月　日

单位名称：

实存金额	账存金额	对比结果		备注
		盘盈	盘亏	

负责人签章：　　　　　　　　　　盘点人签章：　　　　　　　　　　出纳员签章：

2. 银行存款的清查

银行存款的清查，是采用账目核对法，即将本单位的银行存款日记账与从银行取得的对账单进行逐笔核对，以查明双方记录是否相符。在清查时，如果发现双方余额不相符合，主要有两种原因：一是由于双方记账的错误，如漏记、多记或少记等；二是由于办理结算手续和凭证传递的原因。产生第二种原因主要是未达账项造成的，所谓未达账项，是指一方已经登记入账，而另一方尚未接到有关凭证而未入账的款项。单位与银行之间的未达账项，主要有以下四种情况：

(1) 企业已收，银行未收；

(2) 企业已付，银行未付；

(3) 银行已收，企业未收；

(4) 银行已付，企业未付。

上述四种情况的任何一种情况，都会引起双方账面余额的不相符。在(1)、(4)两种情况下，会使企业的账面余额大于银行的对账单余额；而在(2)、(3)两种情况下，会使企业的账面余额小于银行的对账单余额。对于各种未达账项，应在仔细查明后编制银行存款余额调节表，以查明企业可以动用的银行存款的实际余额。

【例 9-1】 某企业某月终了时，银行存款日记账账面余额为 75 000 元，银行对账单余额为 79 000 元。经逐笔核对，发现以下未达账项。

(1)企业收到一张转账支票，金额为 7 000 元，而银行尚未入账。

(2)企业于月末开出一张转账支票，金额为 5 000 元，企业已入账，而持票人尚未到银行办理转账手续，银行尚未支付。

(3)某单位于月末从外地汇给企业购货款 10 000 元，银行已入账，而企业尚未接到银行转来的电汇单，尚未入账。

(4)银行代扣企业电话费 4 000 元，银行已入账，而企业尚未接到托收单，未入账。

根据以上未达账项及双方余额，编制银行存款余额调节表，如表 9-4 所示。

表 9-4　银行存款余额调节表

年　月　日

项　　目	金　　额	项　　目	金　　额
银行存款日记账余额	75 000	银行对账单余额	79 000
加：银行已收企业未收	10 000	加：企业已收银行未收	7 000
减：银行已付企业未付	4 000	减：企业已付银行未付	5 000
调节后余额	81 000	调节后余额	81 000

在这里需要说明两点：一是未达账项不是记账错误，不用因此编制会计分录，做账务调整，对于长期存在的未达账项，应查明原因后予以解决；二是经过余额调节表调节后，双方调节后的余额应该相等，若不相等，一定还有其他差错，应继续查找原因，直至调平。

(三)往来款项的清查

对于各种应收、应付款项的清查，应采用同对方核对账目的方法。清查时，应在保证本单位所记各项往来款项账目正确完整的基础上，编制对账单，派人或发函与对方进行核对。对账单一般一式两份，其中一份作为回单。如果对方单位核对相符，应在回单上盖章后退回企业，若发现对方数字不符，应将不符的原因在回单上注明，或另抄对账单退回，作为进一步核对的依据。在核对过程中，如果发现未达账项，双方都应采用调节账面余额的方法，来核对往来款项是否相符。

第三节　财产清查结果的处理

企业、单位通过财产清查必然会发现会计工作、财产物资管理乃至整个经营管理工作上的问题。妥善地处理好这些问题，是财产清查工作的主要目的之一，也是财产清查发挥积极作用的关键所在。对于财产清查结果的处理，不应当仅仅着眼于账务处理，做到账实相符，更主要的是提出改进财产物资管理的措施，从而实现会计的管理职能。

财产清查结果的处理，主要包括以下几方面的工作。

一、认真分析差异的性质和产生差异的具体原因，按规定进行处理

对于各种财产物资的盘盈、盘亏，要深入调查，认真分析，查清原因，分清责任，提出处理意见，按规定程序，报请有关领导和部门批准。

二、积极处理多余积压物资，认真清理长期不清的债权、债务

在清查过程中发现的超储积压物资和呆滞商品，以及不需用的固定资产等多余物资，在报请有关领导批准后，应积极处理；对于储备不足的材料和不配套的零配件等半成品，也应通报给供应和生产计划等部门；对于长期拖欠不清和有争议的债权、债务，也应指定专人负责，查明原因，限期清理。

三、认真总结经验教训，建立健全财产管理制度

通过财产清查，针对所发现的问题和漏洞，提出改进财产管理的措施，建立健全一些必要的规章制度，以加强财产物资管理的责任制，做好会计工作，提高经营管理水平。

四、及时调整账目，做到账实相符

保证账实相符，并在此基础上编制出真实可靠的会计报表，是财产清查的主要目的之一。因此财产清查中发现的差异及对差异的处理，都必须如实地反映在账簿上，并通过对账簿记录的调整，做到账实一致，进而做到账表一致，使会计报表的资料真实可靠。

对财产清查中发现的账实不符的账务处理，会计上分以下两步进行。

第一步，报请批准前的账务处理。财产清查中发现的盘盈、盘亏和损失，在报经有关领导审批之前，应根据财产盘盈和损失数字，编制会计分录，在账簿上如实反映，使各项财产的账存数同实存数完全一致。如果财产清查在年终决算前进行，则财产的差异就必须在结账前登记入账，以便会计报表能如实反映各项财产的真实情况。

第二步，批准后的账务处理。根据有关规定和上级批复下达的处理意见，将处理结果编制会计分录，并据以登记有关账簿。

为了记录和反映财产物资的盘盈、盘亏和毁损及其处理情况，企业应设置“待处理财产损溢”账户。该账户属于资产类账户，核算企业在清查财产过程中查明的各种财产盘盈、盘亏和毁损的价值。其借方登记的内容为：(1)已经发现尚待处理的各种材料、产成品、商品、固定资产的盘亏和毁损数；(2)结转已经批准处理的除固定资产以外的财产物资的盘盈数。贷方登记的内容为：(1)已经发现尚待处理的除固定资产以外的财产物资的盘盈数；(2)结转已经批准处理的各种财产物资的盘亏和毁损数。其余额可能在借方，也可能在贷方，若为借方余额，则表示尚待批准处理的财产物资的盘亏和毁损数大于尚待批准处理的财产物资的盘盈数的差额；若为贷方余额，则表示尚待批准处理的财产物资的盘盈数大于尚待批准处理的财产物资的盘亏和毁损数的差额。该总账科目下，可按盘盈、盘亏的资产种类和项目进行明细核算。

通常来说。企业的财产损溢，应查明原因，在期末结账前处理完毕。

下面分别举例说明财产物资盘盈、盘亏的账务处理。

【例 9-2】 某企业在财产清查中，盘盈一批甲材料，价值 3 000 元。

(1) 在报经批准前，根据账存实存对比表确定的材料盘盈数，编制会计分录如下：

借：原材料——A 材料　　3 000

　　贷：待处理财产损溢——A 材料　　3 000

(2) 经批准，该材料同意冲减管理费用，则转销材料盘盈的会计分录如下：

借：待处理财产损溢——A 材料　　3 000

　　贷：管理费用　　3 000

【例 9-3】 某企业在财产清查中，发现短缺一台设备，账面原值 16 000 元，已提折旧 6 000 元。

(1) 在报经批准前，根据账存实存对比表确定的固定资产盘亏数，编制会计分录如下：

借：待处理财产损溢——设备　　10 000

　　累计折旧　　6 000

　　贷：固定资产　　16 000

(2) 经批准，该设备同意作为营业外支出处理，则转销固定资产盘亏的会计分录如下：

借：营业外支出　　10 000

　　贷：待处理财产损溢——设备　　10 000

【例 9-4】 某企业在清查材料过程中，乙材料盘亏 4 000 元，其中 3 000 元属于非常损失，1 000 元属于自然损耗。

(1) 在报经批准前，根据账存实存对比表确定的甲材料盘亏数，编制会计分录如下：

借：待处理财产损溢——乙材料　　4 000

　　贷：原材料——乙材料　　4 000

(2) 经批准，非常损失部分作为营业外支出处理，自然损耗部分作为管理费用处理，则转销乙材料盘亏的会计分录如下：

借：营业外支出　　3 000

　　管理费用　　1 000

　　贷：待处理财产损溢——乙材料　　4 000

【例 9-5】 某企业在清查盘点现金时，盘亏现金 500 元，系由出纳员过失造成。

(1) 在报经批准前，根据库存现金报告表所确定的现金短缺数编制会计分录如下：

借：待处理财产损溢　　500

　　贷：库存现金　　500

(2) 经批准，现金短缺应由出纳员张华赔偿，则转销现金盘亏的会计分录如下：

借：其他应收款——张华　　500

　　贷：待处理财产损溢　　500

企业如有盘盈固定资产的，应作为前期差错计入“以前年度损益调整”账户。这里不再详述。

练　习　题

一、单项选择题

1. 使账簿上所反映的各项财产的结存数与其实存数额相一致，即做到账实相符，必须运用(　　)这一方法。

A．账表核对　　B．财产清查　　C．账账核对　　D．其他方法

2．采用明细记录逐笔或逐日登记各种材料、产成品、商品等财产物资的收、发数额，以便随时在账面上反映出其结存数，这是（　　）。

A．永续盘存制　　B．实地盘存制　　C．日清月结制　　D．其他制度

3．对所有的财产物资和往来款项进行全面的彻底的盘点和核对，是（　　）。

A．局部清查　　B．全面清查　　C．个别抽查　　D．定期清查

4．按实际需要进行的临时性清查。如更换财产保管人员时，应对所保管的财产物资和现金等进行清查，以便分清经济责任，这叫（　　）。

A．不定期清查　　B．年季月末清查　　C．结账清查　　D．定期清查

5．对各结算单位的往来款项，采用派人或函询方式向对方进行核对，签署对账单或根据对方寄来的单据进行核对，叫（　　）。

A．对账单核对法　　B．实地盘点法　　C．外调核对法　　D．其他

6．技术推算盘点法通常用于（　　）的盘点。

A．固定资产　　B．流动资产　　C．现金　　D．大量成堆，难以逐一清点的材料

7．以下情况中，宜采用局部清查的有（　　）。

A．年终决算前进行的清查　　B．企业清产核资

C．企业更换财产经管人员时　　D．企业改为股份制试点企业进行的清查

8．财产清查结果，经查明是因管理不善造成的盘亏毁损，应在（　　）账户列支。

A．制造费用　　B．管理费用　　C．营业外支出　　D．生产成本

9．某企业在财产清查中，盘盈一批材料，原因待查，此时，应根据（　　）进行会计账务处理。

A．盘存单　　B．实存账存对比表　　C．进货单　　D．发货单

10．企业银行账与其开户银行进行核对时，编制“银行存款余额调节表”，假如在双方记账都不发生错误的前提下，调整后的存款余额（　　）。

A．应该不等　　B．应该相等　　C．应该企业小于银行　　D．应该企业大于银行

二、多项选择题

1．在实际工作中会使账面数额与实际数额发生差异，即通常所说的账实不符。造成账实不符的原因有（　　）。

A．材料物资发生自然变化

B．财产收发时计量、检验不准确

C．财产变动没填凭证入账

D．保管人员失职发生损坏及被贪污盗窃等

2．全面财产清查是对所有财产物资和款项往来进行全面的彻底的盘点和核对。企业全面清查内容主要包括（　　）。

A．固定资产、材料、在产品、产成品等

B．现金、银行存款、其他债权、债务

C．在途材料、商品和物资

D．委托其他单位加工、保管材料物资

3．财产清查的主要内容有（　　）。

A．货币资金的清查　　B．往来款项的清查
C．实物的清查　　D．无形资产清查

4．未达账项，是指企业与银行双方收、付款项的入账时间不同，一方已入账，而另一方尚未入账的账项。未达账项有以下情况（　　）。

A．企业存款，企业已记账，银行未记账
B．企业付款，企业已记账，银行未付款记账
C．银行代企业收款，银行已记账，企业未收凭证未记账
D．银行代企业付款，银行已记账，企业未收凭证未记账

5．财产清查前，要做好思想准备、物资准备和工作准备，主要包括（　　）。

A．会计人员保证账证、账账之间相符
B．实物保管人员对各项实物排列整齐
C．度量衡器保证计量准确
D．准备清理财产登记表册

6．往来款项的清查主要包括（　　）。

A．应收款　　B．暂付款　　C．暂收款　　D．应付款

7．“待处理财产损溢”账户的贷方记录（　　）。

A．发生的财产盘盈数　　B．发生的财产盘亏数
C．批准转出的财产盘盈数　　D．批准转出的财产盘亏数

三、判断题

1．企业与其开户银行对账时所编制的“银行存款余额调节表”是企业发现该存款账实不符时进行会计核算的原始凭证。（　　）

2．对企业存货进行清查后，根据清查结果要编制“账存实存对比表”。（　　）

3．清查出账实不符的财产物资，虽然还未经批准，但通过有关会计账务处理，已能达到账实相符。（　　）

4．“待处理财产损溢”是个过渡性账户，一般情况下，月末无余额。（　　）

5．对盘亏存货的净损失，属于一般经营损失部分经批准应计入管理费用。（　　）

6．为了加强现金管理，要求出纳人员对现金的收、付、结存情况，必须做到月清月结，经常核对，保证账实相符。（　　）

7．现金的清查是通过实地盘点进行的，为明确责任，盘点时，出纳人员可以不在场，由会计代理。（　　）

8．对清查中发现的积压多余的呆滞物资及长期不清或有争执的债权、债务，应查明原因，报请有关领导，及时组织清理。（　　）

四、业务题

习题一

1．目的：练习银行存款余额调节表的编制及错账的更正。

2．资料：东风工厂20××年7月与其开户银行对账，双方7月25日以后的资料如下(假设在25日以前双方记录均相符且正确)。

东风工厂银行存款日记账的记录：

日期	摘要	金额
25 日	开出转账支票#603 支付购货款	8 000
28 日	收到购货方转账支票#2403 存入银行	41 000
29 日	开出转账支票#604 支付前欠购货款	63 000
30 日	开出转账支票#605 支付运费	3 420
30 日	存入购货方转账支票#501	19 400
	银行存款日记账期末余额	27 280

银行对账单的记录：

日期	摘要	金额
29 日	转账支票#603	8 000
30 日	存入购货方转账支票#2403	40 600
30 日	转账支票#604	63 600
31 日	代付水费	800
31 日	存款利息	620
31 日	收回托收货款	24 000
	银行对账单余额	34 120

经逐笔核对，发现有下列问题(银行对账单记录无差错)：

(1)28 日存入购货方转账支票#2403 应为 40 600 元，企业存款日记账误记为 41 000 元；

(2)28 日开出的#604 转账支票金额应为 63 600 元，企业存款日记账误记为 63 000 元。

3．要求：

(1)更正记账错误，编制更正分录，求得银行存款日记账的正确余额。

(2)根据更正后的银行存款日记账的记录和银行对账单，编制银行存款余额调节表。

习题二

1．目的：练习存货盘点盈亏的财务处理。

2．资料：20××年 10 月末某企业存货盘点情况如下：

(1)盘亏甲材料 200 吨，单位成本 50 元；

(2)盘盈 A 库存商品 10 件，同类库存商品单位成本为 30 元；

(3)盘亏 B 库存商品 30 千克，单位成本 15 元；

(4)企业发生水灾造成乙材料毁损 400 吨，单位成本 25 元。

上述盘盈盘亏事项，经查明报经批准做如下处理：

(1)盘亏甲材料 200 吨，其中 50 吨为经管人员责任，由其赔偿，其余为管理不善造成，计入管理费用；

(2)盘盈的产品成本冲减管理费用；

(3)盘亏的 B 库存商品全部由保管员赔偿；

(4)毁损的 400 吨乙材料，其中 50 吨可入库作材料用；应由保险公司赔偿 6 000 元，其余为非常损失。

3．要求：根据上列资料编制会计分录。

习题三

1．目的：练习固定资产盈亏的账务处理。

2．资料：某厂年终进行清查发现下列事项：

(1) 发现账外机器一台，估计重置价 9 000 元，现值 6 000 元；

(2) 盘亏水泵一台，原价 5 000 元，账面已提折旧 3 600 元；

(3) 不用仓库一栋，原价 80 000 元，已提折旧 60 000 元，清查时发现已倒塌。

上述盘盈、盘亏、损失，经查明属实，报请领导批准做以下处理。

(1) 水泵和仓库均系因自然灾害遭致毁损，作非常损失处理，仓库倒塌由保险公司赔偿 5 000 元，存入银行。

(2) 账外机器尚可使用，交车间投入生产，做营业外收入处理。

3．要求：

(1) 针对上述清查结果编制审批前的会计分录。

(2) 根据报请批准后的处理结果编制会计分录。

第十章

财务会计报告

学习目的和要求：

1. 了解财务报告的基本知识；
2. 掌握资产负债表和利润表的结构原理和基本的编制方法；
3. 熟悉会计报表的定义、作用、种类、编制要求。

第一节 概 述

一、财务报告及其意义

企业、事业等单位对经济业务的日常核算，首先是在经济业务发生后，取得或填制原始凭证，编制记账凭证，然后在有关的账户中进行登记。原始凭证提供了单项经济业务发生和完成情况的原始信息。原始凭证错综复杂，形式多样，提供的经济信息也是零散的、杂乱的。记账凭证将这种杂乱的经济业务的原始信息转化为规范化的会计语言，会计账簿进一步将凭证信息系统化，使用不同的账户分别专门反映不同类别经济业务的信息。相比较而言，账簿信息依然是分散的，而且会计账簿也不便于为会计部门之外的其他职能部门使用，更无法为相关的其他单位和部门使用。为了全面、系统、集中、总括地反映整个企业的财务状况和经营成果，就需要按照一定的格式和内容，编制和报送财务报告，以为企业外部利害关系人(投资者、债权人等)、国家宏观管理、企业内部管理提供全面、系统、综合性的会计信息。

财务报告是以日常核算资料为依据，总括地反映会计主体在一定时期内的财务状况、经营成果、现金流量和所有者权益变动的报告性文件。财务报告是会计核算的最终成果，是企业对外提供信息的主要载体。我国企业会计准则规定，企业编制并报送的财务报告至少应该包括资产负债表、利润表、现金流量表、所有者权益(或股东权益)变动表和附注。

应该说，企业的财务报告是由反映企业财务状况和经营成果的若干总结性书面文件组成的一个有机整体，它们之间相互联系，相互制约，共同构成一个完整的财务报告体系。在财务报告体系中资产负债表、利润表、现金流量表和所有者权益变动表居于中心地位，是财务报告体系中最主要的内容。

财务报告为广大的会计信息使用者所关注，其使用者主要包括：(1)投资者；(2)债权人；(3)潜在的投资者和债权人；(4)政府机构；(5)企业经营者等。企业编制会计报表的意义主要表现在以下几个方面。

(1)反映财务情况。财务报告提供的信息很丰富，通过这些信息可全面地反映企业的财务情况。例如，通过资产负债表可以了解某一特定时间企业资产配置、债务结构和权益类别等情况；通过利润表可以了解一定时期企业收入的实现、成本的消耗及利润的形成与分配；通过现金流量表可以了解企业在一定时期现金流入和现金流出的情况。会计报表对企业财务情况的反映，不同于会计凭证和会计账簿，其特点是全面、系统和集中，通过几张会计报表就能全面、系统地反映企业的财务情况。因此，根据会计报表提供的会计信息可以总结过去，找出差距，向先进学习；可以加强会计监督，促进经营管理；可以做出决策，编制未来的财务计划。

(2)加强会计监督。根据企业财务报告提供的信息，对企业经营活动、理财活动、获利能力等多方面进行监督，以求满足各方面会计报表使用者的需要。

企业的管理者可根据会计报表反映的信息，总结经营管理的经验，检查各项经济指标是否完成了计划、达到了预期的目标；找出经营中存在的问题，及时采取相应措施加以解决，以便进一步加强管理。

企业的投资者通过财务报告提供的信息，监督其投资的使用情况，了解企业的经营成果、获利能力，分析企业的财务状况和投资的风险程度；通过监督保护投资者在企业应享有权益的完整性，保证其投资获利。

企业的债权人通过会计报表提供的信息，监督企业的资金周转与营运情况，分析企业的偿债能力和到期支付利息的保证程度，通过监督保护债权人在企业的利益不受侵犯。

财政部门根据企业会计报表提供的信息，加强对企业的财务监督，检查企业是否遵守各项财政、财务制度，有无违纪行为；税务部门根据企业的会计报表提供的信息，监督企业是否按税法规定及时、足额地缴纳税款，有无偷税、漏税现象，有无拖欠税款现象；企业的主管部门通过会计报表提供的信息，监督企业的经营活动是否正常进行，报表中的资料是否与实际情况相符，有无弄虚作假的现象，等等。

(3)便于企业利害相关者进行决策。企业提供的财务报告中含有丰富的信息，如资产、负债、权益、收入、费用、利润等各种会计指标，这些指标对于企业利害关系集团，特别是投资者、债权人从整体上了解企业的财务状况和经营成果发挥着重要作用，他们可依据财务报告所提供的有关信息做出科学合理的决策。具体来说：首先，会计报表为投资者、潜在投资者选择正确的投资方向提供了依据，促进全社会资源的合理配置；其次，会计报表提供的信息，为债权人合理地贷放资金给予正确导向，债权人可根据企业信用条件的优劣，合理调整贷款投向，保证资金回收；第三，政府的财政、税收和综合计划部门，可根据报表信息进行宏观的综合分析和决策，以调整国民经济的正常发展；第四，会计报表提供的信息，还能为与企业有业务往来的单位如供货商、销货客户提供有关商品交易的信息，是这些单位制定未来的经营规划、企业未来的经营方向和制定预算的重要依据；第五，本企业管理人员可以根据会计报表反映的内容，总结以往工作，评价企业的经营政策和财务状况，分析存在的问题，根据已有的经验和未来的客观条件，正确地预计未来期间应达到的经营目标，确定出较为准确的各项指标数字。

二、会计报表的种类

为了全面掌握报表体系的内在规律性，深刻理解会计报表的结构和内容，充分发挥会计报表的作用，有必要对会计报表进行分类研究。

(一) 按会计报表所提供信息的经济内容分类

企业的会计报表按所提供信息的经济内容不同，可分为财务状况报表和经营成果报表。其中财务状况报表是反映会计主体在一定日期或一定时期财务状况的报表，主要包括资产负债表、现金流量表和所有者权益变动表。该类报表通过反映企业资产、负债、所有者权益、现金流量等基本情况，揭示企业资产、负债和所有者权益的规模、结构及比例关系，以及现金流入量、现金流出量等相关信息。经营成果报表是反映会计主体在一定时期内收入、费用和经营成果的报表。如利润表就是揭示企业实现的收入、成本费用的耗费和利润的形成情况的一张经营成果报表。这些报表在内容上相互联系、相互配合，构成完整的报表体系。

(二) 按会计报表所提供信息的时间范围分类

企业的会计报表按提供信息的时间范围不同，可分为月报、季报、半年报和年报，其中月报、季报、半年报统称为中期报告。一般来说，年度报表是对企业全年经营活动和财务收支的总结，应全面、总括地提供某一企业年度内的经营成果和年终的财务状况信息，因而要求的报表种类和揭示的会计信息最为完整齐全。由于通常以一年为一个会计期间，因此年度报表也称为“决算报表”。月份报表通常只反映企业的日常经营活动的主要情况和主要问题，因而在时间上要求及时，在信息量上要求简明扼要，这样，它所包括的报表种类较少，揭示的信息也有限。有时，月份报表可以不拘形式，以简明的形式报告主要财务信息，甚至采用电讯报告。至于半年度和季度报表，是介于年度报表和月份报表之间的一种中期报表，在信息的详简程度上亦介于两者之间。

会计报表通常都是按月、季、半年、年定期编制报送，但也有不定期编制的报表，如解散清算的企业，则在清算前和清算后都应编制会计报表。在我国，哪些报表应按月编报，哪些报表应按季编报，哪些报表应按年编报，国家有关制度均有统一规定，各企业应执行这些规定。

(三) 按会计报表所提供信息的空间范围分类

会计报表提供信息的空间范围，取决于编制报表的单位。根据这一分类标志，会计报表可分为单位报表、汇总报表和合并报表三类。单位报表亦称为基层报表，是指由独立核算的基层单位编制的会计报表。汇总报表是指由上级主管部门汇总所属基层单位及本部门的会计报表而编制的会计报表。编制汇总报表时，一方面汇总相同项目，同时抵消汇总部门的“内部”往来项目，如下上级单位之间的资金、利润等上缴、下拨项目。合并报表，是以母公司和子公司组成的企业集团为一个会计主体，以母子公司的个别会计报表为基础编制的综合反映企业集团经营成果、财务状况及现金流量变动情况的会计报表。

(四) 按会计报表所提供信息的相互关系分类

会计报表提供信息的相互关系，取决于会计报表的相互关系。按照这一分类标志，会计报表可以分为主要报表和附属报表。主要报表称为基本报表，是总括、集中反映企业整体财务状况及其变动、经营成果的基本情况的报表，所提供的信息是最重要和最基本的，如资产负债表、利润表、现金流量表和所有者权益变动表都是主要报表；附属报表又称为补充报表，是补充说明主要报表中某些财务指标详细情况和具体问题的报表，是对主要报表的补充，如利润分配表是利润表的附属报表。主要报表和附属报表之间存在着统制和从属的关系。

(五)按会计报表所体现的会计对象的状态分类

会计对象的一般规定是价值运动。从哲学意义上看，任何运动都具有相对静止和显著变动两种状态，价值运动亦不例外，因而体现价值运动的会计报表可以分为两类，即提供静态信息的静态报表和提供动态信息的动态报表，资金运动处于相对静止状态时，通常表现为相互联系、相互制约的两个对立面：资产与负债和所有者权益。资产是资金具体的存在形态，说明资金的运用情况；负债和所有者权益则是取得资金的渠道，说明资金的来源情况。静态报表提供企业在报告日资产和负债、所有者权益状况的信息。典型的静态报表是资产负债表。资金运动的显著变动状态，包括资金的投入、循环、周转、耗费、收回、退出等。动态报表提供企业在报告期收入、费用、利润及现金运用和来源变化的信息，以反映其在一定期间内的经营业绩和财务状况变动。利润表、现金流量表和所有者权益变动表都是动态报表。从运动过程的两种状态的关系看，静态是起点，也是终点，动态是连接两个静态的过程和纽带。报告期初和报告期末两个时点的静态报表分别反映这两个时点的资产和负债、所有者权益的状况，两点之间(即报告期)的变化情况则恰好由动态报表反映，动态报表即成为连接期初和期末两个静态报表的纽带，期末静态报表则是期初静态报表反映的情况变化后的结果。

(六)按会计报表报送对象分类

企业的会计报表按报送对象不同，可分为外送报表和内部报表。外送报表是会计主体按照有关法规编制的对外公开报送的会计报表，如资产负债表、利润表、现金流量表和所有者权益变动表等。内部报表是会计主体根据单位自己需要编制的会计报表。这些会计报表没有对外公开及报送的必要，往往仅限于会计主体内部使用，如销售分析表、成本分析表、经营费用表等。

在对会计报表的上述分类中，按经济内容进行的分类是基本的分类。

一般来说，企业对外会计报表的分类格式如表 10-1 所示。

表 10-1　会计报表格式

编　号	会计报表名称	编　报　期
会企 01 表	资产负债表	中期报告、年度报告
会企 02 表	利润表	中期报告、年度报告
会企 03 表	现金流量表	中期报告、年度报告
会企 04 表	所有者权益变动表	年度报告
会企 01 表附表 1	资产减值准备明细表	年度报告
会企 01 表附表 3	应交增值税明细表	年度报告
会企 02 表附表 1	利润分配表	年度报告
会企 02 表附表 2	分部报表(业务部分)	年度报告
会企 02 表附表 3	分部报表(地区部分)	

三、会计报表列报的基本要求

编制和报送会计报表的主要目的，是为了向“外部使用者”提供信息，便于他们做出合理的经济决策。然而，由于不同的信息使用者对会计信息的需要既有共同点，又有不同点，还由于会计报表只能提供用货币单位表现的信息，而且这些报表为了体现它的清晰性、条理性，也只能包括通常被缩减了的、经过选择的、一定数量的项目。所以，为了使会计报表有效用、无偏见，并得到普遍地理解和信赖，它必须充分反映出进行合理经济决策所必需的全部重要会计数据。这种全面反映和没有偏见也可称之为“公允”。由此，会计报表应根据登记完整、审核无误的会计账簿和其他有关核算资料进行编制，编制时应遵循以下基本要求。

(1)企业应当以持续经营为基础，根据实际发生的交易和事项，按照《企业会计准则——基本准则》和其他各项会计准则的规定进行确认和计量，在此基础上编制会计报表。企业不应以附注披露代替确认和计量。以持续经营为基础编制会计报表不合理的，企业应当采用其他基础编制会计报表，并在附注中披露这一事实。

(2)会计报表项目的列报应当在各个会计期间保持一致，不得随意变更，但下列情况除外：①会计准则要求改变会计报表项目的列报；②企业经营业务的性质发生重大变化后，变更会计报表项目的列报能够提供更可靠、更相关的会计信息。

(3)性质或功能不同的项目，应当在会计报表中单独列报，但不具有重要性的项目除外。性质或功能类似的项目，其所属类别具有重要性的，应当按其类别在会计报表中单独列报。重要性，是指会计报表某项目的省略或错报会影响使用者据此做出经济决策的，该项目具有重要性。重要性应当根据企业所处环境，从项目的性质和金额大小两方面予以判断。

(4)会计报表中的资产项目和负债项目的金额、收入项目和费用项目的金额不得相互抵消，但其他会计准则另有规定的除外。资产项目按扣除减值准备后的净额列示，不属于抵消。非日常活动产生的损益，以收入扣减费用后的净额列示，不属于抵消。

(5)当期会计报表的列报，至少应当提供所有列报项目上一可比会计期间的比较数据，以及与理解当期会计报表相关的说明，但其他会计准则另有规定的除外。根据《企业会计准则》第五条的规定，会计报表项目的列报发生变更的，应当对上期比较数据按照当期的列报要求进行调整，并在附注中披露调整的原因和性质，以及调整的各项目金额。对上期比较数据进行调整不切实可行的，应当在附注中披露不能调整的原因。不切实可行，是指企业在做出所有合理努力后仍然无法采用某项规定。

(6)企业应当在会计报表的显著位置至少披露下列各项：①编报企业的名称；②资产负债表日或会计报表涵盖的会计期间；③人民币金额单位；④会计报表是合并会计报表的，应当予以标明。

(7)企业至少应当按年编制会计报表。年度会计报表涵盖的期间短于一年的，应当披露年度会计报表的涵盖期间，以及短于一年的原因。对外提供中期财务报告的，还应遵循《企业会计准则第 32 号——中期财务报告》的规定。

四、会计报表列报的程序

为了正确、完整、及时地编制会计报表，应按下列程序进行。

(一)清查财产

在编制会计报表之前，按会计制度的规定，对单位的财产，如现金、材料、在产品、产成品或商品等进行清查盘点，月份做重点抽查盘点，年度做全面盘点。通过财产清查，编制盘存表，与账簿记录核对，做到账实相符，为编制会计报表提供正确资料。

(二)核对账目

核对账目包括外部核对和内部核对。外部核对主要是核对本单位与其他单位的往来账项，如与财政、税务部门和上级主管部门的上缴、下拨款项的核对，银行存款与银行对账单的核对，各种应收款和应付款的核对。内部核对主要是各种账簿的核对，如总分类账的核对，总分类账与日记账和明细分类账的核对。

(三)账项调整

编制会计报表前，应按照权责发生制原则，对有关账项进行调整，以正确地反映当期的财务状况和经营成果。账项调整的内容主要分以下几类。

1. 期末尚未收到款项的本期收入

按照权责发生制原则，凡属于本期的收入，不管款项是否收到，都应作为本期的收入来处理。相应地，在编制会计报表之前，应将未收到款的当期收入调整入账，如应收金融机构的存款利息、应收未收的销货款等。

2. 期末尚未支付的本期费用

按照权责发生制原则，凡属于本期的费用，不管款项是否支付，都应作为本期的费用来处理，如应付金融机构的借款利息、应付债券的利息，固定资产折旧，无形资产、待摊费用摊销，应提取的职工福利费、工会经费、劳动保险费，应计提的坏账准备等。每个会计期末，都要把这些本期已经耗用，但不在本期发生现金支付的项目估计入账。

3. 不属于本期收入的本期收款

按照权责发生制原则，凡不属于本期的收入，尽管款项当期收到款项，也不应当作为本期的收入来处理。如预收销货款，因尚未向付款单位提供商品或劳务，当期属于负债性质，不能计入收入。再如，企业出租固定资产的预收租金，收到租金时不能确认收入，但是随后由于固定资产的使用,租期的每个月月末都应当将已经实现的收入调整计入当期的收入中去。

4. 不属于本期费用的本期付款

按照权责发生制原则，凡不属于本期的费用，尽管款项当期支付，也不应当作为本期的费用来处理。如预付的报纸、杂志订阅费等各项开支，支付时不能直接计入有关费用科目，但随后的受益期间内，每个月月末都应当将应分摊的部分调整入账。

(四)结账

全部会计事项(包括日常会计事项和账项调整)已编制记账凭证并已全部登记入账后，应进行结账，计算各种账户的本期发生额和余额。结账后要再次核对账簿，做到账账相符，不要为赶制报表而提前结账。

(五)编表

根据账簿资料、前期会计报表资料和有关统计资料编制会计报表。要按制度规定的报表种类、格式和内容，严格、认真地填写。报表中的项目，必须按规定填写齐全，不得漏填。不填数字的应填“×”号，没有数字的应填“—”号。会计报表的填报以人民币“元”为金额单位，元以下填至“分”。报表编制完毕，还要检查有关指标与账簿资料、财产实有数额是否一致，指标的计算是否正确，报表之间有关指标是否相符，以保证会计报表的正确。

实行会计电算化的单位，会计报表可由电子计算机自动生成，其报表格式和生成方法可采用会计核算软件提供的式样，也可根据本企业的特点自行定义。定义会计报表时要依次定义会计报表的项目内容、数据生成方式，以便电子计算机据此编制报表。

（六）报送

企业编好会计报表后，必须按要求向相关部门或单位报送。至于应向哪些部门或单位报送会计报表，这与各单位的隶属关系、经济管理和经济监督的需要有关。如国有企业一般要向上级主管部门（公司或管理局）、开户银行、财政和税务机关及审计等单位报送会计报告；同时，还应向投资者、债权人及其他与企业有关的报表使用者提供会计报告。公开发行股票的股份有限公司还应当向证券交易机构和证券监管会等提供年度有关会计报表。国有企业的年度会计报表还应报送同级国有资产管理部门。

在报送之前，企业会计机构的负责人或会计主管人员和单位负责人必须对报送的会计报告进行认真复核并签名或盖章。在设有总会计师的单位，还要由总会计师审核签章。报送的会计报告要依次编定页数，添加（配置）封面，装订成册，加盖公章。封面应注明：单位名称、地址、主管部门、开业年份、报表所属年度和月份、送出日期等。

企业应按规定的报送期限报送会计报表，以保证满足接受单位或个人能及时了解、利用、汇总的需要，发挥会计报告的应有作用，报送的期限一般视需要与可能做明确规定。

五、会计报表的基本要素和格式

（一）基本要素

会计报表的基本要素通常包括如下几个方面：

（1）编报单位，表明编制报表的企业；

（2）报表名称，说明所编报表是何种报表；

（3）编报时间，说明报表所提供的是什么时候的信息；

（4）报告项目，指报表所要反映的具体内容；

（5）金额及单位，指报表所列各项目的金额及其计量单位。

上述要素是所有会计报表共有的，有些报表除具备上述要素外还包括其他要素，如报表编号、附注说明等。

（二）基本格式

不同会计报表的格式各不相同，但其基本格式由以下三部分组成：

（1）表头，包括编报单位、报表名称及时间、编号、金额单位等内容，这些都应置于表的上端；

（2）正表，主要包括报表反映的项目及各项目的金额内容，这是报表的核心，报表的作用主要通过正表得以发挥。

（3）附注，或称补充资料或说明，通常置于报表的下端，是对正表中有关项目的进一步说明和解释。目前，会计报表附注的内容日益膨胀，起着不容忽视的作用。

六、会计报表间的相互关系

不同种类的会计报表反映的是同一会计主体的资金运动情况，只是反映的侧重点不同，这就决定了反映各个方面情况的会计指标之间，以及每种会计报表的指标之间必然存在着内在联系。会计报表之间或会计报表内部存在的这种指标的相互联系，叫做会计报表的相互关系或会计报表的钩稽关系。认识和掌握报表指标间的钩稽关系，对于编制、审核和分析会计报表，提高会计报表的质量都有重要意义。会计报表的相互关系具体表现如下。

(1)不同报表之间的相互关系。它表现为同一指标在不同报表中的运用和计算口径是一致的。例如，利润表上的未分配利润，应该与资产负债表上的未分配利润相吻合，正是由于这一原因，人们认为利润表是联结前后两期资产负债表的纽带。

(2)表内各指标间的相互关系。在一张报表内，会计指标之间存在着相互关系，这种相互关系表现为指标之间的计算关系或对应关系。例如，在资产负债表中，全部资产类指标相加之和应等于全部负债类及所有者权益类指标相加之和，固定资产原价减累计折旧等于固定资产净值；在利润表中一般表现为营业利润加投资收益、营业外收入减营业外支出后应等于利润总额。

第二节　资产负债表及其编制

一、资产负债表的作用

资产负债表是反映企业某一特定时日的资产、负债和所有者权益及其构成情况的会计报表。资产负债表是一种静态报表，是最主要的报表之一。

资产负债表能提供企业在某一特定时日所拥有的经济资源、承担的债务责任及投资者所拥有的权益这三方面的财务信息，这不仅有助于报表使用者评估企业的变现能力和偿债能力，还有助于他们据以评估企业的资本结构和财务实力，进而有助于他们做出正确的抉择。

企业的变现能力是指资产转换为现金的能力，每一个现在的或将来的债权人都需要了解企业的现金及现金等价物与负债之间的对比关系，并据此评估企业偿还债务的能力。同样地，现在的和将来的投资人也需要了解企业的变现能力，以便预测股利分派和经营所需的现金流量。一般来说，变现能力越强，企业的风险就越小，反之亦然。

企业的财务实力是指企业采取有效措施改变现金流量的配置以应对意外和利用机会的能力。财务实力是由企业的资本结构所决定的。如果企业负债过度，则既难以迅速、及时地筹集新资以偿还到期债务，又难以筹措足够的资金来抓住有利可图的投资契机，这便说明企业缺乏实力。反之，企业的财务实力越强，就越能在不景气或激烈竞争的经济环境中生存。因此，强大的财务实力，不仅使企业能迅速抓住各种良好的投资契机，而且也使自身的破产风险降至最小。

二、资产负债表的内容和结构

资产负债表的内容和结构即资产负债表的项目及其相互结合的方式。资产负债表是根据“资产=负债+所有者权益”这一基本等式，按照一定的分类标准和一定的次序，把企业在某一特定时日的资产、负债和所有者权益的项目予以适当排列编制而成的。

（一）资产负债表的内容

资产负债表的内容根据信息使用者的需要，在排列上通常有两种方式：一种是按重要性进行排列；另一种是按流动性排列。我国《企业会计准则第 30 号——会计报表列报》规定，在资产负债表中，资产和负债应当分别按流动资产和非流动资产、流动负债和非流动负债列示。金融企业的各项流动资产和负债，按照流动性列示能够提供可靠且更相关信息的，可以按照其流动性顺序列示。

1. 资产

在资产负债表中，资产部分披露的内容包括流动资产项目和非流动资产项目。资产满足下列条件之一的，应当归类为流动资产：(1)预计在一个正常营业周期中变现、出售或耗用；(2)主要为交易目的而持有；(3)预计在资产负债表日起一年内(含一年)变现；(4)自资产负债表日起一年内(含一年)，交换其他资产或清偿负债的能力不受限制的现金或现金等价物。流动资产以外的资产应当归类为非流动资产，并应按其性质分类列示。资产负债表中的资产类至少应当单独列示反映下列信息的项目：货币资金、应收及预付款项、交易性投资、存货、持有至到期投资、长期股权投资、投资性房地产、固定资产、生物资产、递延所得税资产、无形资产。

2. 负债

在资产负债中，负债按需要偿付时间的急缓程度不同分为流动和长期负债两大类。负债满足下列条件之一的，应当归类为流动负债：(1)预计在一个正常营业周期中清偿；(2)主要为交易目的而持有；(3)自资产负债表日起一年内到期应予以清偿；(4)企业无权自主地将清偿推迟至资产负债表日后一年以上。流动负债以外的负债应当归类为非流动负债，并应按其性质分类列示。资产负债表中的负债类至少应当单独列示反映下列信息的项目：短期借款、应付及预收款项、应交税金、应付职工薪酬、预计负债、长期借款、长期应付款、应付债券、递延所得税负债。

3. 所有者权益

在资产负债表中，所有者权益在数量上等于资产总额减去负债总额，是企业的所有者对企业所有权的数量或价值的表现，所有者权益有时也可简称权益。企业的所有者权益由投资者投入的资金和企业历年累计的保留盈余两部分构成。所有者权益项目一般列示实收资本(股本)、资本公积、库存股、盈余公积、未分配利润等。

为了补充、列示和说明资产负债表中有关重要项目，以及帮助会计报表阅读者更好地使用和理解资产负债表的有关项目，资产负债表一般还具有表外项目，即附注。资产负债表附注的主要内容有：企业已贴现的商业承兑汇票、已包括在固定资产原价内的融资租入固定资产原价、国家资本、法人资本、个人资本、外商资本等内容。

（二）资产负债表的结构

资产负债表的结构有账户式和报告式两种。账户式资产负债表将报表分为左右两方，左方按照流动性或变现能力依次列示企业的各种资产，右方按流动性依次列示企业的各种负债，按重要性列示所有者权益，左右两方分别相加，合计额相等。账户式资产负债表便于左右两方的资产和负债、所有者权益相互比较，有利于对企业偿债能力的分析。目前我国会计制度规定资产负债表采用账户式，如表 10-2 所示。

报告式资产负债表是依据会计等式“资产－负债＝所有者权益”建立的报表。其经济指标排列一般采用垂直方式，依次列示资产、负债和所有者权益项目。三类指标分别计算其合计数，并且全部资产项目的合计数减去全部负债项目的合计数与所有者权益的合计数相等。其简易格式如表 10-3 所示。

表 10-2　资产负债表（账户式）

会企 01 表　　编制单位:　　____年____月____日　　单位: 元

资　　产	期末余额	年初余额	负债和所有者权益（或股东权益）	期末余额	年初余额
流动资产：			流动负债：		
货币资金			短期借款		
交易性金融资产			交易性金融负债		
衍生金融资产			衍生金融负债		
应收票据			应付票据		
应收账款			应付账款		
应收款项融资			预收款项		
预付款项			合同负债		
其他应收款			应付职工薪酬		
存货			应交税费		
合同资产			其他应付款		
持有待售资产			持有待售负债		
一年内到期的非流动资产			一年内到期的非流动负债		
其他流动资产			其他流动负债		
流动资产合计			流动负债合计		
非流动资产：			非流动负债：		
债权投资			长期借款		
其他债权投资			应付债券		
长期应收款			其中：优先股		
长期股权投资			永续债		
其他权益工具投资			租赁负债		
其他非流动金融资产			长期应付款		
投资性房地产			预计负债		
固定资产			递延收益		
在建工程			递延所得税负债		
生产性生物资产			其他非流动负债		
油气资产			非流动负债合计		
使用权资产			负债合计		
无形资产			所有者权益（或股东权益）：		
开发支出			实收资本（或股本）		
商誉			其他权益工具		
长期待摊费用			其中：优先股		
递延所得税资产			永续债		
其他非流动资产			资本公积		
非流动资产合计			减：库存股		
			其他综合收益		
			专项储备		
			盈余公积		
			未分配利润		
			所有者权益（或股东权益）合计		
资产总计			负债和所有者权益（或股东权益）总计		

表 10-3　资产负债表

编制单位：　　　　　　　　　　　　　　　　　　　　　____年___月____日　　　　　　　　　　　　　　　　　　　　　　单位：元

项目	行次	年初余额	期末余额
流动资产：			
货币资金	1		
交易性金融资产	2		
衍生金融资产	3		
应收票据	4		
应收账款	5		
应收款项融资	6		
预付款项	7		
其他应收款	8		
存货	9		
合同资产	10		
持有待售资产	11		
一年内到期的非流动资产	21		
其他流动资产	24		
流动资产合计	31		
非流动资产：	32		
债权投资	34		
其他债权投资	38		
长期应收款	39		
长期股权投资	40		
其他权益工具投资	41		
其他非流动金融资产	42		
投资性房地产	43		
固定资产	44		
在建工程	45		
生产性生物资产	46		
油气资产	50		
使用权资产	51		
无形资产	52		
开发支出	53		
商誉	54		
长期待摊费用	55		
递延所得税资产	56		
其他非流动资产	57		
非流动资产合计	58		
资产合计	58		
流动负债：	60		
短期借款	61		
以公允价值计量且其变动计入	65		
当期损益的金融负债	68		
衍生金融负债	69		
应付票据	70		
应付账款	71		
预收款项	72		
合同负债	73		
应付职工薪酬	74		
应交税费	75		
其他应付款	80		
持有待售负债	81		
一年内到期的非流动负债	82		
其他流动负债	83		

续表

项目	行次	年初余额	期末余额
流动负债合计	86		
非流动负债：	90		
长期借款	100		
应付债券	101		
其中：优先股	102		
永续债	103		
租赁负债	106		
长期应付款	108		
预计负债	109		
递延收益	110		
递延所得税负债	111		
其他非流动负债	112		
非流动负债合计	113		
负债合计	114		
所有者权益（或股东权益）：	115		
实收资本（或股本）	116		
其他权益工具	117		
其中：优先股	118		
永续债	119		
资本公积	120		
减：库存股	121		
其他综合收益	122		
专项储备	123		
盈余公积	124		
未分配利润	125		
所有者权益（或股东权益）合计	128		
负债和所有者权益（或股东权益）总计	130		

为方便比较，资产负债表往往采用前后期间对比的方式编制，即比较资产负债表。表中各项目分别给出年初数和年末数，实际上是两张资产负债表。通过比较资产负债表，可以了解企业财务状况的变动情况和企业的发展趋势。

三、资产负债表的编制方法

如前所述，资产负债表是静态报表，它反映的是企业报告期末资产、负债和所有者权益的情况，这些信息在账簿系统中是通过这一时日各科目的余额体现的。因此，它必须主要根据有关总分类科目或明细分类科目的期末余额编制。

由于报表是集中、概括地传输信息的一种方式，报表信息是对账簿信息的再加工，因此资产负债表的项目与科目名称并不一定相同。这样，账簿信息在进入资产负债表时，必须将“科目”转化为“项目”。如果科目与项目的含义完全一致，则不需重新加工计算，直接将科目余额“转录”入资产负债表；如果科目与项目的含义不同，则必须对科目的有关余额重新进行加工计算，才能列为资产负债表项目。

“年初余额”栏内各项数据，应根据上年末资产负债表的“期末余额”栏内所列数字填列。

“期末余额”的填列，一般有如下几种方法：

（1）根据总账科目余额直接填列。

“开发支出”“其他权益工具投资”“长期待摊费用”“长期应收款”“递延所得税资产”“短

期借款”“交易性金融负债”“应付票据”“应付职工薪酬”“应交税费”“持有待售负债”“长期借款”“应付债券”“租赁负债”“递延收益”“递延所得税负债”“实收资本”“其他权益工具”“资本公积”“其他综合收益”“专项储备”“盈余公积”等项目，可采用此法填列。

（2）根据多个总账余额计算填列。

“货币资金”“衍生金融资产”“衍生金融负债”“其他应付款”“长期应付款”“未分配利润”等项目，可采用此法填列。

（3）根据明细科目余额分析计算填列。

这种情况一般是科目与项目的含义不同，或者是一个项目包含了几个科目的内容，或者是一个科目分解成几个项目填列，或者是几个科目经分解计算后分成几个项目填列。“交易性金融资产”“应收款项融资”“预付款项”“合同资产”“预收账款”“一年内到期的非流动资产”“其他流动资产”“其他债权投资”“其他非流动金融资产”“交易性金融负债”“应付账款”“合同负债”“预计负债”“一年内到期的非流动负债”等项目，可采用此法填列。

（4）根据总账科目余额减去其备抵项目后的净额填列。

“应收票据”“应收账款”“持有待售资产”“长期股权投资”“投资性房地产”“生产性生物资产”“油气资产”“使用权资产”“无形资产”“商誉”等项目，可采用此法填列。

（5）综合多种方法填列。

“其他应收款”“存货”“固定资产”“在建工程”“债权投资”等项目，可采用此法填列。

具体项目的填制方法如下：

（1）“货币资金”行项目。该项目反映资产负债表日企业拥有的各种货币资金，应根据“库存现金”“银行存款”“其他货币资金”科目的期末余额合计填列。

（2）“交易性金融资产”行项目。该项目反映资产负债表日企业分类为以公允价值计量且其变动计入当期损益的金融资产，以及企业持有的直接指定为以公允价值计量且其变动计入当期损益的金融资产的期末账面价值，应根据“交易性金融资产”科目的相关明细科目期末余额分析填列。自资产负债表日起超过一年到期且预期持有超过一年的以公允价值计量且其变动计入当期损益的非流动金融资产的期末账面价值，在“其他非流动金融资产”行项目反映。

（3）“衍生金融资产”行项目。该项目应根据“衍生工具”“套期工具”和“被套期项目”科目的期末借方余额合计数直接填列。

（4）“应收票据”行项目。该项目反映资产负债表日以摊余成本计量的，企业因销售商品、提供服务等收到的商业汇票，包括银行承兑汇票和商业承兑汇票。该项目应根据“应收票据”科目的期末余额，减去“坏账准备”科目中相关坏账准备期末余额后的金额分析填列。

（5）“应收账款”行项目。该项目反映资产负债表日以摊余成本计量的，企业因销售商品、提供服务等经营活动应收取的款项。该项目应根据“应收账款”科目的期末余额，减去“坏账准备”科目中相关坏账准备期末余额后的金额分析填列。

（6）“应收款项融资”项目。该项目反映资产负债表日以公允价值计量且其变动计入其他综合收益的应收票据和应收账款等“预付款项”行项目。该项目应根据“预付账款”科目和“应付账款”科目所属各明细账的期末借方余额分析计算填列。

（7）“其他应收款”行项目。该项目应根据“应收利息”“应收股利”和“其他应收款”科目的期末余额合计数，减去“坏账准备”科目中相关坏账准备期末余额后的金额填列。其中的“应收利息”仅反映相关金融工具已到期可收取但于资产负债表日尚未收到的利息。基于实际利率法计提的金融工具的利息应包含在相应金融工具的账面余额中。

（8）“预付款项”行项目。该项目反映企业预付给供货单位的款项，应根据“预付账款”所属明细账借方余额合计填列。如所属明细账有贷方余额的，应在“应付账款”项目内填列；如果“应付账款”所属明细账有借方余额的，应在本项目内反映。

（9）“存货”项目。该项目应根据“材料采购”“原材料”“周转材料”“材料成本差异”“委托加工物资”“库存商品”“发出商品”“生产成本”等科目的期末余额合计，减去“受托代销商品”“存货跌价准备”科目期末余额后的金额填列。

（10）“合同资产”行项目。该项目应根据“合同资产”和“合同负债”科目的所属各明细账的期末借方余额合计，扣除自资产负债表日起超过一年到期的部分填列；已计提减值准备的，还应减去“合同资产减值准备”科目中相关的期末余额后的金额填列。

（11）“持有待售资产”项目。该项目反映资产负债表日划分为持有待售类别的非流动资产及划分为持有待售类别的处置组中的流动资产和非流动资产的期末账面价值，应根据“持有待售资产”科目的期末余额，减去“持有待售资产减值准备”科目的期末余额后的金额填列。

（12）“一年内到期的非流动资产”行项目。该项目反映将于1年内（含1年）到期的非流动资产，根据“债权投资”“其他债权投资”“长期应收款”科目余额分析计算填列。

（13）“其他流动资产”行项目。该项目应根据有关科目期末余额分析计算填列，如其他流动资产价值较大，应在会计报表附注中披露其内容和金额。

（14）“债权投资”行项目。该项目反映资产负债表日企业以摊余成本计量的长期债权投资的期末账面价值，应根据“债权投资”科目的相关明细科目期末余额，减去“债权投资减值准备”科目中相关减值准备的期末余额后的金额分析填列。自资产负债表日起一年内到期的长期债权投资的期末账面价值，在“一年内到期的非流动资产”行项目反映。

（15）“其他债权投资”行项目。该项目反映资产负债表日企业分类为以公允价值计量且其变动计入其他综合收益的长期债权投资的期末账面价值。该项目应根据“其他债权投资”科目的相关明细科目期末余额分析填列，自资产负债表日起一年内到期的长期债权投资的期末账面价值，在“一年内到期的非流动资产”行项目反映。

（16）“长期应收款”行项目。该项目应根据“长期应收款”科目的期末余额，减去预计一年内到期的长期应收款填列。

（17）“长期股权投资”行项目。该项目应根据“长期股权投资”科目的期末余额，减去“长期股权投资减值准备”科目期末余额后的金额填列。

（18）“其他权益工具投资”行项目。该项目反映资产负债表日企业指定为以公允价值计量且其变动计入其他综合收益的非交易性权益工具投资的期末账面价值。该项目应根据“其他权益工具投资”科目的期末余额填列。

（19）“其他非流动金融资产”。该项目反映自资产负债表日起，超过一年到期且预期持有超过一年的以公允价值计量且其变动计入当期损益的非流动金融资产的期末账面价值，应根据“交易性金融资产”等科目的相关明细科目期末余额分析计算填列。

（20）“投资性房地产”行项目。该项目应根据“投资性房地产”科目的期末余额，减去“投资性房地产累计折旧（摊销）”科目和“投资性房地产减值准备”科目的期末余额后的金额填列。

（21）“固定资产”行项目。该项目反映资产负债表日企业固定资产的期末账面价值和企业尚未清理完毕的固定资产清理净损益。该项目应根据“固定资产”科目的期末余额，减去“累计折旧”和“固定资产减值准备”科目的期末余额后的金额，以及“固定资产清理”科目的期末余额填列。

（22）“在建工程”行项目。该项目反映资产负债表日企业尚未达到预定可使用状态的在建工程的期末账面价值和企业为在建工程准备的各种物资的期末账面价值。该项目应根据“在建工程”科目的期末余额，减去“在建工程减值准备”科目的期末余额后的金额，以及“工程物资”科目的期末余额，减去“工程物资减值准备”科目的期末余额后的金额填列。

（23）“生产性生物资产”行项目。该项目应根据“生产性生物资产”科目的期末余额，减去“生产性生物资产累计折旧”科目和“生产性生物资产减值准备”科目期末余额后的金额填列。

（24）“油气资产”行项目。该项目应根据“油气资产”科目的期末余额，减去“累计折耗”科目的期末余额后的金额填列。

（25）“使用权资产” 行项目。该项目反映资产负债表日承租企业持有的使用权资产的期末账面价值，应根据“使用权资产”科目的期末余额，减去“使用权资产累计折旧”和“使用权资产减值准备”科目的期末余额后的金额填列。

（26）“无形资产”行项目。该项目应根据“无形资产”科目的期末余额，减去“累计摊销”和“无形资产减值准备”科目期末余额后的金额填列。

（27）“开发支出”行项目。该项目应根据“研发支出”科目的期末余额填列。

（28）“商誉”行项目。该项目应根据“商誉”科目的期末余额，减去“商誉减值准备”科目的期末余额后的金额填列。

（29）“长期待摊费用”行项目。该项目应根据“长期待摊费用”科目的期末余额填列。

（30）“递延所得税资产”行项目。该项目应根据“递延所得税资产”科目的期末余额填列。如“递延所得税资产”科目期末为贷方余额，本项目以“—”号表示。

（31）“其他非流动资产”行项目。该项目应根据有关科目期末余额分析计算填列。

（32）“短期借款”行项目。该项目应根据“短期借款” 科目的期末余额填列。

（33）“交易性金融负债”行项目。该项目反映资产负债表日企业承担的交易性金融负债，以及企业持有的直接指定为以公允价值计量且其变动计入当期损益的金融负债的期末账面价值，应根据“交易性金融负债”科目的相关明细科目期末余额填列。

（34）“衍生金融负债”项目。“衍生金融负债”行项目应根据“衍生工具”“套期工具”和“被套期项目”科目的期末贷方余额合计数直接填列。

（35）“应付票据”行项目。该项目反映资产负债表日以摊余成本计量的，企业因购买材料、商品和接受服务等开出、承兑的商业汇票，包括银行承兑汇票和商业承兑汇票。该项目应根据“应付票据”科目的期末余额填列。。

（36）“应付账款” 行项目。该项目反映资产负债表日以摊余成本计量的，企业因购买材料、商品和接受服务等经营活动应支付的款项。该项目应根据“应付账款”和“预付账款”科目所属的相关明细科目的期末贷方余额合计数填列。

（37）“预收账款”行项目。该项目应根据“预收账款”科目和“应收账款”科目所属各有关明细账的期末余额分析计算填列。

（38）“合同负债”行项目。该项目应根据“合同资产”和“合同负债”科目的所属各明细账的期末贷方余额合计，扣除自资产负债表日起超过一年到期的部分填列。

（39）“应付职工薪酬”行项目。该项目应根据“应付职工薪酬”科目的期末余额填列。如“应付职工薪酬”科目期末为借方余额，本项目以“—”号表示。

（40）“应交税费”行项目。该项目应根据“应交税费” 科目的期末余额填列。如“应交税费”科目期末为借方余额，本项目以“—”号表示。

（41）“其他应付款”行项目。该项目应根据“应付利息”“应付股利”和“其他应付款”科目的期末余额合计数填列。其中的“应付利息”仅反映相关金融工具已到期应支付但于资产负债表日尚未支付的利息。

（42）“持有待售负债”行项目。该项目应根据“持有待售负债”科目的期末余额填列。

（43）“一年内到期的非流动负债”行项目。该项目反映将于1年内（含1年）到期的非流动负债，根据“长期借款”“应付债券”“递延收益”科目期末余额分析计算填列。

（44）“其他流动负债”行项目。该项目应根据有关科目的期末余额分析计算填列。

（45）“长期借款”行项目。该项目应根据“长期借款”科目的期末余额填列。

（46）“应付债券”行项目。该项目应根据“应付债券”科目的期末余额填列。

（47）“租赁负债”行项目。该项目反映资产负债表日承租企业尚未支付的租赁付款额的期末账面价值。该项目应根据“租赁负债”科目的期末余额填列。自资产负债表日起一年内到期应予以清偿的租赁负债的期末账面价值，在“一年内到期的非流动负债”项目反映。

（48）“长期应付款”行项目。该项目反映资产负债表日企业除长期借款和应付债券以外的其他各种长期应付款项的期末账面价值，应根据“长期应付款”科目的期末余额，减去相关的“未确认融资费用”科目的期末余额后的金额，以及“专项应付款”科目的期末余额填列。

（49）“预计负债”行项目。该项目应根据“预计负债”所属明细科目分析计算填列。

（50）“递延收益”行项目。该项目应根据“递延收益”科目的期末余额填列。

（51）“递延所得税负债”行项目。该项目应根据“递延所得税负债”科目的期末余额填列。

（52）“其他非流动负债”行项目。该项目应根据“合同负债”等科目的期末余额分析计算填列。

（53）“实收资本（或股本）”行项目。该项目应根据“实收资本”（或“股本”）科目期末余额填列。

（54）“其他权益工具”行项目。该项目应根据“其他权益工具”科目期末余额填列。

（55）“资本公积”行项目。该项目应根据“资本公积”科目期末余额填列。

（56）“其他综合收益”行项目。该项目应根据“其他综合收益”科目期末余额填列。

（57）“专项储备”行项目。该项目反映高危行业企业按国家规定提取的安全生产费的期末账面价值，应根据“专项储备”科目的期末余额填列。

（58）“盈余公积”行项目。该项目应根据“盈余公积”科目的期末余额填列。

（59）“未分配利润”行项目。该项目应根据“未分配利润”科目的期末余额填列。该项目应根据“本年利润”科目和“利润分配”科目的余额计算填列。未弥补的亏损在未分配利润项目以“—”号反映。

四、资产负债表的编制举例

这里以本书第四章、第五章的业务为例，按照上述编制方法，编制光华公司年度资产负债表，如表10-4所示。

表 10-4　资产负债表

编制单位：　　　　　　　　　　　　　20××年 12 月 31 日　　　　　　　　　　　　单位：元

资产	期末余额	年初余额	负债和所有者权益（或股东权益）	期末余额	年初余额
流动资产：			流动负债：		
货币资金	555 620	392 200	短期借款		
交易性金融资产			交易性金融负债		
衍生金融资产			衍生金融负债		
应收票据			应付票据		
应收账款	13 000	13 000	应付账款	170 000	16 000
应收账款融资			预收款项		
预付款项	21 000	6 000	合同负债		
其他应收款			应付职工薪酬		
存货	876 620	161 000	应交税费	64 300	3 900
合同资产			其他应付款	3 700	10 000
持有待售资产			持有待售负债	32 800	800
一年内到期的非流动资产			一年内到期的非流动负债		
其他流动资产			其他流动负债		
流动资产合计	1 466 240	572 200	流动负债合计		
非流动资产：			非流动负债：	270 800	30 700
债权投资			长期借款		
其他债权投资			应付债券		
长期应收款			其中：优先股		
长期股权投资			永续债		
其他权益工具投资			租赁负债		
其他非流动金融资产			长期应付款		
投资性房地产			预计负债		
固定资产	919 200	178 000	递延收益		
在建工程			递延所得税负债		
生产性生物资产			其他非流动负债		
油气资产			非流动负债合计		
使用权资产			负债合计	270 800	30 700
无形资产	170 000		所有者权益（或股东权益）：		
开发支出			实收资本（或股本）	1 770 000	530 000
商誉			其他权益工具		
长期待摊费用			其中：优先股		
递延所得税资产			资本公积	389 500	189 500
其他非流动资产			永续债		
非流动资产合计	1 089 200	178 000	减：库存股		
			其他综合收益		
			专项储备		
			盈余公积	15 714	
			未分配利润	109 426	
			所有者权益（或股东权益）合计	2 284 640	719 500
资产总计	2 555 440	750 200	负债和所有者权益（或股东权益）总计	2 555 440	750 200

第三节　利润表及其编制

一、利润表的作用

利润表是反映企业在一定期间经营成果情况的报表，是一张动态报表，也是企业对外报送的主要会计报表之一。会计报表利用者依据利润表所提供的会计信息，可以评价一个企业在某一特定会计期间的经营成果和企业的获利能力，判断对企业进行投资的价值，预测企业未来的盈利变动趋势，考核企业利润计划的完成情况。利润表的作用用主要表现在以下几个方面。

(1)确认某一特定时期的经营成果。利润表中的利润指标是对企业一定时期所实现利润(或亏损)的确认，可向报表的使用者直接反映企业的经营成果。

(2)反映企业的利润实现过程。通过列示企业的各项收入和支出，综合反映企业的利润实现过程，正确评价企业的经营业绩，为企业的经营决策提供依据。将利润表与资产负债表结合起来，可对企业的盈利能力进行综合分析，了解企业的获利水平。

(3)为正确认识企业的未来发展提供依据。通过对企业不同时期利润表数据的比较，可以分析企业未来利润的发展趋势，了解企业的发展潜力，便于投资者和债权人做出正确的投资决策。

二、利润表的内容和结构

从理论上讲，利润表是以“收入-费用=利润”的会计公式为基础而设计的一张会计报表。企业在一定会计期间的营业收入与营业费用，按权责发生制的原则进行相互配比，就计算出了当期利润。“利润”是企业在一定期间生产经营成果的集中体现，同时也是企业计算交纳所得税和进行利润分配的依据。根据计算利润的方式不同，利润表的编制有两种形式，即多步式利润表和单步式利润表。

(一)多步式利润表

多步式利润表的利润计算是通过多个步骤来完成的，在这种利润表中不同层次的收入与费用相互配比，计算出不同层次意义上的“利润”指标，它的理论基础是，企业在一定会计期间所实现的利润是由不同性质的收入和费用（或成本）带来的，利润的计算应当反映这种不同性质的收入与费用配比结果，所以利润要经过多次计算来完成。多步式利润表的结构通常采用上下加减的报告式，它将利润的计算划分为多个步骤。

根据我国企业会计准则的规定，利润表中的净利润计算要经过四个步骤：

（1）营业利润的计算。营业利润等于收入减去费用、加上直接计入当期利润的利得和损失等后的余额。其中收入包括主营业务收入和其他业务收入；费用应当按照功能分类，分为从事经营业务发生的成本、销售费用、管理费用和财务费用等；直接计入当期利润的利得和损失是指应当计入当期损益、会导致所有者权益发生增减变动的、与所有者投入资本或者向所有者分配利润无关的利得或者损失，包括资产减值损失、信用减值损失、净敞口套期净收益、投资净收益、公允价值变动净收益、资产处置净收益、其他收益等。营业利润的计算公式为：

营业利润 = 营业收入—(营业成本+税金及附加+销售费用+管理费用+研发费用+财务费用)+(其他收益+投资收益+净敞口套期收益+公允价值变动收益+信用减值损失+资产减值损失+ 资产处置收益)

上述公式中的：

“研发费用”是指企业进行研究与开发过程中发生的费用化支出；

“其他收益”是指计入其他收益的政府补助，以及其他与日常活动相关且计入其他收益的项目；

“投资收益”是指投资收益扣除投资损失和计提的投资减值准备后的数额；

“净敞口套期收益”是指企业净敞口套期下被套期项目累计公允价值变动转入当期损益的

金额或现金流量套期储备转入当期损益的金额；

“公允价值变动损益”是指企业交易性金融资产、交易性金融负债，以及采用公允价值模式计量的投资性房地产、衍生工具、套期保值业务等公允价值变动形成的应计入当期损益的利得或损失；

“信用减值损失”是指企业按照要求计提的各项金融工具减值准备所形成的预期信用损失；

“资产减值损失”是指企业计提各项资产减值准备所形成的损失；

“资产处置收益”是指企业出售划分为持有待售的非流动资产（金融工具、长期股权投资和投资性房地产除外）或处置组（子公司和业务除外）时确认的处置利得或损失，以及处置未划分为持有待售的固定资产、在建工程、生产性生物资产及无形资产而产生的处置利得或损失，以及债务重组中因处置非流动资产产生的利得或损失和非货币性资产交换中换出非流动资产产生的利得或损失。

（2）利润总额的计算。利润是企业经营成果的综合表现，是企业会计核算的重要组成部分。利润总额计算公式为：

利润总额＝营业利润+营业外收入－营业外支出

上述公式中的“营业外收入”是指企业发生的除营业利润以外的收益，主要包括债务重组利得、与企业日常活动无关的政府补助、盘盈利得、捐赠利得（企业接受股东或股东的子公司直接或间接的捐赠，经济实质属于股东对企业的资本性投入的除外）等；“营业外支出”是指企业发生的除营业利润以外的支出，主要包括债务重组损失、公益性捐赠支出、盘亏损失、非流动资产毁损报废损失等。

（3）净利润的计算。净利润又称税后利润，是指企业在会计期间内实现的利润总额减去应列入本期损益的所得税费用后的余额。净利润是可供企业分配的当期利润，其计算公式为：

净利润（税后利润）＝利润总额－所得税费用

（4）综合收益计算。综合收益，是指企业在某一期间与所有者之外的其他方面进行交易或发生其他事项所引起的权益（净资产）变动。其计算公式为：

综合收益总额＝净利润+其他综合收益的税后净额

（5）计算每股收益。“每股收益”项目，是针对发行普通股或潜在普通股已公开交易的企业以及正处于公开发行普通股或潜在普通股过程中的企业，其他企业不需计算。

多步式利润表项目设置和列示方法，是按照重要性和明晰性等会计原则设计的，反映企业经营成果的资料既概括，又突出重点，层次清楚，便于报表使用者的理解和应用。利润表要求同时列出当月数和当年累计数，使用者从中可以了解到利润计划的完成进度和利润构成的变动情况。我国现行会计准则规定采用多步式编制利润表。多步式利润表的格式见图表 10-5 。

表 10-5　多步式利润表

会企 02 表

编制单位：　　　　年　月　　　　单位：元

项目	本期金额	上期金额
一、营业收入		
减：营业成本		
税金及附加		

续表

项目	本期金额	上期金额
销售费用		
管理费用		
研发费用		
财务费用		
其中：利息费用		
利息收入		
加：其他收益		
投资收益（损失以“–”号填列）		
其中：对联营企业和合营企业的投资收益		
以摊余成本计量的金融资产终止确认收益（损失以“–”号填列）		
净敞口套期收益（损失以“–”号填列）		
公允价值变动收益（损失以“–”号填列）		
信用减值损失（损失以“–”号填列）		
资产减值损失（损失以“–”号填列）		
资产处置收益（损失以“–”号填列）		
二、营业利润（亏损以“–”号填列）		
加：营业外收入		
减：营业外支出		
其中：非流动资产处置损失		
三、利润总额（亏损总额以“–”号填列）		
减：所得税费用		
四、净利润（净亏损以“–”号填列）		
（一）持续经营净利润（净亏损以“–”号填列）		
（二）终止经营净利润（净亏损以“–”号填列）		
五、其他综合收益的税后净额		
（一）不能重分类进损益的其他综合收益		
（二）将重分类进损益的其他综合收益		
六、综合收益总额		
七、每股收益：		
（一）基本每股收益		
（二）稀释每股收益		

（二）单步式利润表

单步式利润表是只通过一个步骤就能计算出利润的利润表。该种利润表列示方法通常采用报告式，将企业的全部收入列在报表上半部，将本期的全部费用列在报表下半部，收入总额减去费用总额即为本期的利润。单步式利润表的优点在于简单明了，比较直观，编制方便。但由于这种利润表的营业收入和营业费用的配比是一次性完成的，利润计算过程就缺少层次性，不能全面而科学地揭示收入与费用之间的联系，不利于报表的使用者进行经营分析和获利能力的评价，同时也不利于企业会计报表之间的比较。单步式利润表主要用于经济业务比较简单的企业，其一般格式如图表 10-6 所示。

表 10-6 单步式利润表

编制单位：　　　　　　　　　　　年　　月　　　　　　　　　　　单位：元

项目	报告期金额	本年累计金额
1.营业收入和收益 其中：营业收入 　　　其他收益 　　　投资收益 　　　净敞口套期收益 　　　公允价值变动损益 　　　资产处置收益 　　　营业外收入		
营业收入和收益合计		
2.营业费用和损失 其中：营业成本 　　　税金及附加 　　　销售费用 　　　管理费用 　　　研发费用 　　　财务费用 　　　资产减值损失 　　　信用减值损失 　　　营业外支出		
营业费用和损失合计		
3.利润总额 减：所得税费用		
4.净利润		
5.综合收益		

无论是采用单步式结构，还是采用多步式结构，利润表至少应当单独列示反映下列信息的项目：营业收入、营业成本、税金及附加、管理费用、销售费用、研发费用、财务费用、投资收益、公允价值变动损益、资产减值损失、信用减值损失、营业外损益、所得税费用、净利润、综合收益等。

三、利润表的编制方法

（一）利润表编制的一般方法

前已述及，利润表是一张动态报表，它是按照权责发生制原则和配比原则的要求反映企业财务成果的形成情况。利润表的数据来源于利润赖以形成的损益类账户所提供的发生额信息。

由于利润表各项目与损益类各账户的含义不完全一致，在编制过程中应注意在账簿系统中寻找相应的信息进行加工处理。利润表各项目的填列一般有以下几种方法：

（1）根据某一损益类账户的发生额分析填列。“税金及附加”“管理费用”“销售费用”“研发费用”“财务费用”“资产减值损失”“信用减值损失”“其他收益”“投资收益”“净敞口套期收益”“公允价值变动损益”“资产处置收益”“营业外收入”“营业外支出”“所得税费用”“其他综合收益的税后净额”等项目按照该方法填列。

（2）根据几个损益类账户的发生额加减计算分析填列。在这种情况下，利润表项目通常是几个损益类账户浓缩加工后的结果，如“营业收入”“营业成本”项目。

（3）根据利润表项目直接计算得出，如“营业利润”“ 利润总额”“净利润”“综合收益”

等项目。

各项目具体编制方法如下：

（1）“营业收入”项目。该项目应根据“主营业务收入”账户和“其他业务收入”账户的发生分析填列。

（2）“营业成本”项目。该项目应根据“主营业务成本”账户和“其他业务成本”账户的发生额分析填列。

（3）“税金及附加”项目。该项目应根据“税金及附加”账户的发生额分析填列。

（4）“管理费用”项目。该项目应根据“管理费用”账户的发生额分析填列。

（5）“销售费用”项目。该项目应根据“销售费用”账户的发生额分析填列。

（6）“研发费用”项目。该项目反映企业进行研究与开发过程中发生的费用化支出，以及计入管理费用的自行开发无形资产的摊销。该项目应根据“管理费用”科目下的“研究费用”明细科目的发生额，以及“管理费用”科目下的“无形资产摊销”明细科目的发生额分析填列。

（7）“财务费用”项目。该项目应根据“财务费用”账户的发生额分析填列。“其中：利息费用”项目，反映企业为筹集生产经营所需资金等而发生的应予费用化的利息支出，应根据“财务费用”科目的相关明细科目的发生额分析填列；“利息收入”项目，反映企业确认的利息收入，应根据“财务费用”科目的相关明细科目的发生额分析填列。

（8）“其他收益”项目。该项目反映计入其他收益的政府补助，以及其他与日常活动相关且计入其他收益的项目；应根据“其他收益”科目的发生额分析填列。企业作为个人所得税的扣缴义务人，根据《中华人民共和国个人所得税法》收到的扣缴税款手续费，应作为其他与日常活动相关的收益在该项目中填列。

（9）“投资收益”项目。该项目应根据“投资收益” 账户的发生额分析填列；如为投资损失，投资收益项目以“—”号填列。

（10）“净敞口套期收益”项目，反映净敞口套期下被套期项目累计公允价值变动转入当期损益的金额或现金流量套期储备转入当期损益的金额。该项目应根据“净敞口套期损益”科目的发生额分析填列；如为套期损失，以“–”号填列。

（11）“公允价值变动收益”项目。该项目应根据“公允价值变动损益”账户的发生额分析填列。

（12）“信用减值损失”项目。该项目反映按要求计提的各项金融工具信用减值准备所确认的信用损失，应根据“信用减值损失”科目的发生额分析填列。

（13）“资产减值损失”项目。该项目应根据“资产减值损失”账户的发生额分析填列。

（14）“资产处置收益”项目。该项目应根据“资产处置损益”科目的发生额分析填列；如为处置损失，以“–”号填列。

（15）“营业外收入”项目。该项目反映企业发生的除营业利润以外的收益，主要包括与企业日常活动无关的政府补助、盘盈利得、捐赠利得（企业接受股东或股东的子公司直接或间接的捐赠，经济实质属于股东对企业的资本性投入的除外）等，应根据“营业外收入”科目的发生额分析填列。

（16）“营业外支出”项目。该项目反映企业发生的除营业利润以外的支出，主要包括公益性捐赠支出、非常损失、盘亏损失、非流动资产毁损报废损失等，应根据“营业外支出”科目的发生额分析填列。

（17）“所得税费用”项目。该项目应根据“所得税费用”账户的发生额分析填列。

（18）“净利润”项目。该项目应根据利润总额扣除所得税费用的数额填列，如为净亏损，以“–”号填列。“（一）持续经营净利润”和“（二）终止经营净利润”项目，分别反映净利润中与持续经营相关的净利润和与终止经营相关的净利润；如为净亏损，以“–”号填列。这两个项目应按照《企业会计准则第42号——持有待售的非流动资产、处置组和终止经营》的相关规定分别列报。

（19）“其他综合收益的税后净额”项目。该项目反映未在损益中确认的各项利得和损失扣除所得税影响后的净额，应根据“其他综合收益”科目下的明细科目的发生额分析填列。

（20）“每股收益”项目。该项目根据净利润与发行在外的普通股股数计算填列，且分别列示基本每股收益和稀释每股收益，并在附注中披露相关信息。

四、利润表编制举例

仍以本书第四章、第五章的业务为例，按照上述编制方法，编制光华公司年度利润表，如表10-7所示。

表10-7　利润表

编制单位：　　　　20××年 12月　　　　单位：元

项目	本期金额	上期金额
一、营业收入	375 000	
减：营业成本	243 180	
税金及附加	15 800	
销售费用	30 000	
管理费用	38 600	
研发费用		
财务费用	42 000	
其中：利息费用		
利息收入		
加：其他收益		
投资收益（损失以“–”号填列）	221 600	
其中：对联营企业和合营企业的投资收益		
以摊余成本计量的金融资产终止确认收益（损失以“–”号填列）		
净敞口套期收益（损失以“–”号填列）		
公允价值变动收益（损失以“–”号填列）		
信用减值损失		
资产减值损失		
资产处置收益（损失以“–”号填列）		
二、营业利润（亏损以“–”号填列）	227 020	
加：营业外收入	33 000	
减：营业外支出	50 500	
其中：非流动资产处置损失		
三、利润总额（亏损总额以“–”号填列）	209 520	
减：所得税费用	52 380	
四、净利润（净亏损以“–”号填列）	157 140	
（一）持续经营净利润（净亏损以“–”号填列）	157 140	
（二）终止经营净利润（净亏损以“–”号填列）		
五、其他综合收益的税后净额		
（一）不能重分类进损益的其他综合收益		

续表

项目	本期金额	上期金额
（二）将重分类进损益的其他综合收益		
六、综合收益总额	157140	
七、每股收益：		
（一）基本每股收益		
（二）稀释每股收益		

第四节　现金流量表

一、现金流量表及其意义

现金流量表是指反映企业在一定会计期间现金和现金等价物流入和流出的会计报表。其主要目的是为报表使用者提供企业一定会计期间内现金和现金流入与流出的有关信息，以便于报表使用者了解和评价企业获取现金和现金等价物的能力，并据以预测企业未来的现金流量。其作用主要表现在以下几个方面。

(1) 通过现金流量反映企业的财务活动。现金流量表通过列示影响现金变化的各要素对现金收入和支出的影响，反映企业所进行的各项财务活动。报表使用者可以据此了解经营者对企业财务活动的管理水平，正确评价企业的经营业绩。

(2) 反映企业财务状况的变化情况。在企业的日常经营活动中，变化最大的是流动资金，而在流动资金中，变化最大的则是现金及现金等价物。所以通过企业现金流量的变化可以反映企业财务状况的变化，对未来发展趋势做出正确的判断。

(3) 对资产负债表和利润表中未反映的内容进行补充。资产负债表是静态报表，是对某一时刻企业财务状况的反映，但不能反映企业财务状况的变动情况；利润表是动态报表，是对企业经营成果的反映，但却不能反映企业的财务状况。现金流量表则解释不同时期资产、权益的变化和利润对财务状况的影响。

二、现金流量表的编制基础

现金流量表是以现金及现金等价物为基础编制的，这里的“现金”具有特定的内涵，包括以货币形态存在的资产及可在短期兑现的现金等价物。其具体内容包括以下几个方面。

(1) 库存现金，是指企业持有的可随时支用的货币资产，其典型是企业的现钞。

(2) 银行存款，是指企业存放于银行或其他金融机构里未指定用途可随时支用的存款，不包括存放于银行的 3 个月以上的定期存款。

(3) 其他货币资金，是指企业存在银行有特定用途的资金或在途中尚未收到的存款，一般包括银行汇票存款、银行本票存款、外埠存款、在途货币资金等。

(4) 现金等价物，是指企业持有的期限短、流动性强、易于转换成已知金额的现金、价值变动风险很小的投资。通常指企业购买的自取得日至到期日（或转让日）在 3 个月或更短时间内即可变现的投资，一般指债券投资，不包括短期股票投资，因为股票投资不能随时转换成金额肯定的现金，其市场价值变动很大。实践中，企业应当根据具体情况，确定现金等价物的范围，一经确定不得随意变更。

三、现金流量表的内容和格式

现金流量表编制的理论依据是“现金收入-现金支出=现金的净增加”这一公式。在现金流量表中，现金流量被分为经营活动产生的现金流量、投资活动产生的现金流量、筹资活动产生的现金流量。

(一)经营活动产生的现金流量

经营活动，是指企业投资活动和筹资活动以外的所有交易和事项。经营活动产生的现金流量包括经营活动现金流入和经营活动现金流出。

经营活动流入的现金主要包括：(1)销售商品或提供劳务收到的现金；(2)收到的税费返还；(3)收到的其他与经营活动有关的现金。

经营活动流出的现金主要包括：(1)购买商品、接受劳务支付的现金；(2)支付给职工及为职工支付的现金；(3)支付的各项税费；(4)支付的其他与经营活动有关的现金。

(二)投资活动产生的现金流量

投资活动，是指企业长期资产的购建和不包括在现金等价物范围的投资及其处置活动。投资活动产生的现金流量包括投资活动现金流入和投资活动现金流出。

投资经营活动流入的现金主要包括：(1)收回投资所收到的现金；(2)取得投资收益所收到的现金；(3)处置固定资产、无形资产和其他长期资产所收回的现金净额；(4)处置子公司及其他营业单位收到的现金净额；(5)收到的其他与投资活动有关的现金。

投资经营活动流出的现金主要包括：(1)购建固定资产、无形资产和其他长期资产所支付的现金；(2)投资所支付的现金；(3)取得子公司及其他营业单位支付的现金净额；(4)支付的其他与投资活动有关的现金。

(三)筹资活动产生的现金流量

筹资活动，是指导致企业资本及债务规模和构成发生变化的活动。筹资活动产生的现金流量包括筹资活动现金流入和投资活动现金流出。

筹资活动流入的现金主要包括：(1)吸收投资所收到的现金；(2)取得借款所收到的现金；(3)收到的其他与筹资活动有关的现金。

筹资活动流出的现金主要包括：(1)偿还债务所支付的现金；(2)分配股利、利润或偿付利息所支付的现金；(3)支付的其他与筹资活动有关的现金。

现金流量表的格式如表 10-8 所示。

表 10-8　现金流量表

会企 03 表

编制单位：　　　　　　　　　　　　年　　月　　　　　　　　　　　　单位：元

项　　目	本期金额	上期金额
一、经营活动产生的现金流量：		
销售商品、提供劳务收到的现金		
收到的税费返还		
收到其他与经营活动有关的现金		

续表

项　　目	本期金额	上期金额
经营活动现金流入小计		
购买商品、接受劳务支付的现金		
支付给职工及为职工支付的现金		
支付的各项税费		
支付其他与经营活动有关的现金		
经营活动现金流出小计		
经营活动产生的现金流量净额		
二、投资活动产生的现金流量：		
收回投资收到的现金		
取得投资收益收到的现金		
处置固定资产、无形资产和其他长期资产收回的现金净额		
处置子公司及其他营业单位收到的现金净额		
收到其他与投资活动有关的现金		
投资活动现金流入小计		
购建固定资产、无形资产和其他长期资产支付的现金		
投资支付的现金		
取得子公司及其他营业单位支付的现金净额		
支付其他与投资活动有关的现金		
投资活动现金流出小计		
投资活动产生的现金流量净额		
三、筹资活动产生的现金流量：		
吸收投资收到的现金		
取得借款收到的现金		
收到其他与筹资活动有关的现金		
筹资活动现金流入小计		
偿还债务支付的现金		
分配股利、利润或偿付利息支付的现金		
支付其他与筹资活动有关的现金		
筹资活动现金流出小计		
筹资活动产生的现金流量净额		
四、汇率变动对现金及现金等价物的影响		
五、现金及现金等价物净增加额		
加：期初现金及现金等价物余额		
六、期末现金及现金等价物余额		

四、现金流量表的编制

(一)经营活动现金流量的列报方法

根据信息取得途径的不同，编制现金流量表时，经营活动现金流量的列报可采用两种方法：直接法和间接法。

直接法下现金流量的信息来源于企业的会计记录，通过现金收入和支出的主要类别直接反映来自企业经营活动的现金流量。在实务中，一般是以利润表中的主营营业收入为起算点，调节与经营活动各项目有关的增减变动，然后分别计算出经营活动各现金流量。直接法下，经营活动产生的现金流量至少应当单独列示反映下列信息的项目：销售商品、提供劳务收到的现金；收到的税费返还；收到其他与经营活动有关的现金；购买商品、接受劳务支付的现金；支付给职工及为职工支付的现金；支付的各项税费；支付其他与经营活动有关的现金。

间接法是指以本期净利润为起算点，调整不涉及现金的收入、费用、营业外收支，以及应收、应付等项目的增减变动，据此计算并列示经营活动的现金流量。这是因为，利润表中反映的净利润是按权责发生制确定的，其中有些收入、费用项目并没有实际发生现金流入和流出，通过对这些项目的调整，即可将净利润调节为经营活动现金流量。需要调整的项目可分为四大类：(1)实际没有支付现金的费用；(2)实际没有收到现金的收益；(3)不属于经营活动的损益；(4)经营性应收、应付项目的增减变动。

直接法与间接法各有其优点。与间接法相比，直接法的主要优点是显示了经营活动现金流量的各项流入、流出内容，更能体现现金流量表的目的，在现金流量表中列示各项现金流入的来源和现金流出的用途，有助于预测未来的经营活动现金流量，更能揭示企业从经营活动中产生足够的现金来偿付其债务的能力、进行再投资的能力和支付利润(股利)的能力。而间接法有助于分析影响现金流量的原因及从现金流量角度分析企业净利润的质量。正是基于此，我国《企业会计准则》中要求企业按直接法编制现金流量表，并在附表中提供按间接法将净利润调节为经营活动现金流量的信息，兼顾了两种方法的优点。

(二)现金流量表的编制方法

现金流量表的编制方法通常有两种：第一种是工作底稿法；第二种方法是T形账户法。

1. 工作底稿法

采用工作底稿法编制现金流量表，就是以工作底稿为手段，以利润表和资产负债表数据为基础，对每一项目进行分析并编制调整分录，从而编制出现金流量表。

在直接法下，整个工作底稿纵向分成三段：第一段是资产负债表项目，其中又分为借方项目和贷方项目两部分；第二段是利润表项目；第三段是现金流量表项目。工作底稿横向分为五栏；在资产负债表部分，第一栏是项目栏，填列资产负债表各项目名称；第二栏是期初数，用来填列资产负债表项目的期初数；第三栏是调整分录的借方；第四栏是调整分录的贷方；第五栏是期末数，用来填列资产负债表项目的期末数。在利润表和现金流量表部分，第一栏也是项目栏，用来填列利润表和现金流量表项目名称；第二栏空置不填，第三栏、第四栏分别是调整分录的借方和贷方；第五栏是本期数，利润表部分这一栏数字应和本期利润表数字核对相符，现金流量表部分这一栏数字可用来编制正式的现金流量表。

采用工作底稿法编制现金流量表的程序如下。

第一步，将资产负债表的期初数和期末数过入工作底稿的期初数栏和期末数栏。

第二步，对当期业务进行分析并编制调整分录。调整分录大体有这样几类：第一类涉及利润表中的收入、成本和费用项目，以及资产负债表中的资产、负债及所有者权益项目，通过调整，将权责发生制下的收入、费用转换为现金基础；第二类是涉及资产负债表和现金流量表中的投资、筹资项目，反映投资和筹资活动的现金流量；第三类是涉及利润表和现金流量表中的投资和筹资项目，目的是将利润表有关投资和筹资方面的收入和费用列入到现金流量表的投资、筹资现金流量中去。此外，还有一些调整分录并不涉及现金收付，只是为了核对资产负债表项目的期末期初变动。

在调整分录中，有关现金和现金等价物的事项，并不直接借记或贷记现金，而是分别计入“经营活动产生的现金流量”、“投资活动产生的现金流量”、“筹资活动产生的现金流量”有关项目，借记表明现金流入，贷记表明现金流出。

第三步，将调整分录过入工作底稿中的相应部分。

第四步，核对调整分录，借贷合计应当相等，资产负债表项目期初数加减调整分录中的借贷金额以后，应当等于期末数。

第五步，根据工作底稿中的现金流量表项目部分编制正式的现金流量表。

2. T 形账户法

采用 T 形账户法，就是以 T 形账户为手段，以利润表和资产负债表数据为基础，对每一项目进行分析并编制调整分录，从而编制出现金流量表。采用 T 形账户法编制现金流量表的程序如下。

第一步，为所有的非现金项目(包括资产负债表项目和利润表项目)分别开设 T 形账户，并将各自的期末、期初变动数过入各该账户。

第二步，开设一个大的“现金及现金等价物”T 形账户，每边分为经营活动、投资活动和筹资活动三个部分，左边记现金流入，右边记现金流出。与其他账户一样，过入期末期初变动数。

第三步，以利润表项目为基础，结合资产负债表分析每一个非现金项目的增减变动，并据此编制调整分录。

第四步，将调整分录过入各 T 形账户，并进行核对，该账户借贷相抵后的余额与原先过入的期末、期初变动数应当一致。

第五步，根据大的“现金及现金等价物”T 形账户编制正式的现金流量表。

(三) 现金流量表附注披露的信息及其编制

除现金流量表反映的信息外，企业还应当采用间接法在现金流量表附注中披露将净利润调节为经营活动现金流量的信息。

企业应当在附注中披露将净利润调节为经营活动现金流量的信息，应当单独披露对净利润调节的下列项目：(1) 资产减值准备；(2) 固定资产折旧；(3) 无形资产摊销；(4) 长期待摊费用摊销；(5) 待摊费用；(6) 预提费用；(7) 处置固定资产、无形资产和其他长期资产的损益；(8) 固定资产报废损失；(9) 公允价值变动损益；(10) 财务费用；(11) 投资损益；(12) 递延所得税资产和递延所得税负债；(13) 存货；(14) 经营性应收项目；(15) 经营性应付项目。

企业应当在附注中以总额披露当期取得或处置子公司及其他营业单位的下列信息：(1) 取得或处置价格；(2) 取得或处置价格中以现金支付的部分；(3) 取得或处置子公司及其他营业单位收到的现金；(4) 取得或处置子公司及其他营业单位按照主要类别分类的非现金资产和负债。

企业应当在附注中披露不涉及当期现金收支，但影响企业财务状况或在未来可能影响企业现金流量的重大投资和筹资活动。

企业应当在附注中披露与现金和现金等价物有关的下列信息：(1) 现金和现金等价物的构成及其在资产负债表中的相应金额；(2) 企业持有但不能由母公司或集团内其他子公司使用的大额现金和现金等价物金额。

现金流量表补充资料的格式如表 10-9 所示。

表 10-9 现金流量表补充资料

补充资料	本期金额	上期金额
1. 将净利润调节为经营活动现金流量：		
净利润		
加：资产减值准备		

续表

补充资料	本期金额	上期金额
固定资产折旧、油气资产折耗、生产性生物资产折旧		
无形资产摊销		
长期待摊费用摊销		
处置固定资产、无形资产和其他长期资产的损失(收益以“-”号填列)		
固定资产报废损失(收益以“-”号填列)		
公允价值变动损失(收益以“-”号填列)		
财务费用(收益以“-”号填列)		
投资损失(收益以“-”号填列)		
递延所得税资产减少(增加以“-”号填列)		
递延所得税负债增加(减少以“-”号填列)		
存货的减少(增加以“-”号填列)		
经营性应收项目的减少(增加以“-”号填列)		
经营性应付项目的增加(减少以“-”号填列)		
其他		
经营活动产生的现金流量净额		
2．不涉及现金收支的重大投资和筹资活动：		
债务转为资本		
一年内到期的可转换公司债券		
融资租入固定资产		
3．现金及现金等价物净变动情况：		
现金的期末余额		
减：现金的期初余额		
加：现金等价物的期末余额		
减：现金等价物的期初余额		
现金及现金等价物净增加额		

第五节　所有者权益(或股东权益)变动表

一、所有者权益变动表及其内容

所有者权益(或股东权益)变动表是反映企业年末所有者权益(或股东权益)构成及各组成部分当期增减变动情况的会计报表。通过该表，报表信息使用者可了解企业当期所有者权益(或股东权益)的各项目如实收资本(或股本)、资本公积、盈余公积和未分配利润等的增加、减少及其余额的情况，分析其变动原因及预测未来的变动趋势。

根据我国《企业会计准则》，所有者权益(或股东权益)变动表至少应当单独列示的信息项目包括：净利润；直接计入所有者权益的利得和损失项目及其总额；会计政策变更和差错更正的累积影响金额；所有者投入资本和向所有者分配利润等；按照规定提取的盈余公积；实收资本(或股本)、资本公积、盈余公积、未分配利润的期初和期末余额及其调节情况。

二、所有者权益变动表的格式

所有者权益变动表的格式如表10-10所示。

三、所有者权益变动表的编制

所有者权益变动表各项目的编制方法如下。

（一）“上年年末余额”项目

上年年末余额，反映上年年末企业所有者权益（或股东权益）的期末余额。该项目根据企业上年资产负债表中实收资本（或股本）、其他权益工具、资本公积、库存股、其他综合收益、盈余公积、未分配利润的年末余额填列。

（二）“会计政策变更”项目

会计政策变更，反映企业采用追溯调整法处理的会计政策变更对所有者权益的累积影响金额。该项目根据“盈余公积”“利润分配——未分配利润”账户的发生额分析填列。对应表内横向的“盈余公积”和“未分配利润”项目。

（三）“前期差错更正”项目

前期差错更正，反映企业采用追溯调整法处理的会计差错更正对所有者权益的累积影响金额。该项目应根据“盈余公积”“利润分配——未分配利润”以及“以前年度损益调整”账户的发生额分析填列。对应表内横向的“盈余公积”和“未分配利润”项目。

（四）“本年年初余额”项目

本年年初余额，是指在上年年末余额的基础上，考虑了对会计政策变更、前期差错更正采用追溯调整后的本年年初余额。该项目应根据以上各项计算得到。

（五）“本年增减变动额”项目

（1）“综合收益总额”项目，根据企业当年实现的综合收益总额填列。

（2）“所有者投入和减少资本”项目，根据企业当年所有者投入的资本和减少的资本金额填列。①“所有者投入的普通股”项目，根据企业接受投资者投入形成的实收资本（或股本）和资本溢价或股本溢价金额填列。②“其他权益工具持有者投入资本”，根据企业其他权益工具金额填列。③“股份支付计入所有权权益的金额”项目，根据企业处于等待期中的权益结算的股份支付当年计入资本公积的金额填列。

（3）“利润分配”项目，根据企业当年的利润分配金额填列。①“提取盈余公积”项目，根据企业按照规定提取的盈余公积金额填列。②“对所有者（或股东）的分配”项目，根据企业对所有者（或股东）分配的利润（或股利）金额填列。

（4）“所有者权益内部结转”项目，根据企业所有者权益的组成部分之间的增减变动情况填列。①“资本公积转增资本（或股本）”项目，根据企业以资本公积转增资本或股本的金额填列。②“盈余公积转增资本（或股本）”项目，根据企业盈余公积转增资本或股本的金额填列。③“盈余公积弥补亏损”项目，根据企业以盈余公积弥补亏损金额填列。④设定受益计划变动额结转留存收益”项目，反映企业因重新计量设定受益计划净负债或净资产所产生的变动计入其他综合收益，结转至留存收益的金额。⑤“其他综合收益结转留存收益”项目，主要反映：第一，企业指定为以公允价值计量且其变动计入其他综合收益的非交易性权益工具投资终止确认时，之前计入其他综合收益的累计利得或损失从其他综合收益中转入留存收益的金额；第二，企业指定为以公允价值计量且其变动计入当期损益的金融负债终止确认时，之前由企业自身信用风险变动引起而计入其他综合收益的累计利得或损失从其他综合收益中转入留存收益的金额等。该项目应根据“其他综合收益”科目的相关明细科目的发生额分析填列。

（六）本年年末余额项目

根据表 10-10“二、本年年初余额”与“三、本年增减变动金额”之和填列。

表 10-10　所有者权益变动表

企业 04 表

编制单位:　　　　　　　　　　　　　　　　　　　　　　____年度　　　　　　　　　　　　　　　　　　　　　　单位：元

项目	本年金额										上年金额									
	实收资本（或股本）	其他权益工具			资本公积	减：库存股	其他综合收益	盈余公积	未分配利润	所有者权益合计	实收资本（或股本）	其他权益工具			资本公积	减：库存股	其他综合收益	盈余公积	未分配利润	所有者权益合计
		优先股	永续债	其他								优先股	永续债	其他						
一、上年年末余额																				
加：会计政策变更																				
前期差错更正																				
其他																				
二、本年年初余额																				
三、本年增减变动金额（减少以“–”号填列）																				
（一）综合收益总额																				
（二）所有者投入和减少资本																				
1.所有者投入的普通股																				
2.其他权益工具持有者投入的资本																				
3.股份支付计入所有者权益的金额																				
4.其他																				
（三）利润分配																				

续表

项目	本年金额										上年金额									
	实收资本（或股本）	其他权益工具			资本公积	减：库存股	其他综合收益	盈余公积	未分配利润	所有者权益合计	实收资本（或股本）	其他权益工具			资本公积	减：库存股	其他综合收益	盈余公积	未分配利润	所有者权益合计
		优先股	永续债	其他								优先股	永续债	其他						
1.提取盈余公积																				
2.对所有者（或股东）的分配																				
3.其他																				
（四）所有者权益内部结转																				
1.资本公积转增资本（或股本）																				
2.盈余公积转增资本（或股本）																				
3.盈余公积弥补亏损																				
4.设定受益计划变动额结转留存收益																				
5.其他综合收益结转留存收益																				
6.其他																				
四、本年年末余额																				

第六节　会计报表附注

为了对不宜或不能纳入会计报表的信息进行披露，以及对表内列示项目进行文字描述或提供明细资料，以帮助会计报表的使用者更好地理解和应用会计报表，对编制的会计报表，需要有一定的注释或补充说明，即会计报表附注。从理论上来讲，会计报表附注是会计报表的扩展和延伸，是财务报告体系中不可缺少的组成部分。长期以来，报表附注一直被看作是根据公认会计原则编制的会计报表的组成部分。

会计报表附注对于会计信息使用者具有重要的作用，因为财务报表的说明和表外项目往往是对会计报表中指标在技术上的解释和方法上的说明。其具体作用体现在以下几个方面：

(1)有利于会计信息使用者全面理解会计报表内所提供的信息；(2)有利于会计信息使用者更加详细地了解企业的财务状况和经营成果；(3)有利于会计信息使用者做出正确的预测和决策。

按照我国《企业会计准则》的规定，会计报表附注的主要内容包括：(1)财务报表的编制基础；(2)遵循企业会计准则的声明；(3)重要会计政策的说明，包括财务报表项目的计量基础和会计政策的确定依据等；(4)重要会计估计的说明，包括下一会计期间内很可能导致资产、负债账面价值重大调整的会计估计的确定依据等；(5)会计政策和会计估计变更及差错更正的说明；(6)对已在资产负债表、利润表、现金流量表和所有者权益变动表中列示的重要项目的进一步说明，包括终止经营税后利润的金额及其构成情况等；(7)或有和承诺事项、资产负债表日后非调整事项、关联方关系及其交易等需要说明的事项，等等。

第七节　财务报告的报送、审批和公证

各个企业和机关、事业等单位都是在国家统一领导下进行业务活动的，为了考核有关计划的执行情况，为编制下期计划提供会计资料，各个单位都必须定期编制各种财务报告，向上级主管部门或其他有关单位报告经济活动和财务收支情况，以便对经济工作加强领导和监督。上级主管部门应当审查和汇总所属单位报来的会计报告，并按会计制度的规定，对所属单位的财务报告进行批复。由于各个单位的隶属关系不同，业务活动性质不同，经济管理要求也不一样，所以在不同的单位和部门中，财务报告报送、审批、批复和公证的办法不尽相同。

一、财务报告的报送

企业编制的财务报告，在报送前必须由本单位会计主管人员和企业负责人进行认真复核。主要是复核报表的项目是否填列齐全，补充资料是否填列完整，是否附有必要的编表说明，报表中指标的钩稽关系是否正确，项目填列是否存在不合理现象，有关手续是否齐全等。经审核无误后，财务报告应依次编定页数，添加(配置)封面，装订成册，加盖公章。封面应注明企业名称、地址、主管部门、报表所属年度、季度和月份、报送日期等内容，并由企业负责人、总会计师(或代行总会计师职权的人员)、会计主管人员及报表编制人员签名盖章，手续齐备后才能对外报送。

根据财政部颁发的《企业财务通则》和有关财务制度的规定，企业应定期向投资者、债权人、主管财政部门、主管税务机关及其他与企业有关的单位或个人提供财务报告。公开发行股票的股份有限公司还应向证券交易机构和证券监管机构等提供年度财务报告。企业对外报送的年度会计报告，于年度终了后在规定时间内连同注册会计师的查账报告一起对外报送。

为了充分发挥财务报告的作用，保证财务报告的时效性，必须正确规定财务报告的报送期限。在规定财务报告的报送期限时，既要考虑报表使用者的要求，又要考虑各级编表单位的机构组织形式、编表工作量的大小等具体情况。

二、财务报告的审批

上级管理机关收到下属单位报来的财务报告，应当认真审核。在社会主义制度下，审核和批准财务报告，是主管部门和财政部门代表国家实行会计监督的一种具体表现。对财务报告审查的内容如下。

(1)审查财务报告在形式上是否符合会计制度规定的要求。例如，财务报告是否齐全，内

容是否完整，数字是否正确，各种报表之间有关指标是否衔接一致，企业领导、总会计师和会计主管等有关人员是否签名或盖章，是否加盖公章等。

(2) 审查财务报告在内容上(本质上)是否以党和国家有关方针、政策、规定和计划(预算)等为依据，对财务报告的内容进行全面审核。例如，查明没有完成计划的原因，审查有无违法乱纪行为。同时，对审查的结果应及时纠正处理。

三、财务报告的批复

各企业主管部门汇编的年度报表是年终决算的重要文件，关于利润的分配、亏损的弥补(目前仅少数企业有)等最后都要由财政机关审查批准。年度财务报告经过财政机关审查批准后，要由各该企业主管部门逐级批复。

基层企业对于上级管理机关的批复，必须认真执行。并在账务上做出相应的处理。

例如，企业上年度已经注销的坏账损失，经上级批复不同意转销，应当作为应收账款继续催收，则应编制下列会计分录：

借：应收账款

　　贷：利润分配——未分配利润

另外，因上述利润的增减而相应调整所得税及其利润留成的分配也可以直接在“利润分配——未分配利润”账户中进行。

四、财务报告的公证

企业的年度财务报告(亦称会计决算报告)在对外报送前，必须经注册会计师对本单位的有关账项进行审查。注册会计师将根据企业提供的会计核算资料，对企业的会计核算方法、凭证账簿记录、财务报告编制、日常业务中的收支、投资者资本投入与收回等内容进行全面审核，并对其真实情况进行公证，出示书面查账报告。企业对外报送年度决算报告时，需连同注册会计师的查账报告一同报送。

练　习　题

一、单项选择题

1. 会计报表是根据(　　)定期进行归集、加工和汇总而编制的。

A. 原始凭证　　B. 利润表　　C. 现金流量表　　D. 会计账簿记录

2. 资产负债表反映的经济内容是(　　)

A. 财务状况　　B. 经营成果　　C. 现金流量　　D. 劳动效率

3. 利润表能够反映企业的(　　)

A. 长期偿债能力　　B. 短期偿债能力　　C. 获利能力　　D. 支付能力

4. (　　)可以反映企业经营活动和财务收支的全貌。

A. 会计账簿　　B. 总分类账　　C. 财务会计报告　　D. 明细分类账

5. (　　)是反映企业经营成果的会计报表。

A. 资产负债表　　B. 利润表　　C. 现金流量表　　D. 会计报表附注

6. 会计报表各项目的数据必须建立在(　　)的基础之上。

A．真实可靠　　B．相关可比　　C．便于理解　　D．编制及时

7．编制资产负债表所依据的会计等式是（　　）。

A．收入–费用=利润　　B．资产=负债+所有者权益

C．借方发生额=贷方发生额

D．期初余额+本期借方发生额–本期贷方发生额=期末余额

8．资产负债表中资产的排列顺序是（　　）。

A．资产负债表　　B．项目流动性　　C．项目收益性　　D．项目时间性

9．资产负债表中所有者权益的排列顺序是（　　）。

A．未分配利润—盈余公积—盈余公积—实收资本

B．实收资本—资本公积—盈余公积—未分配利润

C．实收资本—盈余公积—资本公积—未分配利润

D．资本公积—盈余公积—未分配利润—实收资本

10．资产负债表的下列项目中，必须根据明细账科目余额分析计算填列的是（　　）。

A．开发开支　　B．长期借款　　C．预付款项　　D．长期股权投资

二、多项选择题

1．企业财务会计报告的使用者通常包括（　　）。

A．投资者　　B．债权人　　C．企业管理人员　　D．政府及相关机构

2．财务会计报告的内容包括（　　）。

A．会计报表　　B．会计报表附注　　C．财务情况说明书　　D．会计报表说明书

3．会计报表包括（　　）。

A．资产负债表　　B．利润表　　C．现金流量表　　D．会计报表附注

4．中期财务会计报告包括（　　）。

A．月度财务会计报告　　B．半年度财务会计报告

C．季度财务会计报告　　D．年度财务会计报告

5．财务会计报告可以提供企业（　　）的信息。

A．财务状况　　B．经营成果　　C．劳动状况　　D．现金流量

6．企业对外提供的财务会计报告的封面上应当注明（　　）。

A．企业名称　　B．报表所属年度或月份

C．企业统一代码　　D．企业负责人签名并盖章

7．资产负债表的下列项目中，需要根据总账科目余额减去其备抵项目后的净额填列的有（　　）。

A．无形资产　　B．交易性金融资产　　C．存货　　D．固定资产

8．资产负债表的下列项目中，需要根据多个总账科目余额计算填列的有（　　）。

A．应收票据　　B．未分配利润　　C．预付账款　　D．应收账款

9．财务会计报告的编制要求包括（　　）等。

A．真实可靠　　B．相关可比　　C．全面完整　　D．编报及时

三、判断题

1．财务会计报告是企业会计核算的最终成果。（　　）

2．由于财务会计报告是对外提供的，所以其所提供的信息对企业的管理者和职工没用。（ ）

3．对财务会计报告，企业可以根据需要不定期编制。（ ）

4．企业会计报表各项目的数据在同一企业不同时期应当口径一致、相互可比，在不同的企业之间则不一定要相互可比。（ ）

5．企业对重要的事项，应当按照要求在会计报表附注中进行说明。（ ）

6．会计报表的便于理解的要求是建立在会计报表使用者具有一定的会计报表阅读能力的基础上的。（ ）

7．企业在编制年度财务报告前，应清查财产、核对账目、账项调整和结账。（ ）

8．在一年内到期的长期负债应属于流动负债项目。（ ）

9．资产负债表的“年初数”栏内各项数字，一般应根据上年末资产负债表的“期末数”栏内所列数字填列。（ ）

四、业务题

习题一

1．目的：练习资产负债表部分项目的填列。

2．资料：东风工厂20××年3月31日有关账户期末余额如下。

账户名称	余额	
	借方	贷方
库存现金	800	
银行存款	440 000	
应收账款——甲厂	75 000	
坏账准备		375
原材料	423 500	
生产成本	134 000	
库存商品	72 000	
固定资产	820 000	
累计折旧		250 000
应付账款——乙厂		83 000
——丙厂	42 000	
本年利润		84 000
利润分配——提取盈余公积	12 000	
——应付股利	18 000	

3．要求：根据所提供资料填列资产负债表中的有关项目。

资产负债表(部分项目)

单位：东风工厂　　　　20××年3月31日

资产	金额	负债及所有者权益	金额

习题二

1．目的：练习编制损益表。

2．资料：某企业20××年12月31日损益类各收支账户全年发生额如下。

损益类科目	上　年　数		本年累计数	
	借方发生额	贷方发生额	借方发生额	贷方发生额
主营业务收入		44 860 648.00		47 231 808.00
主营业务成本	39 510 174.80		41 606 206.40	
销售费用	1 795 916.00		1 891 191.20	
税金及附加	555 002.00		588 600.00	
其他业务收入		140 800.00		172 880.00
其他业务成本	136 800.00		152 780.00	
所得税费用	89 652.16		123 678.20	
管理费用	1 840 814.00		1 963 989.00	
财务费用	912 618.00		839 037.80	
投资收益		17 260.00		10 726.00
营业外收入		7 282.00		2 926.00
营业外支出	3 028.00		1 726.00	

3．要求：根据资料中列示的某企业20××年年末损益类各收支账户全年发生额编制损益表。

损益表

编制单位：××公司　　　　20××年12月31日　　　　单位：元

项　　目	上　年　数	本年累计数

第十一章

账务处理程序

学习目的和要求：

1. 了解账务处理程序的含义、要求及分类；
2. 掌握各种账务处理程序的特点、账务处理步骤、优缺点及适用情形。

第一节　账务处理程序概述

一、账务处理程序的概念

从凭证、账簿到报表的会计循环中，由于各企业的性质、规模大小、经济业务繁简程度及管理要求的不同，企业所采用的账簿组织、记账程序和记账方法也有所区别。我们将会计循环过程中会计凭证、会计账簿组织与记账程序和记账方法的有机联系的组织形式称为账务处理程序，也称为会计核算形式。其中：会计凭证和会计账簿组织是指所应用的凭证、账簿的种类和格式，凭证和账簿及各账簿间的相互关系；记账程序和记账方法是指填制会计凭证、登记账簿及编制财务报表所采用的程序和方法。各个企业应当根据各自的实际情况，合理地组织凭证、账簿和报表，采用适应本企业生产经营活动特点的账务处理程序。

二、合理组织账务处理程序的要求

在实际工作中，因为各会计实体的业务性质不同，经营规模大小不同，经济业务繁简不同，它们所需要设置的会计凭证、账簿的种类和格式就不尽相同。我们就应根据各个企业的实际情况和具体条件，把凭证和账簿合理地组织起来，设计出符合本单位经济业务特点的账务处理程序。各个单位的账务处理程序具有差异性，但设计出合理的账务处理程序的要求是基本一致的。

(1)应该与本单位的业务性质与繁简程度、组织规模大小、经营管理要求和特点及会计分工情况相适应。

(2)应该能够正确、及时和完整地提供本单位经营管理和国民经济宏观调控所需要的各种会计信息。

(3)应该在保证会计核算工作质量的前提下，力求简化手续，节约核算时间，降低核算费用，提高会计核算的工作效率。

三、账务处理程序的分类

根据会计处理技术的不同我们可以将账务处理程序分为两大类：手工账务处理程序和电算化账务处理程序。鉴于电算化账务处理程序的特殊性，本章不做介绍。根据登记总账的依据和方法不同，实务中主要有四种手工账务处理程序：

(1)记账凭证账务处理程序；

(2)汇总记账凭证账务处理程序；

(3)科目汇总表账务处理程序；

(4)多栏式日记账账务处理程序。

以下将依次详细介绍各种账务处理程序，并分别列出应用实例，可以结合起来学习。

第二节　记账凭证账务处理程序

一、记账凭证账务处理程序的特点

记账凭证账务处理程序是指对发生的经济业务，都要以原始凭证或原始凭证汇总表编制记账凭证，根据记账凭证逐笔登记总分类账的一种账务处理程序。其基本特点是：直接根据各种记账凭证逐笔登记总分类账。

记账凭证账务处理程序，是账务处理程序中最基本的一种账务处理程序，其他各种账务处理程序，都是在此基础上，根据经济管理的需要发展而形成的。

二、记账凭证账务处理程序的记账凭证、账簿的种类和格式

记账凭证账务处理程序的记账凭证可采用通用记账凭证，也可采用收款凭证、付款凭证和转账凭证三种专用凭证。在这种账务处理程序下，设置的账簿一般有：现金日记账、银行存款日记账、总分类账和各种明细分类账。现金日记账和银行存款日记账一般都采用三栏式，总分类账采用三栏式并按每个账户开设账页，明细分类账则根据各个明细分类账所反映的内容分别采用三栏式、数量金额式或多栏式。

三、记账凭证账务处理程序的工作步骤

(1)根据原始凭证或原始凭证汇总表，填制收款凭证、付款凭证和转账凭证。

(2)根据收款凭证和付款凭证及所附原始凭证，逐笔顺序登记现金日记账、银行存款日记款、外币存款日记账。

(3)根据收款凭证、付款凭证、转账凭证和原始凭证或汇总原始凭证(原始凭证汇总表)，逐笔登记各种明细分类账。

(4)根据收款凭证、付款凭证、转账凭证，逐笔登记总分类账。

(5)月末将总分类账与日记账、明细分类账相核对。

(6)月末根据总分类账和明细分类账及其他有关资料编制会计报表。

记账凭证账务处理程序如图 11-1 所示。

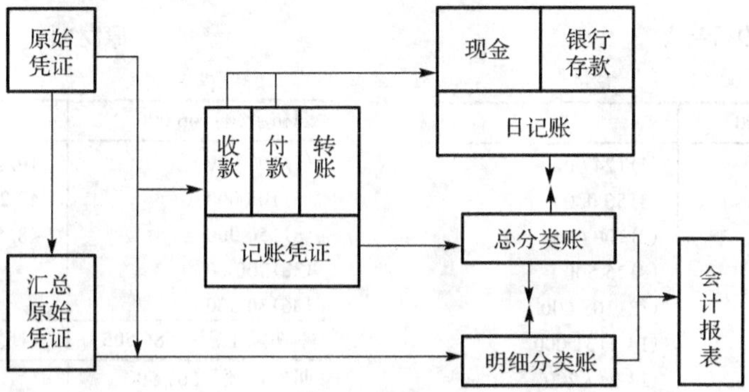

图 11-1　记账凭证账务处理程序

四、记账凭证账务处理程序的优缺点和适用范围

根据上述记账凭证账务处理程序的账务处理步骤可以看出：记账凭证账务处理程序由于直接根据每张记账凭证登记总分类账，所以在总分类账中能够详细地反映经济业务的发生情况，账户之间关系清晰明了，有利于利用账户的对应关系分析和查对账目。当经济业务较多时，登记总分类账的工作量就很大。所以记账凭证账务处理程序常适用于规模小、业务量小、凭证不多的单位。在经济业务较多的单位，若采用记账凭证账务处理程序，应尽量将内容相同的原始凭证编制成原始凭证汇总表，以简化编制记账凭证和登记总分类账的工作量。

现以第四章、第五章所列光华公司的主要经营业务为例，按照记账凭证账务处理程序，逐笔登记总账如下。

库存现金

借方	贷方
期初余额：12 200	
(18) 124 000	(4) 3 000 (16) 500 (19) 126 000
本期发生额：124 000	本期发生额 129 500
期末余额：6 700	

材料采购

借方	贷方
期初余额：0	
(1) 103 000 (3) 100 000 (4) 3 000 (7) 150 000 (9) 100 000	(2) 103 000 (5) 103 000 (8) 150 000
本期发生额：456 000	本期发生额：356 000
期末余额：100 000	

应付账款

借方	贷方
	期初余额：16 000
(46) 30 000	(3) 67 000 (9) 117 000
本期发生额：30 000	本期发生额：184 000
	期末余额：170 000

预付账款

借方	贷方
期初余额：6 000	
(6) 100 000 (7-2) 75 500 (17) 18 000	(7-1) 175 500 (20) 3 000
本期发生额：193 500	本期发生额 178 500
期末余额：21 000	

银行存款

借方	贷方
期初余额：380 000	
(25) 234 000	(1) 124 000
(26) 50 000	(3) 50 000
(27) 67 000	(7) 100 000
(31) 600 000	(8) 75 500
(37) 150 000	(13) 105 000
(38-1) 200 000	(14-1) 51 000
(39-1) 400 000	(14-2) 4 200
(40-1) 23 400	(18) 18 000
(41-1) 5 000	(19) 124 000
(42-1) 50 000	(28) 20 000
(43-3) 4 500	(36) 500
(43-4) 450 000	(38-2) 1 000
(44-2) 9 600	(38-5) 3 000
(44-3) 109 600	(38-8) 202 000
(45-3) 12 000	(39-2) 400 000
(45-4) 439 500	(39-9) 508 000
(47) 3 000	(43-1) 300 500
	(44-1) 102 600
	(45-1) 400 500
	(49) 500
	(51-2) 52 380
本期发生额：2 807 600	本期发生额：2 638 680
期末余额：548 920	

应付职工薪酬

借方	贷方
	期初余额：3 900
(19) 126 000	(11) 126 000
	(12) 50 400
	(29) 10 000
本期发生额：126 000	本期发生额：186 400
	期末余额：64 300

固定资产

借方	贷方
期初余额：200 000	
(13) 105 000	
(14) 55 200	
(32) 40 000	
(35) 120 000	
(39-6) 472 000	
本期发生额：792 200	本期发生额：0
期末余额：992 200	

原材料

借方	贷方
期初余额：46 000	
(2) 103 000	(10) 160 000
(5) 103 000	(40-2) 15 000
(8) 150 000	(48) 50 000
(33) 300 000	
(36) 30 500	
本期发生额：686 500	本期发生额：225 000
期末余额：507 500	

在建工程

借方	贷方
	期初余额：0
(14-1) 51 000	(14-3) 55 200
(14-2) 4 200	(39-6) 472 000
(39-2) 400 000	
(39-3) 27 000	
(39-4) 36 000	
(39-5) 9 000	
本期发生额：527 200	本期发生额：527 200
	期末余额：0

生产成本

借方	贷方
期初余额：41 000	
(10) 144 000	(22) 260 240
(11) 100 000	
(12) 40 000	
(21) 65 300	
本期发生额：349 300	本期发生额：260 240
期末余额：130 060	

制造费用

借方	贷方
期初余额：0	
(10) 12 000	(21) 65 300
(11) 10 000	
(12) 4 000	
(15) 36 000	
(16) 300	
(20) 3 000	
本期发生额：65 300	本期发生额：65 300
期末余额：0	

累计折旧

借方	贷方
	期初余额：22 000
(50-2)	(13) 48 000 (41-2) 4 000
本期发生额：0	本期发生额：52 000
	期末余额：74 000

营业税金及附加

借方	贷方
期初余额：0	
(30) 15 800	(50-2) 15 800
本期发生额：15800	本期发生额：15 800
期末余额：0	

库存商品

借方	贷方
期初余额：74000	
(22) 260 240	(24) 130 120 (27) 65 060
本期发生额：260 240	本期发生额：195 180
期末余额：139 060	

预收账款

借方	贷方
	期初余额：0
(27) 117 000	(26) 50 000 (27) 67 000
本期发生额：117 000	本期发生额：117 000
	期末余额：0

应收账款

借方	贷方
期初余额：13 000	
(23) 234 000	(25) 234 000
本期发生额：23 400	本 期 发 生 额 ： 23 400
期末余额：13 000	

主营业务收入

借方	贷方
	期初余额：0
(50-1) 30 000	(23) 200 000 (27) 100 000
本期发生额：300 000	本期发生额：300 000
	期末余额：0

销售费用

借方	贷方
期初余额：0	
(29) 10 000 (28) 20 000	(50-2) 30 000
本期发生额：30 000	本期发生额：30 000
期末余额：0	

管理费用

借方	贷方
期初余额：0	
(10) 4 000 (11) 16 000 (12) 6 400 (15) 12 000 (16) 200	(50-2) 38 600
本期发生额：38 600	本期发生额：38 600
期末余额：0	

主营业务成本

借方	贷方
期初余额：0	
(24) 130 120 (27) 65 060	(50-2) 195 180
本期发生额：195 180	本期发生额：195 180
期末余额：0	

应交税费

借方	贷方
	期初余额：10 000
(1) 17 000 (3) 17 000 (7-1) 25 500 (9) 17 000 (51-2) 52 130	(23) 34 000 (27) 17 000 (30) 15 800 (40-1) 3 400 (51-1) 52 130
本期发生额：128 630	本期发生额：122 330
	期末余额：3 700

财务费用

借方	贷方
期初余额：0	
(38-2) 1 000 (38-3) 1 000 (38-4) 1 000 (38-5) 1 000 (38-6) 1 000 (38-7) 1 000 (39-7) 27 000 (39-8) 9 000	(50-2) 42 000
本期发生额：42 000	本期发生额：42 000
期末余额：0	

应收股利

借方	贷方
期初余额：0	
(45-2) 12 000 (43-2) 4 500	(45-3) 12 000 (43-3) 4 500
本期发生额：16 500	本期发生额：16 500
期末余额：0	

本年利润

借方	贷方
	期初余额：0
(50-2) 421 080 (51-3) 52 130 (52-1) 156 390	(50-1) 629 600
本期发生额：629 600	本期发生额：629 600
	期末余额：0

长期股权投资

借方	贷方
期初余额：0	
(45-1) 400 500 (45) 400 500	(45-2) 12 000 (45-4) 388 600
本期发生额：400 500	本期发生额：400 500
期末余额：0	

短期借款

借方	贷方
	期初余额：0
(38-1) 200 000	(38-8) 200 000
本期发生额：200 000	本期发生额：200 000
	期末余额：0

持有至到期投资

借方	贷方
期初余额：0	
(44-1) 100 000	(44-3) 100 000
本期发生额：10 000	本期发生额：110 000
期末余额：0	

交易性金融资产

借方	贷方
期初余额：0	
(43-1) 300 000	(43-4) 300 000
本期发生额：300 000	本期发生额：300 000
期末余额：0	

应收利息

借方	贷方
期初余额：0	
(44-1) 2 400	(44-2) 2 400
本期发生额：2 400	本期发生额：2 400
期末余额：0	

其他业务收入

借方	贷方
	期初余额：0
(50-1) 75000	(40-1) 20 000 (41-1) 5 000 (42-1) 50 000
本期发生额：75 000	本期发生额：75 000
	期末余额：0

利润分配

借方	贷方
	期初余额：0
(52-2) 15 639 (52-4) 32 000 (52-5) 47 639 (52) 16 011	(52-1) 156 390 (52-5) 15 639 (52-5) 32 000
本期发生额：95 278	本期发生额：204 029
	期末余额：108 751

长期借款

借方	贷方
	期初余额：0
(39-1) 400 000	(39-9) 400 000
本期发生额：400 000	本期发生额：400 000
	期末余额：0

投资收益

借方	贷方
	期初余额：0
(43-1) 500 (44-1) 200 (50-1) 221 600	(43-2) 4 500 (43-4) 150 000 (44-2) 7 200 (44-3) 9 600 (45-4) 51 000
本期发生额：222 300	本期发生额：222 300
	期末余额：0

无形资产

借方	贷方
期初余额：0	
(34) 200 000	(42-2) 30 000
本期发生额：200 000	本期发生额：30 000
期末余额：170 000	

营业外收入

借方	贷方
	期初余额：0
(50-1) 33 000	(46) 30 000 (47) 3 000
本期发生额：33 000	本期发生额：33 000
	期末余额：0

在建工程

借方	贷方
期初余额：0	
(14-1) 51 000 (14-2) 4 200 (39-2) 400 000 (39-3) 27 000 (39-4) 36 000 (39-5) 9 000	(14-3) 55 200 (39-6) 472 000
本期发生额：527 200	本期发生额：527 200
期末余额：0	

其他业务成本

借方	贷方
期初余额：0	
(40-2) 15 000 (41-2) 4 000 (42-2) 30 000	(50-2) 49 000
本期发生额：49 000	本期发生额：49 000
期末余额：0	

所得税费用

借方	贷方
期初余额：0	
(51-1) 52 130	(51-3) 52 130
本期发生额：52 130	本期发生额：52 130
期末余额：0	

营业外支出

借方	贷方
期初余额：0	
(48) 50 000 (49) 500	(50-2) 50 500
本期发生额：50 500	本期发生额：50 500
期末余额：0	

应付股利

借方	贷方
	期初余额：0
	(52-4) 32 000
本期发生额：0	本期发生额：32 000
	期末余额：32 000

实收资本

借方	贷方
	期初余额：530 000
	(31) 600 000 (31) 40 000 (33) 300 000 (34) 200 000 (37) 100 000
本期发生额：0	本期发生额：1 240 000
	期末余额：1 770 000

盈余公积

借方	贷方
	期初余额：0
	(52-2) 15 639
本期发生额：0	本期发生额：15 639
	期末余额：15 639

资本公积

借方	贷方
	期初余额：189 500
	(35) 120 000 (36) 30 000 (37) 50 000
本期发生额：0	本期发生额：200 000
	期末余额：389 500

第三节　汇总记账凭证账务处理程序

一、汇总记账凭证账务处理程序的特点

汇总记账凭证账务处理程序是指对发生的经济业务，都要根据原始凭证或原始凭证汇总表编制记账凭证，再根据记账凭证编制汇总记账凭证，根据汇总记账凭证登记总分类账的一种账务处理程序。其基本特点是：定期将全部记账凭证按收款凭证、付款凭证和转账凭证分别归类编制成汇总记账凭证，然后根据汇总记账凭证汇总登记总分类账。

二、汇总记账凭证账务处理程序的记账凭证、账簿的种类和格式

在汇总记账凭证账务处理程序下，除要分别设置收款凭证、付款凭证和转账凭证外，还要分别设置汇总收款凭证、汇总付款凭证和汇总转账凭证。设置的账簿主要有现金日记账、银行存款日记账、总分类账和各种明细分类账，其格式与记账凭证账务处理程序基本相同。

三、汇总记账凭证账务处理程序的工作步骤

(1) 根据原始凭证或原始凭证汇总表，填制收款凭证、付款凭证和转账凭证。

(2) 根据收款凭证和付款凭证及所附原始凭证，逐笔顺序登记现金日记账、银行存款日记款。

(3) 根据收款凭证、付款凭证、转账凭证和原始凭证(或原始凭证汇总表)，逐笔登记各种明细分类账。

(4) 根据收款凭证、付款凭证、转账凭证，定期汇总填列相应的汇总收款凭证、汇总付款凭证、汇总转账凭证。

(5) 根据汇总收款凭证、汇总付款凭证、汇总转账凭证登记分类账。

(6) 月末将总分类账与日记账、明细分类账相核对。

(7) 月末根据总分类账和明细分类账及其他有关资料编制会计报表。

汇总记账凭证账务处理程序如图 11-2 所示。

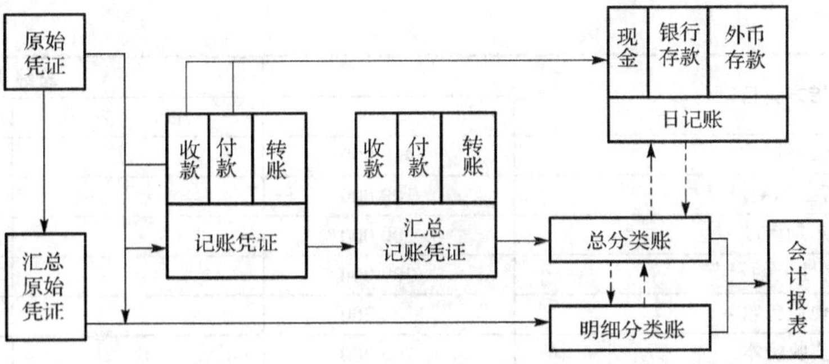

图 11-2　汇总记账凭证账务处理程序

四、汇总记账凭证的编制

汇总记账凭证按其汇总反映的经济业务内容分为汇总收款凭证、汇总付款凭证和汇总转账凭证三类，它们分别依据单项收款凭证、付款凭证和转账凭证编制。汇总的期限一般为 5～10 天，每月至少汇总 3 次。

汇总收款凭证按照“现金”和“银行存款”账户的借方分别设置，根据现金、银行存款收款凭证相应的贷方账户定期归类汇总，月末结出其合计数，分别登入总分类账“现金”和“银行存款”账户的借方，以及各个对应账户的贷方。

汇总付款凭证按照“现金”和“银行存款”账户的贷方分别设置，根据现金、银行存款付款凭证相应的借方账户定期归类汇总，月末结出其合计数，分别登入总分类账“现金”和“银行存款”账户的贷方，以及各个对应账户的借方。

汇总转账凭证，既可按借方账户设置，也可按贷方账户设置。会计实务中有“以贷为主”的习惯，所以通常按照每一贷方账户分别设置，根据转账凭证相应的借方账户（对应账户）定期归类汇总，月末结出其合计数，分别登记总分类账户的贷方，以及各个对应账户的借方。为方便汇总转账凭证的编制，平时编制转账凭证时应注意只能编制一贷一借和一贷多借的记账凭证，而不能编制一借多贷、多借多贷的记账凭证。如果月份内转账凭证的业务不多，也可以不编制汇总转账凭证，而直接根据转账凭证登记总分类账。

五、汇总记账凭证账务处理程序的优缺点和适用范围

汇总记账凭证采用按会计科目关系进行分类汇总的办法，不但简化了凭证的整理归类工作，而且保证了会计科目之间的清晰的关系；同时，根据汇总记账凭证月终一次登记总账，大大简化了登记总账的工作量。但是，由此而产生的定期集中编制汇总记账凭证的工作量还比较大。汇总记账凭证账务处理程序适用于规模较大、经济业务较多的单位。

沿用上一节光华公司的资料，编制汇总记账凭证如下。

汇总收款凭证

借方科目：银行存款　　　　年　月　　　　汇收第 1 号

借方科目		总账页数	
		借　方	贷　方
应收利息	2 400		
长期股权投资	388 500		

续表

借方科目		总账页数	
		借　　方	贷　　方
长期借款	400 000		
持有至到期投资	100 000		
短期借款	200 000		
交易性金融资产	300 000		
其他业务收入	75 000		
实收资本	700 000		
投资收益	217 800		
应交税费	3 400		
应收股利	16 500		
应收账款	234 000		
营业外收入	3 000		
预收账款	117 000		
资本公积	50 000		
合计	2 807 600		

汇总付款凭证

贷方科目：库存现金　　　　　　　　年　　月　　　　　　　　汇付第 1 号

贷方科目		总账页数	
		借　　方	贷　　方
材料采购	3 000		
管理费用	200		
应付职工薪酬	126 000		
制造费用	300		
合计	129 500		

汇总付款凭证

贷方科目：银行存款　　　　　　　　年　　月　　　　　　　　汇付第 2 号

借方科目		总账页数	
		借　　方	贷　　方
投资收益	200		
应收利息	2 400		
材料采购	153 000		
财务费用	2 000		
长期股权投资	400 500		
长期借款	400 000		
债权投资	100 000		
短期借款	200 000		
固定资产	105 000		
交易性金融资产	300 000		
投资收益	500		
现金	124 000		
销售费用	20 000		
应付利息	112 000		

续表

借方科目		总账页数	
		借　方	贷　方
应交税费	69 130		
营业外支出	500		
预付款项	193 500		
原材料	500		
在建工程	455 200		
合计	2 638 430		

汇总转账凭证

贷方科目：资本公积　　　　年　月　　　　汇转第 1 号

借方科目	金　额	总账页数	
		借　方	贷　方
固定资产	120 000		
原材料	30 000		
合计	150 000		

汇总转账凭证

贷方科目：主营业务收入　　　　年　月　　　　汇转第 2 号

借方科目	金　额	总账页数	
		借　方	贷　方
应收账款	200 000		
预收账款	100 000		
合计	300 000		

汇总转账凭证

贷方科目：主营业务成本　　　　年　月　　　　汇转第 3 号

借方科目	金　额	总账页数	
		借　方	贷　方
本年利润	195 180		
合计	195 180		

汇总转账凭证

贷方科目：制造费用　　　　年　月　　　　汇转第 4 号

借方科目	金　额	总账页数	
		借　方	贷　方
生产成本	65 300		
合计	65 300		

汇总转账凭证

贷方科目：在建工程　　　　年　月　　　　汇转第 5 号

借方科目	金　额	总账页数	
		借　方	贷　方
固定资产	527 200		
合计	527 200		

汇总转账凭证

贷方科目：原材料　　　　年　月　　　　汇转第 6 号

借方科目	金　额	总账页数	
		借　方	贷　方
管理费用	4 000		
其他业务成本	15 000		
生产成本	144 000		
营业外支出	50 000		
制造费用	12 000		
合计	225 000		

汇总转账凭证

贷方科目：预付账款　　　　年　月　　　　汇转第 7 号

借方科目	金　额	总账页数	
		借　方	贷　方
制造费用	3 000		
材料采购	150 000		
应交税费	25 500		
合计	178 500		

汇总转账凭证

贷方科目：营业外支出　　　　年　月　　　　汇转第 8 号

借方科目	金　额	总账页数	
		借　方	贷　方
本年利润	50 500		
合计	50 500		

汇总转账凭证

贷方科目：营业外收入　　　　年　月　　　　汇转第 9 号

借方科目	金　额	总账页数	
		借　方	贷　方
应付账款	30 000		
合计	30 000		

汇总转账凭证

贷方科目：税金及附加　　　　年　月　　　　汇转第 10 号

借方科目	金　额	总账页数	
		借　方	贷　方
本年利润	15 800		
合计	15 800		

汇总转账凭证

贷方科目：盈余公积　　　　年　月　　　　汇转第 11 号

借方科目	金　额	总账页数	
		借　方	贷　方
利润分配	15 714		
合计	15 714		

汇总转账凭证

贷方科目：应交税费　　　　年　月　　　　汇转第 12 号

借方科目	金　额	总账页数	
		借　方	贷　方
所得税费用	52 380		
应收账款	34 000		
税金及附加	15 800		
预收账款	17 000		
合计	119 180		

汇总转账凭证

贷方科目：应付职工薪酬　　　　年　月　　　　汇转第 13 号

借方科目	金　额	总账页数	
		借　方	贷　方
管理费用	22 400		
生产成本	140 000		
销售费用	10 000		
制造费用	14 000		
合计	186 400		

汇总转账凭证

贷方科目：应付账款　　　　年　月　　　　汇转第 14 号

借方科目	金　额	总账页数	
		借　方	贷　方
材料采购	150 000		
应交税费	17 000		
应交税费	17 000		
合计	184 000		

汇总转账凭证

贷方科目：应付利息　　　　年　月　　　　汇转第 15 号

借方科目		总账页数	
		借　方	借　方
财务费用	40 000		
在建工程	72 000		
合计	112 000		

汇总转账凭证

贷方科目：应付股利　　　　年　月　　　　汇转第 16 号

借方科目		总账页数	
		借　方	借　方
利润分配	32 000		
合计	32 000		

汇总转账凭证

贷方科目：销售费用　　　　年　月　　　　汇转第 17 号

借方科目		总账页数	
		借　方	借　方
本年利润	30 000		
合计	30 000		

汇总转账凭证

贷方科目：无形资产　　　　年　月　　　　汇转第 18 号

借方科目		总账页数	
		借　方	借　方
其他业务支出	30 000		
合计	30 000		

汇总转账凭证

贷方科目：投资收益　　　　年　月　　　　汇转第 19 号

借方科目		总账页数	
		借　方	借　方
应收股利	4 500		
合计	4 500		

汇总转账凭证

贷方科目：所得税费用　　　　年　月　　　　汇转第 20 号

借方科目		总账页数	
		借　方	借　方
本年利润	52 380		
合计	52 380		

汇总转账凭证

贷方科目：实收资本　　　　年　月　　　　汇转第 21 号

借方科目		总账页数	
		借　方	借　方
固定资产	40 000		
无形资产	200 000		
原材料	300 000		
合计	540 000		

汇总转账凭证

贷方科目：生产成本　　　　年　月　　　　汇转第 22 号

借方科目		总账页数	
		借　方	借　方
库存商品	260 240		
合计	260 240		

汇总转账凭证

贷方科目：其他业务成本　　　　年　月　　　　汇转第 23 号

借方科目		总账页数	
		借　方	借　方
本年利润	48 000		
合计	48 000		

汇总转账凭证

贷方科目：利润分配　　　　年　月　　　　汇转第 24 号

借方科目		总账页数	
		借　方	借　方
本年利润	157 140		
利润分配	15 714		
利润分配	32 000		
合计	192 854		

汇总转账凭证

贷方科目：累计折旧　　　　　　年　月　　　　　　汇转第 25 号

借方科目		总账页数	
		借　方	借　方
管理费用	12 000		
其他业务成本	3 000		
制造费用	36 000		
合计	51 000		

汇总转账凭证

贷方科目：库存商品　　　　　　年　月　　　　　　汇转第 26 号

借方科目		总账页数	
		借　方	借　方
主营业务成本	195 180		
合计	195 180		

汇总转账凭证

贷方科目：管理费用　　　　　　年　月　　　　　　汇转第 27 号

借方科目		总账页数	
		借　方	借　方
本年利润	38 600		
合计	38 600		

汇总转账凭证

贷方科目：长期股权投资　　　　　　年　月　　　　　　汇转第 28 号

借方科目		总账页数	
		借　方	借　方
应收股利	12 000		
合计	12 000		

汇总转账凭证

贷方科目：财务费用　　　　　　年　月　　　　　　汇转第 29 号

借方科目		总账页数	
		借　方	借　方
本年利润	42 000		
合计	42 000		

汇总转账凭证

贷方科目：材料采购　　　　年　月　　　　汇转第 30 号

借方科目		总账页数	
		借　方	借　方
原材料	356 000		
合计	356 000		

汇总转账凭证

贷方科目：本年利润　　　　年　月　　　　汇转第 31 号

借方科目		总账页数	
		借　方	借　方
其他业务收入	75 000		
投资收益	221 600		
营业外收入	33 000		
主营业务收入	300 000		
合计	629 600		

第四节　科目汇总表账务处理程序

一、科目汇总表账务处理程序的特点

科目汇总表账务处理程序是指对发生的经济业务，都要根据原始凭证或原始凭证汇总表编制记账凭证，再根据记账凭证编制科目汇总表，根据科目汇总表登记总分类账的一种账务处理程序。其基本特点是：定期将全部记账凭证编制成科目汇总表，然后根据科目汇总表汇总登记总分类账。

二、科目汇总表账务处理程序记账凭证、账簿的种类和格式

采用科目汇总表账务处理程序，所需设置的账簿种类和格式与记账凭证账务处理程序基本相同。在记账凭证的设置上，需另增设科目汇总表这一特殊的凭证类型。此外，为了便于相同账户的归类汇总，以准确计算账户借方或贷方的本期发生额，避免差错，最好采用单式记账凭证，但也可以采用复式记账凭证。

三、科目汇总表账务处理程序的工作步骤

(1)根据原始凭证或原始凭证汇总表，填制收款凭证、付款凭证和转账凭证。

(2)根据收款凭证和付款凭证及所附原始凭证，逐笔顺序登记现金日记账、银行存款日记款。

(3)根据收款凭证、付款凭证、转账凭证和原始凭证(或原始凭证汇总表)，逐笔登记各种明细分类账。

(4)根据收款凭证、付款凭证、转账凭证，定期(周、旬)编制科目汇总表。

(5)根据科目汇总表登记总分类账。

(6)月末将总分类账与日记账、明细分类账相核对。

(7)月末根据总分类账和明细分类账及其他有关资料编制会计报表。

科目汇总表账务处理程序如图 11-3 所示。

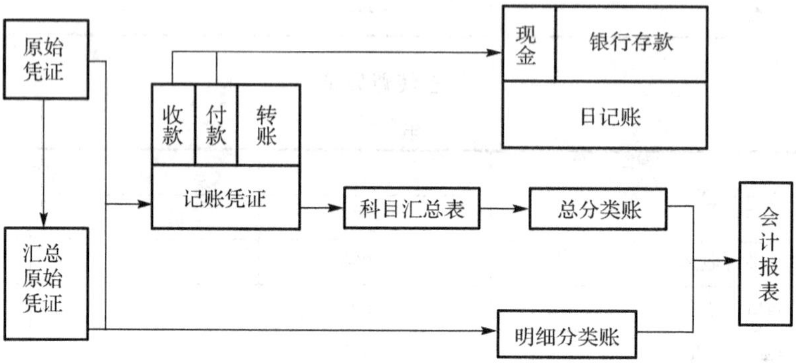

图 11-3　科目汇总表账务处理程序

四、科目汇总表的编制

科目汇总表的格式(见以下表格)一般包括会计科目，总账账页，汇总期间借方发生额、贷方发生额和合计行等内容。科目汇总表根据汇总期内的全部单项(或单式)记账凭证按相同账户借方、贷方归类汇总每一账户的借方发生额和贷方发生额，填写在科目汇总表的相关栏内，最后将所有账户的借贷方金额加总平衡，以示汇总无误。

科目汇总表按各种账户的借贷方发生额汇总,不考虑记账凭证的类别和账户的对应关系，因而总分类账只能采用不设立“对应账户”栏的借、贷、余三栏式。

科目汇总表可以每月一张，也可以 5～10 天编制一张。为了便于编制科目汇总表，记账凭证应该是一借一贷，不要一借多贷、一贷多借或多借多贷，这样，按相同科目进行归类，手续比较简单，且不易发生差错，也可以采用单式记账凭证，每一张凭证只填写一个科目，汇总时只使用一次。

五、科目汇总表账务处理程序的优缺点和适用范围

科目汇总表账务处理程序下，采用根据科目汇总表一次或分次登记总账的方法，大大简化了总账的登记工作，账务处理程序清楚，应用方便，适用性强，大、中、小单位都可以采用。通过科目汇总表的编制，可以将各科目本期借方、贷方发生额的合计数进行试算平衡，及时发现填制和汇总过程中的错误，从而一定程度上保证了记账工作的正确性。但科目汇总表的编制由于采取了相同科目归类汇总的方法，使各账户之间的钩稽关系模糊，不能反映账户之间的对应关系，不便于分析经济业务的来龙去脉和查对账目。

沿用以前章节中光华公司的资料，采用科目汇总表账务处理程序核算如下。

科目汇总表

会计科目	本期发生额	
	借 方	贷 方
库存现金	124 000	129 500
银行存款	2 807 600	2 638 680
交易性金融资产	300 000	300 000
应收账款	234 000	234 000
预付账款	193 500	178 500
应收股利	16 500	16 500
应收利息	2 400	2 400
材料采购	456 000	356 000
原材料	686 500	225 000
库存商品	260 240	195 180
债权投资	100 000	100 000
长期股权投资	400 500	400 500
固定资产	792 200	
累计折旧		51 000
在建工程	527 200	527 200
无形资产	200 000	30 000
短期借款	200 000	200 000
应付账款	30 000	184 000
预收账款	117 000	117 000
应付职工薪酬	126 000	186 400
应交税费	128 630	122 330
应付利息	112 000	112 000
应付股利		32 000
长期借款	400 000	400 000
实收资本		1 240 000
资本公积		200 000
盈余公积		15 714
本年利润	629 600	204 854
利润分配	95 428	204 029
生产成本	349 300	260 240
制造费用	65 300	65 300
主营业务收入	300 000	300 000
其他业务收入	75 000	75 000
投资收益	222 300	222 300
营业外收入	33 000	33 000
主营业务成本	195 180	195 180
其他业务成本	48 000	48 000
税金及附加	15 800	15 800
销售费用	30 000	30 000
管理费用	38 600	38 600
财务费用	42 000	42 000
营业外支出	50 500	50 500
所得税费用	52 380	52 380

第五节 多栏式日记账账务处理程序

一、多栏式日记账账务处理程序的特点

多栏式日记账账务处理程序的基本特点是：现金日记账、银行存款日记账均采用多栏式，

对于收付款业务根据现金日记账、银行存款日记账的记录登记相关的总账。对于转账业务，当转账业务较少时可以根据转账凭证逐笔登记总账，当转账业务较多时，可以定期(5～10天)将全部转账凭证编制成转账凭证科目汇总表，然后根据转账凭证科目汇总表汇总登记总账。

二、多栏式日记账账务处理程序记账凭证、账簿的种类和格式

(一) 多栏式日记账账务处理程序设置的记账凭证

多栏式日记账账务处理程序下，需设置的记账凭证一般有收款凭证、付款凭证和转账凭证三种。

(二) 多栏式日记账账务处理程序设置的账簿

多栏式日记账账务处理程序下，需设置多栏式现金日记账、银行存款日记账及总分类账和明细分类账。有外币存款的单位还应设置多栏式外币存款日记账。

(1) 现金日记账、银行存款日记账一般都采用多栏式，多栏式外币存款日记账是分别在收入、支出栏下的各对应账户栏下再分别设置外币、汇率和金额三栏，具体格式略。

(2) 总分类账也采用三栏式，并按每一总分类科目开设账页。

(3) 明细分类账则可以根据管理的需要，采用三栏式(适用于往来、借款、资本类等)、数量金额式(适用于存货类等)或多栏式(适用于收入、费用类等)。

三、多栏式日记账账务处理程序的工作步骤

(1) 根据原始凭证或原始凭证汇总表填制记账凭证。

(2) 根据收款凭证、付款凭证序时逐笔登记多栏式现金日记账、银行存款日记账。

(3) 根据转账凭证定期或月末编制汇总转账凭证或科目汇总表。

(4) 根据记账凭证和有关的原始凭证或原始凭证汇总表逐笔登记各明细分类账。

(5) 月末，根据多栏式现金、银行存款日记账登记总分类账，同时，根据汇总转账凭证或转账凭证科目汇总表登记总分类账。

(6) 月末，将明细分类账的金额与总分类有关账户的金额核对相符。

(7) 月末，根据总分类账和明细分类账的记录编制会计报表。

多栏式日记账账务处理程序如图 11-4 所示。

四、设置多栏式日记账

在多栏式日记账账务处理程序下，“现金日记账”和“银行存款日记账”的收入部分应按对应的贷方账户设置专栏，支出部分应按对应的借方账户设置专栏。月末根据现金日记账和银行存款日记账收入和支出部分各专栏合计数登记总分类账。登记时，应根据多栏式日记账收入合计栏的本月发生额，计入总分类“现金”、“银行存款”的借方，并根据收入栏下各专栏的对应科目的本月发生额，计入总分类账各有关账户的贷方；根据多栏式日记账支出合计栏的本月发生额，计入总分类账“现金”、“银行存款”的贷方，并根据支出栏下各专栏的对应科目的本月发生额，计入总分类账各有关账户的借方。

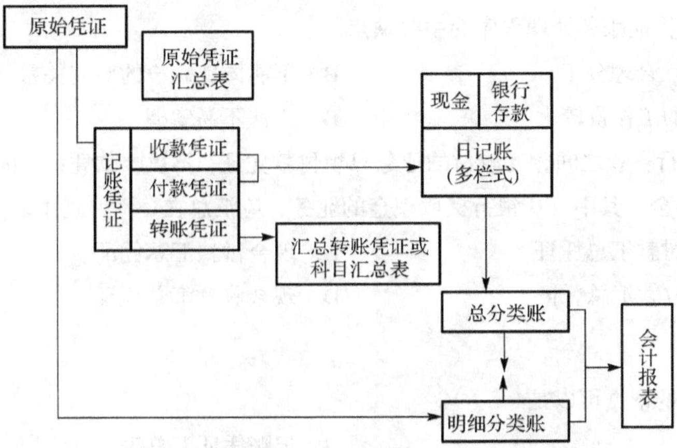

图 11-4　多栏式日记账账务处理程序图

至于现金、银行存款之间相互收付，因已包括在日记账的收入和付出合计数本期发生额之内，所以这些专栏的合计数不必再登入总分类账，以免重复。

五、多栏式日记账账务处理程序的优缺点和适用范围

多栏式日记账账务处理程序，收款凭证和付款凭证通过多栏式日记账来进行汇总，然后据以登记总分类账，转账业务通过转账凭证科目汇总表登记总分类账，这既简化了总账的登记工作量，对于收付款业务还可反映账户对应关系。但是，转账业务不能反映账户对应关系，不便于经济分析。当经济业务较复杂、会计科目设置较多时，日记账的专栏栏次过多，尤其多栏式外币日记账更是如此，账页太长，不便于记账。因此，它适用于运用会计科目较少，业务量较小，收、付款业务又相对较多的小型经济单位使用。

练　习　题

一、单项选择题

1．根据汇总记账凭证登记总分类账，称为(　　)。

A．记账凭证账务处理程序　　B．汇总记账凭证账务处理程序

C．科目汇总表账务处理程序　　D．日记总账账务处理程序

2．各种不同的账务处理程序的主要区别是(　　)。

A．各单位经济业务的特点不同　　B．各单位经营管理的要求不同

C．登记总分类账的依据和方法不同　　D．凭证的传递程序不同

3．科目汇总表的主要缺点是不能反映(　　)。

A．借方发生额　　B．贷方发生额　　C．借方和贷方发生额　　D．科目对应关系

4．在汇总记账凭证账务处理程序下，平时填制转账凭证时，科目的对应关系最好保持(　　)

A．一个借方科目同一个贷方科目相对应　　B．一个借方科目同几个贷方科目相对应

C．一个贷方科目同几个借方科目相对应　　D．几个借方科目同几个贷方科目相对应

5．编制科目汇总表的直接依据是(　　)。

A．原始凭证　　B．原始凭证汇总表

C．记账凭证　　D．汇总记账凭证

6．(　　)是记账凭证账务处理程序的主要缺点。

A．不便于会计合理分工　　B．不能体现账户的对应关系

C．登记总账的工作量较大　　D．方法不易掌握

7．由于现金与银行存款之间相互收付的业务只填付款凭证，不填收款凭证，因而现金汇总收款凭证所汇总的现金收入金额不全，其中，从银行提取现金的业务，应汇总在(　　)之中。

A．银行存款付款汇总凭证　　B．现金付款汇总凭证

C．银行存款收款汇总凭证　　D．现金收款汇总凭证

二、多项选择题

1．总分类账登记的依据可以是(　　)。

A．记账凭证　　B．记账凭证汇总表

C．汇总记账凭证　　D．日记总账

2．各种常用账务处理程序的基本相同点是(　　)。

A．填制记账凭证的依据相同　　B．登记明细账的依据和方法相同

C．登记总账的依据和方法相同　　D．编制会计报表的依据和方法相同

3．汇总记账凭证财务处理程序的优点是(　　)

A．编制汇总转账凭证的工作量较大　　B．便于了解账户之间的对应关系

C．减轻了登记总分类账的工作量　　D．不利于日常核算工作的合理分工

4．下列表述，科目汇总表账务处理程序的优点是(　　)。

A．大大减少了登记总账的工作量

B．总账上不能反映经济业务的来龙去脉，不便于查账

C．层次清楚、简单明了、手续简便、容易掌握

D．适用于规模较小、业务量较少、记账凭证不多的单位

5．会计核算的全过程包括(　　)。

A．填制和取得原始凭证　　B．填制记账凭证

C．登记账簿　　D．编制会计报表

三、判断题

1．账务处理程序也就是会计核算程序。(　　)

2．在各种不同账务处理程序下，会计报表的编制依据都是相同的。(　　)

3．科目汇总表账务处理程序，是以科目汇总表作为登记总账和明细账的依据。(　　)

4．在各种不同的账务处理程序下，登记总分类账的依据和程序都是相同的。(　　)

5．记账凭证账处理程序的特点是直接根据每张记账凭证逐笔登记总分类账。(　　)

6．科目汇总表账务处理程序与记账凭证账务处理程序一样，都是根据各种记账凭证登记总分类账。(　　)

7．由于各单位的业务性质、规模大小、管理要求的不同，所以各单位所采用的账务处理程序也就各不相同。(　　)

8．科目汇总表账务处理程序中，每月可以编制多个科目汇总表。(　　)

9．科目汇总表账务处理程序和汇总记账凭证账务处理程序的主要相同点是在于汇总的方法一致。(　　)

四、业务题

1．目的：练习科目汇总表账务处理程序。

2．资料：

(1)东风股份有限公司采用科目汇总表账务处理程序进行账务处理。

该公司20××年5月1日总分类账户余额如下表所示。

总分类账户余额表(单位：元)

账户名称	借方余额	账户名称	贷方余额
库存现金	3 000	累计折旧	28 000
银行存款	93 000	短期借款	10 000
原材料	53 000	应付职工薪酬	32 200
库存商品	24 000	应交税费	2 000
应收账款	600	本年利润	95 000

(2)该公司5月1日明细分类账户余额如下。

原材料：甲材料53 000千克　　10元/千克　　金额53 000元

库存商品：A产品2 000件　　12元/件　　金额24 000元

(3)该公司5月份发生下列交易或事项。

① 5月3日，以银行存款归还短期借款10 000元。

② 5月5日，购买甲材料2 000千克，单价10元/千克，增值税3 400元，以银行存款支付。

③ 5月6日，甲材料验收入库。

④ 5月8日，从银行存款得期限为三年的借款500 000元，存入银行。

⑤ 5月10日，公司经理李伟借差旅费2 000元，以现金付仡。

⑥ 5月13日，李伟出差回来，报销差旅费2 000元。

⑦ 5月18日，仓库发出甲材料总计33 000元，其中：生产A产品耗用20 000元，生产B产品耗用10 000元，车间一般消耗2 000元，行政部门消耗1 000元。

⑧ 5月19日，提取现金30 000元，备发工资。

⑨ 5月19日，发放职工工资30 000元。

⑩ 5月25日，以银行存款36 000元购进一台设备。

⑪ 5月27日，销售给四海公司A产品1 000件，单价20元/件，增值税3 400元，收到款项，存入银行。

⑫ 5月31日，分配本月工资费用30 000元，其中生产A产品工人工资15 000元，生产B产品工人工资10 000元，车间管理人员工资3 000元，厂管理人员工资2 000元。

⑬ 5月31日，按工资总额的2%计提福利费。

⑭ 5月31日，计提本月固定资产折旧费2 000元，其中车间固定资产折旧1 500元，行政管理部门固定资产折旧500元。

⑮ 5月31日，以现金支付本月应由管理部门负担的财产保险费300元。

⑯ 5月31日，按生产A、B产品工人工资比例分配制造费用。

⑰ 5月31日，A、B产品全部完工，结转其成本。

⑱ 5月31日，结转已销售产品成本，A产品平均单位成本12元/件。

⑲ 5月31日，结转本月各损益类账户。

3．要求：

(1)根据上述交易或事项编制记账凭证。

(2)根据记账凭证编制科目汇总表(可简化按全月编制)。

第十二章

会计工作的组织

学习目的和要求：

1. 了解会计组织与管理的意义和要求；
2. 理解会计工作组织包括的内容；
3. 明确会计人员的主要职责；
4. 了解会计制度的内容；
5. 熟悉会计档案管理的要求。

会计工作的组织是完成会计工作任务，发挥会计工作作用的重要保证。正确组织会计工作，就是要求企业和行政、事业单位设置合理的会计机构，配备适当的会计人员及建立和执行各项会计制度，以达到加强经营管理的目的。

第一节 概 述

在对复式簿记系统、财务报告和会计循环及会计学中的其他领域有一个基本了解和认识之后，还需要明确会计组织与管理问题。所谓会计组织与管理，主要是指如何安排、协调和管理一个企业的会计工作。由于企业的会计工作涉及方方面面，加强组织管理是十分必要的。

一、会计组织与管理的意义

会计是一个以提供财务信息为主的经济信息系统。正确组织会计工作，对调动广大会计人员的积极性，提高工作效率，实现会计目标，发挥会计信息在经济管理中的作用，都具有重要意义。对会计工作的组织，必须充分考虑会计的特点。会计既然是一个以提供财务信息为主的经济信息系统，各企业发生的所有经济业务，都要通过会计加以反映和控制，因而会计工作就与各项经营管理工作发生了密切的联系，需要相互配合、相互促进；会计工作又是一项严密细致的工作，会计信息系统要经过一系列的记录、计算、分类、汇总和分析，要通过一定的处理程序和手续，往往由于一个数字的差错、一个手续的遗漏或一个环节的偏差，就会使全部核算结果发生差错，从而贻误工作；会计工作也是社会主义市场经济建设中的一项重要工作，做好会计工作对于加强企业经营管理和国民经济宏观调控都具有重要作用。《会计法》第五条明确规定："国务院财政部门管理全国的会计工作。地方各级人民政府财政部门管理本地区的会计工作。"

国家财政部设置了会计管理司，作为管理全国会计工作的办事机构。会计管理司的主要任务是在财政部的领导下管理全国的会计工作，拟定全国性的会计法令、规章、制度、规划和组织会计人员业务培训、会计职称考试等。各省、自治区、直辖市的财政厅(局)都设有会计管理处，作为管理本地区会计工作的办事机构。

《会计法》第六条还规定："国家统一的会计制度由国务院财政部门根据本法制定。"由财政部颁发的《企业会计准则》及按大行业划分的会计制度，就是根据《会计法》制定的。

国家统一规定的会计法规和制度，是各企业进行会计工作的主要依据。各单位必须按照国家对会计工作的统一要求组织会计工作，同时，还要注意以下两项要求。

(一)根据各企业生产经营管理的特点来组织会计工作

国家对组织会计工作的统一要求，只是一般的原则规定，各企业必须结合实际情况和具体要求，加以贯彻落实。因此，各企业对会计机构的设置、会计人员的配备和统一会计法规的执行，都要结合企业的生产经营特点和管理要求，做出切合实际的安排和制定具体的实施办法。在这些具体实施办法中，应当包括企业内部的会计管理制度、内部控制制度及会计政策。

(二)在保证会计工作质量的前提下，讲求工作效率，节约工作时间和费用

对会计机构的设置和人员的配备，应力求精简、合理，提高工作效率；对会计处理程序和手续制度的规定，应结合实际需要，避免烦琐；会计工作要与统计工作密切配合，在有关指标的核算口径和凭证、账表的设置等方面应力求协调一致，避免重复劳动。此外，会计工作还应不断改进操作技术和方法，提高劳动效率。目前，会计工作正由手工操作逐步向电算化方向发展。组织会计工作，必须要符合这些要求，以保证用最少的人力、物力消耗达到最大的效益。

二、我国会计工作的管理体制

合理、科学地组织和管理好会计工作，是完成会计工作任务的保证。会计工作的组织和管理，包括国家对全国各级经济部门和各个基层单位会计工作的组织管理，以及各个基层单位内部对于会计工作的组织管理。会计工作的管理体制，总是与经济管理体制相适应的。经济管理体制的变革，必然会引起会计工作管理体制的变化。根据我国实行的社会主义市场经济体制，《会计法》对我国现阶段的会计工作管理体制做了具体规定。

《会计法》第五条规定："国务院财政部门管理全国的会计工作。"并同时规定："地方各级人民政府财政部门管理本地区的会计工作。"这就从法律上明确了国务院财政部和地方各级财政部门是会计工作的管理机构。根据《会计法》的规定，中央财政部设置了会计事务管理司，管理全国的会计工作；各省、自治区、直辖市财政厅、局也相应设置了会计事务管理处(科)，管理本地区的会计工作。中央财政部和地方各级财政厅、局的会计事务管理部门是代表国家和政府来管理各部门、各企业、各单位会计工作的指导部门。《会计法》第二十一条规定："各单位根据会计业务的需要设置会计机构，或者在有关机构中设置会计人员并指定会计主管人员。不具备条件的，可以委托经批准设立的会计咨询、服务机构进行代理记账。大、中型企业、事业单位和业务主管部门可以设置总会计师。"这又从法律上明确了各企业、事业单位会计机构、会计人员的组成和具体组织、处理会计工作的职能部门。在设置总会计师的企业、事业单位中，应由总会计师领导本单位的会计工作。在我国，大多数企业、事业单位的会计机构都是与财务机构合并设置的，因此常称为财会机构，如财务(财会)处、科、股、组等。

各级财政部门、各级业务主管部门和基层企业、事业单位在会计管理工作中的职责和权限，既可以适应会计工作宏观经济管理的需要，也可以发挥各级会计机构的积极作用，使整个国家的会计工作，形成一个有机的整体，相互协调地完成各自的任务，充分实现会计的各项职能。

此外，注册会计师制度也是我国会计工作管理体制的重要组成部分。注册会计师经国家或特定权威机构考试合格并授予证书，接受当事人委托，专门从事审计、验资、会计制度设计、资产评估、破产清算和经济事务咨询等业务。注册会计师是超然独立的专门职业，被称为不拿国家工资的“经济警察”。我国目前规定，外商投资企业、股份制企业等的年度会计报表必须经会计师事务所的注册会计师审计。各个国家都有地区性或全国性的职业团体，负责制定审计工作规范、制定职业道德规范、组织专业技术培训和专业资格考试等。我国注册会计师协会于 1988 年成立。

三、会计模式

会计是社会经济发展的产物。经济、政治、法律、科技和社会等因素无不影响会计，并导致会计的变革与发展。不同的社会经济环境衍生出特定模式的会计。可以说，不同国家的会计都是一种特定的会计模式，并适应其本国经济发展的需要。

正因如此，从比较会计的角度出发，我们可以将世界各国的会计大体划分为 5 种模式：英国模式（“真实与公允”）、美国模式（“公认会计原则”）、法国——西班牙——意大利模式(保证国家税收)、北欧模式(维护企业利益)和社会主义国家模式(服从于计划经济体制)。

长期以来，我国奉行高度集权的计划经济管理体制，其会计活动也充分体现着计划经济会计模式的特征。改革开放以来，这种模式被有计划的商品经济会计模式所取代。随着社会主义市场经济体制的建立与完善，客观上又要求确立与之相适应的会计模式。这种社会主义市场经济体制下的会计模式既不同于完全自由市场经济的会计模式，也不同于西方发达国家的会计模式，应借鉴西方会计的先进经验与方法，建立起具有中国特色的会计模式，使我国会计实现以下转变。

(1) 会计信息由满足国家宏观经济计划管理需要，转变为既符合国家宏观管理的需要，又满足有关各方了解企业财务状况和经营成果的需要，同时还满足企业加强内部经营管理的需要。

(2) 以分行业、分所有制的会计制度为主的会计法规体系转变为由“会计法→会计准则→会计制度(全国统一会计制度→企业本身会计制度)”构成的具有统一完整、高效灵活等特征的会计法规体系。

(3) 以政府直接管理全国会计事务为特征的会计管理体制转变为以间接管理为主，直接管理为辅，能充分发挥地方各级会计机构能动性和积极性的机制合理的会计管理体制。

(4) 注册会计师事业得以蓬勃发展，注册会计师制度得以建立和进一步完善。

第二节 会 计 机 构

会计机构是贯彻执行党和国家方针政策，制定和执行会计制度，组织领导和处理会计工作的职能机构。合理设置会计机构，明确工作任务，是保证会计工作顺利进行的重要条件。

一、会计机构的含义

会计机构是企业、事业单位中组织、处理会计工作的职能部门。因此，为了充分发挥会计工作的作用，任何企业、事业单位，都必须根据国家的规定，设置会计机构。会计机构的设置是否合理，职责分工是否明确，对于能否顺利地开展会计工作有着重要影响。一个企业、事业单位如果没有一个强有力的、高效率的会计机构，就不可能有条不紊地完成会计工作的各项任务，企业、事业单位的领导也就在管理工作方面失去了一个有力的助手和参谋。

企业、事业单位会计机构的设置，应该根据本单位规模的大小、会计工作的繁简来确定。在实际工作中，通常有两种情况：一种情况是在一些规模不大的企业、事业单位里，全部会计工作都是集中进行的，在这种情况下，只需集中设置会计机构，配备专职的会计人员；另一种情况是在一些规模较大的企业里，会计业务比较复杂，会计工作不是集中进行的，而是分别由厂部和车间(总厂和分厂，总店和分店等)分工负责的，在这种情况下，不仅厂部要设置会计机构，而且在各个车间中也要设置会计机构。在规模较大的企业里，会计机构的设置和分工，都必须贯彻会计工作与生产经营管理体制相适应的原则。也就是说，生产经营活动的管理工作由哪一级负责，会计工作也应当由哪一级组织，对于那些由厂部直接处理的经济业务，就应当由厂部进行核算。同样的，对于那些由车间处理的经济业务，就应当由车间进行核算，然后在此基础上由厂部进行有关的汇总核算。在这种情况下，厂部会计部门的主要工作，不再直接处理下属部门的会计事务，而是着重对全厂的会计工作实行总体领导，充分发挥会计管理的职能作用。

会计工作是一项十分细致而复杂的工作。为了把这细致而复杂的工作科学地组织起来，会计机构的内部，必须要有合理的分工和协作，会计部门的内部分工，同样要根据业务的繁简和各项业务之间的有机联系来确定。在较大的企业、事业单位里，会计机构内部还可以按照分工划分专业小组，以便于确定权责范围、组织协作和建立正常的工作秩序。会计部门在确定了内部分工以后，还应当根据分工建立岗位责任制，明确各个专业小组、各个会计人员的工作任务和工作内容，使会计部门的全体成员都能按照一定的工作程序，做好本职工作，并紧密配合，团结协作，共同完成会计工作的各项任务。

会计机构的内部分工，必须考虑内部会计控制的要求，不能单纯追求减少工作量而破坏会计手续的严密性。会计机构的内部分工还必须有利于提高工作效率，必须根据工作的实际需要和精简的原则，防止机构臃肿，人浮于事，避免人力、物力的浪费和滋长官僚主义。

二、会计机构的组织形式

会计机构的组织形式是由企业规模和所担负的任务决定的，一般可以分为独立核算机构和非独立核算机构。非独立核算机构又可分为半独立核算和报账单位。

(一)独立核算

企业实行独立核算必须具备一定的条件，通常要有一定的自有资金，有独立经营的自主权，能单独编制计划，单独计算盈亏，单独在银行开户并经工商行政部门注册登记。独立核算单位必须全面地进行记账、独立对外结算和定期编制会计报表。

实行独立核算单位的记账工作组织形式又可分为集中核算和分散核算两种。集中核算是账务工作全部在会计部门进行，各车间、部门一般不进行单独核算，而只是对所发生的经济业务进行原始记录，办理原始凭证手续，并对原始凭证进行适当汇总，定期将原始凭证或汇总原始凭证送交财务会计部门进行总分类核算和明细分类核算。其优点是可以减少核算环节，简化核算手续，有利于及时掌握全面的经营情况和精简人员，一般适合于中、小型企业。分散核算是指企业所属的分厂、车间根据生产经营的原始凭证，登记账簿，定期编制记账凭证汇总表向财务会计部门报账(这种单位称为报账单位)，或由部门编制本部门的会计报表送财务会计部门汇总编表(这种单位称为半独立核算单位)，其编制方法类似合并会计报表的编制。即企业的内部单位对本身所发生的经济业务进行较全面的核算。这种组织形式一般适用于大型企业。所以，一个企业实行集中核算还是分散核算，应视企业规模大小和经营管理要求决定。往往一个企业对某些会计业务采用集中核算，而对另一些业务又采取非集中核算。但无论采用哪种组织形式，企业对外的货币资金往来，物资购销，债权、债务结算都应由财务会计部门集中办理。

(二)半独立核算

半独立核算是指独立核算企业所属的分厂、车间或生产、业务单位，其规模比较大，生产、经营上有一定的独立性，但不具备完全独立核算的某些必要条件，如不能在银行单独开户，没有独立的资金等。这些单位配备一定的会计人员，单独编制会计凭证、单独记账和编制会计报表，然后送会计部门汇总编表。其优点是部门负责人和职工能及时掌握部门的生产成本、经营情况和财务成果，动员职工参加企业管理。这种核算组织对实行经济责任制更为需要。

(三)报账单位

报账单位是指企业内部各部门本身不单独计算盈亏，只记录和计算几个主要指标，进行简易核算，以考核其工作质量。这些单位如商品流通企业所属的门市部和分销店，平时只向上级领取备用金，定期向上级报销，收入全部解缴上级，由财务部门集中进行核算。

三、总会计师

《总会计师条例》(2011 修订) [20110108]明确了总会计师的职权和地位，以便发挥总会计师在加强经济管理、提高经济效益中的作用。《总会计师条例》规定：“全民所有制大、中型企业设置总会计师；事业单位和业务主管部门根据需要，经批准可以设置总会计师。”

(一)总会计师的条件

关于总会计师的任职条件，《总会计师条例》第十六条规定，总会计师必须具备下列条件：

(1)坚持社会主义方向，积极为社会主义建设和改革开放服务；

(2)坚持原则，廉洁奉公；

(3)取得会计师任职资格后，主管一个单位或单位内一个重要方面的财务会计工作时间不少于 3 年；

(4)有较高的理论政策水平，熟悉国家财经法律、法规、方针、政策和制度，掌握现代化管理的有关知识；

(5)具备本行业的基本业务知识，熟悉行业情况，有较强的组织领导能力；

(6)身体健康，能胜任本职工作。

(二)总会计师的职责

(1)负责组织本单位的下列工作：编制和执行预算、财务收支计划、信贷计划，拟订资金筹措和使用方案，开辟财源，有效地使用资金；进行成本费用预测、计划、控制、预算、分析和考核，督促本单位有关部门降低消耗、节约费用、提高经济效益；建立和健全经济核算制度，利用财务会计资料进行经济活动分析；承办单位主要行政领导人交办的其他工作。

(2) 总会计师负责对本单位财务机构的设置和会计人员的配备、会计专业职务的设置和聘任提出方案；组织会计人员的业务培训和考核，支持会计人员依法行使职权。

(3) 总会计师协助单位主要行政领导人对企业的生产经营、行政事业单位的业务发展及基本建设投资等问题做出决策。总会计师参与新产品开发、技术改造、科技研究、商品(劳务)价格和工资奖金等方案的制订；参与重大经济合同和经济协议的研究。

(三) 总会计师的权限

(1) 总会计师对违反国家财经法律、法规、方针、政策、制度和有可能在经济上造成损失、浪费的行为，有权制止或者纠正。单位主要行政领导人不同意总会计师对前款行为的处理意见的，总会计师应当依照《中华人民共和国会计法》的有关规定执行。

(2) 总会计师有权组织本单位各职能部门、直属基层组织的经济核算、财务会计和成本管理方面的工作。

(3) 总会计师主管审批财务收支工作。除一般的财务收支可以由总会计师授权的财会机构负责人或其他指定人员审批外，重大的财务收支，须经总会计师审批或由总会计师报单位主要行政领导人批准。

(4) 预算、财务收支计划、成本和费用计划、信贷计划、财务专题报告、会计决算报表须经总会计师签署；涉及财务收支的重大业务计划、经济合同、经济协议等，在单位内部需经总会计师签署。

(5) 会计人员的任用、晋升、调动、奖惩，应当事先征求总会计师的意见。财会机构负责人或会计主管人员的人选，应当由总会计师进行业务考核，依照有关规定审批。

(四) 总会计师的地位

《总会计师条例》规定：(1) 总会计师是单位行政领导成员，协助单位主要行政领导人工作，直接对单位主要行政领导人负责；(2) 凡设总会计师的单位，在单位行政领导成员中，不设与会计师重叠的副职；(3) 总会计师组织领导本单位的财务管理、成本管理、预算管理、会计核算和会计监督等方面的工作，参与单位重要经济问题的分析和决策；(4) 总会计师具体组织本单位执行国家有关财经法律、法规、方针、政策和制度，保护国家财产。总会计师的职权受国家法律保护。单位主要行政领导人应支持并保障总会计师依法行使职权。

(五) 总会计师的任免

《总会计师条例》第 15 条规定：企业的总会计师由本单位主要行政领导人提名，政府主管部门任命或聘任；免职或解聘程序与任命或聘任程序相同。

事业单位和业务主管部门的总会计师依照干部管理权限任命或聘任；免职或解聘程序与任命或聘任程序相同。

(六) 总会计师的奖惩

总会计师在工作中成绩显著，有下列情形之一的，依照国家有关企业职工或者国家行政机关工作人员奖惩的规定给予奖励：(1) 在加强财务会计管理，应用现代会计方法和技术手段，提高财务管理水平和经济效益方面，取得显著成绩的；(2) 在组织经济核算，挖掘增产节约，增收节支潜力，加速资金周转，提高资金使用效果方面，取得显著成绩的；(3) 在维护国家财经纪律，抵制违法行为，保护国家财产，防止或避免国家财产遭受重大损失方面，有突出贡献的；(4)在廉政建设方面，事迹突出的；(5)有其他突出成就或模范事迹的。

总会计师在工作中有下列情形之一的，应当区别情节轻重，依据国家有关企业职工或国家行政机关工作人员奖惩的规定给予处分：(1)违反法律、法规、方针、政策和财经制度，造成财会工作严重混乱的；(2)对偷税漏税，截留应当上交国家的收入，滥发奖金、补贴，挥霍浪费国家资产，损害国家利益的行为，不抵制、不制止、不报告，致使国家利益遭受损失的；(3)在其主管的工作范围内发生严重失误或玩忽职守，致使国家利益遭受损失的；(4)以权谋私，弄虚作假、徇私舞弊，致使国家利益遭受损失，或者造成恶劣影响的；(5)有其他渎职行为和严重错误的。总会计师有前款所列行为，情节严重，构成犯罪的，由司法机关依法追究刑事责任。

四、会计师事务所

1993 年 10 月 31 日第八届全国人大常委会第四次会议通过的《中华人民共和国注册会计师法》，对会计师事务所的性质、组成、设立和批准、注册会计师业务等做出了明确的规定。

(一)会计师事务所的性质

会计师事务所是依法设立并承办注册会计师业务的机构。会计师事务所应自收自支、独立核算、依法纳税。为了加强会计工作，推行审计制度，适应发展市场经济的需要，经国务院财政部或省、自治区、直辖市人民政府财政部门批准的由注册会计师组成的会计师事务所，可按国家有关规定承办查账业务。会计师事务所按照国务院财政部门的规定，建立职业风险基金，办理职业保险；受理业务不受行政区域、行业的限制。但是，法律、行政法规另有规定的除外，委托人委托会计师事务所办理业务，任何单位和个人不得干预。

(二)会计师事务所的组成

会计师事务所可以由注册会计师合伙设立。合伙设立的会计师事务所的债务，由合伙人按照出资比例或协议约定，以各自的财产承担责任。合伙人对会计师事务所的债务承担连带责任。

会计师事务所符合下列条件的，可以是负有限责任的法人：(1)不少于 30 万元的注册资本；(2)有一定数量的专职从业人员，其中至少有 5 名注册会计师；(3)国务院财政部门规定的业务范围和其他条件。负有限责任的会计师事务所以其全部资产对其债务的承担责任。

(三)会计师事务所的设立与批准

申请设立会计师事务所，申请者应当向审批机关报送下列文件：(1)申请书；(2)会计师事务所的名称、组织机构和业务场所；(3)会计师事务所章程，有合伙协议的并应报送合伙协议；(4)注册会计师名单、简历及有关证明文件；(5)会计师事务所主要负责人、合伙人的姓名、简历及有关文件；(6)负有限责任的会计师事务所的出资证明；(7)审批机关要求的其他文件。

会计师事务所由国务院财政部门或者省、自治区、直辖市人民政府财政部门批准。批准的会计师事务所应当报国务院财政部门备案。国务院财政部门发现批准不当的，应当自收到备案报告之日起 30 日内通知原审批机关重新审查。会计师事务所设立分支机构，须经分支机构所在地的省、自治区、直辖市人民政府财政部门批准。

国务院财政部门和省、自治区、直辖市人民政府财政部门依法对会计师事务所进行监督、指导。

（四）注册会计师

注册会计师执行业务，应当加入会计师事务所。注册会计师是依法取得注册会计师证书并接受委托从事审计和会计咨询、会计服务业务的执业人员。

1．注册会计师的业务范围

(1)注册会计师承办的审计业务包括：审查企业会计报表，出具审计报告；验证企业资本，出具验资报告；办理企业合并、分立、清算中的审计业务，出具有关的报告；法律、行政法规规定的其他审计业务。注册会计师依法执行审计业务出具的报告，具有证明效力。(2)注册会计师可以承办会计咨询、会计服务业务。

2．注册会计师的工作规则

(1)注册会计师承办业务，由其所在的会计师事务所统一受理并与委托人签订委托合同。(2)注册会计师执行业务，可根据需要查阅委托人的有关资料和文件，查看委托人的业务现场和设施，要求委托人提供其他必要的协助。(3)注册会计师与委托人有利害关系的，应当回避，委托人有权要求其回避。(4)在执行业务中知悉的商业秘密，负有保密义务。(5)执行审计业务，遇有下列情形之一的应当拒绝出具有关报告：委托人示意其做不实或者不当证明的；委托人故意不提供有关会计资料和文件的；因委托人有其他不合理要求，致使注册会计师出具的报告不能对财务会计的重要事项做出正确表述的。(6)执行审计业务，必须按照执业准则、规则确定的工作程序出具报告，不得有下列行为：明知委托人对重要事项的财务会计处理与国家有关规定相抵触，而不予指明；明知委托人的财务会计处理会直接损害报告使用人或其他利害关系人的利益，而予以隐瞒或做不实的报告；明知委托人的财务会计处理会导致报告使用人或其他利害关系人产生重大误解而不予指明；明知委托人的会计报表的重要事项有其他不实的内容，而不予指明。(7)注册会计师不得有下行为：在法律、行政法规规定不得买卖被审计单位的股票、债券或者不得购买审计单位或个人的其他财产的期限内，买卖被审计单位的股票、债券或者购买被审计单位或个人所拥有的其他财产；索取、收受委托合同约定以外的酬金或其他财物，或者利用执行业务之便，谋取不正当的利益；接受委托催收债款；允许他人以本人名义执行业务；同时在两个或两个以上的会计师事务所执行业务；对其能力进行广告宣传以招揽业务；违反法律、行政法规的其他行为。

国家实行注册会计师全国统一考试制度。参加注册会计师全国统一考试成绩合格，并从事审计业务工作两年以上的，可以向省、自治区、直辖市注册会计师协会申请注册。除另有规定者外，受理申请的注册会计师协会应当准予注册。

第三节　会 计 人 员

一、会计人员的任免、职责和权限

会计工作同其他工作一样，是社会主义市场经济建设不可缺少的组成部分。为了充分调动会计人员的积极性，做好会计工作，更好地为发展社会主义市场经济服务，应当明确会计人员的任免、职责和权限，使会计人员的工作有明确的方向和办事准则。

考虑会计人员的工作特点，国家对会计人员，特别是对会计机构的负责人和主管会计人员的任免，在手续上做了若干特殊规定。

全民所有制企业的会计人员肩负着双重任务：一方面他们是企业职工的组成部分，必须为企业做好工作，维护企业的合法经济权益；同时，他们又是国家财政、财务制度和财经纪律的执行者，必须从国家的整体利益出发，把好关口。为了保障会计人员的职权不受侵犯，正确处理局部和整体之间的关系，《会计法》对会计人员的任免做了如下规定。

(1)国有企业、事业单位的会计机构负责人、会计主管人员的任免，应当经过主管单位的同意，不得任意调动或撤换。

(2)会计人员忠于职守、坚持原则，受到错误处理的，主管单位应责成所在单位予以纠正；会计人员玩忽职守，丧失原则，不宜担任会计工作的，上级主管单位应责成所在单位予以撤换。

中外合资企业、私营企业等非全民所有制企业的会计工作人员，一般都实行聘任制。根据《会计法》和《会计基础规范》等的规定，企业会计人员的主要职责有以下内容。

(一)进行会计核算

会计人员必须按照会计制度的规定，切实做好会计核算工作。应当进行会计核算、办理会计手续的事项有：

(1)款项和有价证券的收付；

(2)财物的收发、增减和使用；

(3)债权、债务的发生和结算；

(4)资本、基金的增减和经费的收支；

(5)收入、费用、成本的计算；

(6)财务成果的计算和处理；

(7)其他事项。

在会计核算过程中，会计人员应当认真填制审核会计凭证、登记账簿，定期核对账目和财产清查、编制财务报告，做到账证相符、账账相符、账实相符和账表相符，保证会计数字的真实、准确、完整，及时向各类会计信息使用者提出报告。

(二)实行会计监督

会计人员应对本单位实行会计监督。会计监督的主要内容有：对原始凭证的审核和监督；对实物、款项的监督；对财务报告的监督；对财务收支和其他经济活动的监督。主要的监督事项包括：会计人员对不真实、不合法的原始凭证不予受理，对记载不准确、不完整的原始凭证予以退回，要求更正、补充；当发现账簿记录与实物、款项不符时，应按有关规定进行处理；无权进行处理的，应立即向本单位领导人报告，请求查明原因，做出处理，对违法的收支，应当制止和纠正，制止和纠正无效的，应当向单位领导人提出书面意见，单位领导人应当自接到书面意见之日起 10 日内做出书面决定，并对决定承担责任。

(三)拟订本单位办理会计事务的具体办法

国家统一的会计法规和制度，只是对企业、单位会计工作和管理做出一般的、通用的规定，企业应结合本单位的具体情况，建立健全本单位内部适用的会计规章制度。例如：内部控制制度、内部稽核制度、分级管理分级核算办法、费用报销手续制度，等等。

(四) 参与拟订经济计划、业务计划，考核、分析预算、财务计划的执行情况

经济和业务计划是指各经济组织制订的生产经营等方面的计划，如工业企业的产品生产、销售、基本建设、固定资产更新改造、大修理、新产品试制等计划。各单位编制的经济或业务计划是指导经济、业务活动的重要依据，也是会计人员编制财务预算的重要依据，会计人员要参与编制经济和业务计划，并认真考核、分析预算、财务计划的执行情况。

(五) 办理其他会计事务

各单位的会计人员还应依法办理其他会计事务，如会计档案的保管等。

为了保障会计人员能够切实地履行自己的职责，国家给他们赋予了必要的权限。会计人员的权限主要有以下几个方面。

(1) 会计人员有权要求本企业有关部门、人员认真执行国家的有关方针政策，遵守国家财经纪律和财务会计法规。如有违反，会计人员有权拒绝付款、拒绝报销或拒绝执行，并向本单位领导人报告。对于弄虚作假、营私舞弊、欺骗上级等违法乱纪行为，会计人员必须坚决拒绝执行，并向本单位领导人或主管部门、财政、审计和税务机关报告。会计人员对违法的收支，不予制止和纠正，又不向单位领导人提出书面意见的，也应当承担责任。

(2) 会计人员有权参与本企业编制计划、预算，制定定额，对外签订经济合同，参加有关生产、经营管理会议；有权要求本单位有关部门、人员提供同财务会计工作有关的情况和资料。

(3) 会计人员有权监督、检查本企业有关部门的财务收支、资金使用，财产保管、收发、计量、检验等情况。有关部门要如实反映情况。

为了保障会计人员正确行使工作权限，国家规定：各级领导和有关人员要支持会计人员行使工作权限。本单位领导人、上级机关和财政部门对会计人员反映的有关损害国家和社会公众利益、违法等问题，要认真地、及时地进行调查处理。如果反映情况属实，不及时采取措施加以纠正，由领导人和上级机关负责。如果有人对会计人员坚持原则、反映情况进行刁难、阻挠或打击报复，上级机关要查明情况，严肃处理；情节严重的，要给以党纪国法制裁。《会计法》第二十九条明确规定：“单位领导人和其他人员对依照本法履行职责的会计人员进行打击报复的，给予行政处分；构成犯罪的，依法追究刑事责任。”这些规定，都是从法律上保护并鼓励会计人员为维护国家利益和社会公众利益而坚持原则，履行自己的职责。

二、会计专业职务

为了合理地使用会计专业人员，调动其积极性、创造性，充分发挥他们在加强经济管理、提高经济效益中的作用，实行会计专业职务聘任制。

(一) 专业职务的设置和任职条件

会计专业职务是根据工作的需要，在规定限额和批准的编制内设置的工作岗位。会计专业职务名称定为：会计员、助理会计师、会计师、高级会计师。

1. 会计员

(1) 初步掌握财务会计知识和技能。(2) 熟悉并能执行有关会计法规和财务会计制度。(3) 能担负一个岗位的财务会计工作。(4) 大学专科或中等专业学校毕业，在财务会计工作岗位上见习一年期满。

2. 助理会计师

(1)掌握一般的财务会计基础理论和专业知识。(2)熟悉并能正确执行有关的财经方针、政策和财务会计法规、制度。(3)能担负一个方面或某个重要岗位的财务会计工作。(4)取得硕士学位，或者取得第二学士学位或研究生班结业证书，具备履行助理会计师职责的能力；大学本科毕业，在财务会计工作岗位上见习一年期满；大学专科毕业并担任会计员职务两年以上；或中等专业学校毕业并担任会计员职务 4 年以上。

3. 会计师

(1)较系统地掌握财务会计基础理论和专业知识。(2)掌握并能正确贯彻执行有关的财经方针、政策和财务会计法规、制度。(3)具有一定的财务会计工作经验，能担负一个单位或管理一个地区、一个部门、一个系统某个方面的财务会计工作。(4)取得博士学位，并具有履行会计师职责的能力；取得硕士学位并担任助理会计师职务两年左右；取得第二学士学位或研究生班结业证书，并担任助理会计师职务 2～3 年；大学本科或大学专科毕业并担任助理会计师职务 4 年以上。(5)掌握一门外语。

4. 高级会计师

(1)较系统地掌握经济、财务会计理论和专业知识。(2)具有较高的政策水平和丰富的财务会计工作经验，能担负一个地区、一个部门或一个系统的财务会计管理工作。(3)取得博士学位，并担任会计师职务 2～3 年；取得硕士学位、第二学士学位或研究生班结业证书，或大学本科毕业并担任会计师职务 5 年以上。(4)较熟练地掌握一门外语。

对各级专业职务的学历和从事财务会计工作年限的要求，一般都应具备；但对确有真才实学、成绩显著、贡献突出、符合任职条件的，在确定其相应专业职务时，可不受规定的学历和工作年限的限制。

各级会计专业职务的设置，应根据会计人员的编制定员、专业职务限额比例、所担负的任务和会计干部队伍的实际情况确定，并按规定的程序报经批准。

(二)专业职务的基本职责

1. 会计员

负责具体审核和办理财务收支，编制记账凭证，登记会计账簿；编制会计报表和办理其他会计事务。

2. 助理会计师

负责草拟一般的财务会计制度、规定、办法，解释、解答财务会计法规、制度中的一般规定；分析检查某一方面或某些项目的财务收支和预算的执行情况。

3. 会计师

负责草拟比较重要的财务会计制度、规定、办法；解释、解答财务会计法规、制度中的重要问题；分析检查财务收支和预算执行情况；培养初级会计人才。

4. 高级会计师

负责草拟和解释、解答在一个地区、一个部门、一个系统或在全国施行的财务会计法规、制度、办法；组织和指导一个地区或一个部门、一个系统的经济核算和财务会计工作；培养中级以上会计人才。

(三) 专业职务的聘任

聘任或任命专业职务，应由本人申请、单位推荐，经会计专业技术资格考试合格或经会计专业职务评审委员会考核评议，确认符合相应的任职条件。

单位行政领导人应根据工作需要和规定的限额，在经会计专业技术资格考试合格或经会计专业职务评审委员会考核评议，确认符合任职条件的人员中聘任或任命；未经会计专业技术资格考试合格或会计专业职务评审委员会确认符合任职条件的，不得聘任或任命。

1992 年 3 月 21 日财政部、人事部发布的《会计专业技术资格考试暂行规定》中明确规定：会计专业技术资格，实行全国统一考试制度。资格考试按会计专业职务的设置分为会计员、助理会计师、会计师资格考试。会计专业资格实行统一考试后，不再进行相应会计职务任职资格的评审工作，凡考试通过者，证明其已具备担任相应会计专业职务的水平和能力。根据有关规定，按照德才兼备的原则，单位从获得专业技术资格的会计人员中择优聘任。

会计专业职务一般任期不超过 5 年；根据工作需要可续聘或连任。

各单位要建立健全会计专业人员的业绩考核制度，对任职会计专业人员的业务水平、工作态度和成绩进行定期或不定期的考核，记入档案，作为任职、调薪、奖惩和能否续聘的依据。对于工作积极、刻苦钻研业务、坚持原则、廉洁奉公、有显著成绩的会计人员、应给予奖励；对其中表现突出、工作中有重大贡献者，可授予先进工作者、模范会计等荣誉称号和物质奖励。

会计人员的技术工资等级，由国家劳动人事部会同财政部比照工程技术人员的办法规定。凡授予职称的会计人员，都是从事经济工作的技术人员，在政治上、生活上享受技术人员待遇。

为了搞好会计工作，完成会计任务，会计人员必须力求稳定，不要随意调动。一般会计人员的调动，须先征得本单位会计主管人员和上级会计部门的同意；会计机构负责人、会计主管人员的任免要经过上级主管单位同意。

三、会计人员的职业道德

所谓职业道德，是指人们在职业生活中应遵循的基本道德，即一般社会道德在职业生活中的具体体现，通过公约、守则等对职业活动中的某些方面加以规范。会计人员在会计工作中应当遵守职业道德，树立良好的职业品质、严谨的工作作风，严守工作纪律，努力提高工作效率和工作质量。

《会计基础工作规范》规定的会计人员职业道德有以下几点。

(1) 会计人员应当热爱本职工作，努力钻研业务，使自己的知识和技能适应所从事工作的要求。

(2) 会计人员应当熟悉财经法律、法规、规章和国家统一会计制度，并结合会计工作进行广泛宣传。

(3) 会计人员应当按照会计法律、法规和国家统一的会计制度规定的程序和要求进行会计工作，保证所提供的会计信息合法、真实、准确、及时和完整。

(4) 会计人员办理会计事务应当实事求是，客观公正。

(5)会计人员应当熟悉本单位的生产经营和业务管理情况，运用掌握的会计信息和会计方法，为改善单位内部管理、提高经济效益服务。

(6)会计人员应当保守本单位的商业秘密，除法律规定和单位领导人同意外，不能私自向外界提供或者泄露单位的会计信息。

四、会计工作的交接

会计人员工作调动或因故离职，必须将本人经管的会计工作全部移交给接替人员。没有办清交接手续的，不得调动和离职。接替人员应当认真接管移交工作，并继续办理移交的未了事项。

会计人员办理移交手续前，应及时做好以下工作。

(1)已经受理的经济业务尚未填制会计凭证的，应当填制完毕。

(2)尚未登记的账目应当登记完毕，并在最后一笔余额后加盖经办人员印章。

(3)整理应移交的各项材料，对未了事项写出书面材料。

(4)编制移交清册，列明应当移交的会计凭证、会计账簿、会计报表、印章、现金、有价证券、支票簿、发票、文件、其他会计资料和物品等内容。

移交人员在办理移交时，要按移交清册逐项移交；接替人员要逐项核对点收。具体包括以下内容。

(1)现金、有价证券要根据会计账簿有关记录进行点交，库存现金、有价证券必须与会计账簿记录保持一致，不一致时，移交人员必须限期查清。

(2)会计凭证、会计账簿、会计报表和其他会计资料必须完整无缺，如有短缺，必须查清原因，并在移交清册中注明，由移交人员负责。

(3)银行存款账户余额与银行对账单核对，如不一致，应当编制银行存款余额调节表调节相符，各种财产物资和债权、债务的明细账户余额要与总账有关账户余额核对相符；必要时，要抽查个别账户的余额，与实物核对相符，或与往来单位、个人核对清楚。

(4)移交人员经管的票据、印章和其他实物等，必须交接清楚。

会计人员办理交接手续，必须有监交人负责监交。一般会计人员交接由单位会计机构负责人、会计主管人员负责监交；会计机构负责人、会计主管人员交接，由单位领导人负责监交，必要时可由上级主管部门派人会同监交。

第四节　会计内部控制制度

一、会计内部控制制度的作用

会计内部控制制度是企业和行政事业单位管理制度的一个重要组成部分。

会计工作的质量光凭会计工作人员的自身素质是不行的。诚然，会计工作人员的自身素质是实现会计工作高质量的最重要的保证。没有一支素质好的会计工作队伍，任何设计良好的会计内部控制制度都会流于形式，成为一张废纸。特别是在市场经济的环境中，会计工作队伍难免良莠不齐，个别人经不住金钱的诱惑，利用会计内部控制制度不严的空子，以权谋私，营私舞弊，贪污盗窃，走上了犯罪的道路。所以，会计内部控制制度同样也是实现会计工作高质量的重要保证，它同会计人员自身素质是相辅相成的。健全的会计内部控制制度靠素质良好的会计人员来执行，良好的会计人员素质需要健全的会计内部控制制度来体现。具体来说，会计内部控制制度具有四个作用。

(一)确保企事业单位的整体目标和效益的实现

任何单位的运作都有一定的目标和预期取得的效益。企事业单位的整体目标必须逐级分解到下属单位，规定下属单位的预期目标。会计内部控制制度从核算的角度将单位的整体目标逐级分解，以明确下属单位的核算要求，并赋予必要的权力和责任。一个单位规模越大，对管理的要求就越高。为防止效率的损失，可能需要分权化管理，也就是决策权的下放。权力的下放，弄得不好，就可能使下属部门失控，自行其是。这样，就会造成下属部门追求的目标与单位的整体目标不相一致，下属部门也许实现了经济效益，但单位的整体目标和效益受到损害，所以需要从系统的角度建立起一套能实现单位整体目标和效益的内部控制制度，使上下、左右各部门和人员能相互配合、相互协调、相互制约，使下属部门在追求效益的同时有利于单位整体目标和效益的实现。注意：会计内部控制制度是内部控制制度的一个重要组成部分，而不是全部。要使会计内部控制制度有效，必须使之与别的内部控制制度结合起来运作。

(二)确保单位资金、财产的安全和完整

经济业务离不开钱和物。一个单位的资产有多种形态，如库存现金、银行存款、应收账款、存货、固定资产等，每项资产都需要根据其特点设计出会计内部控制制度，做到账账相符、账实相符。这种控制制度是严密的，要使用心不良的不法分子无空子可钻；同时这种控制制度是切合实际的，能保证单位正常业务活动的开展。这叫做“管而不死，放而不乱”。值得注意的是，有一些单位制度松弛，财产流失严重，贪污盗窃事件时有发生，这主要是会计内部控制制度不严和管理人员责任心缺乏造成的。所以，有必要建立健全与会计内部控制制度相配合的岗位责任制度。

(三)确保会计信息正确、可靠

决策需要信息，正确的决策根据的是正确、可靠的信息。正确、可靠的会计信息就要求具备符合管理目标的、翔实的和真实的会计核算数据，这就需要由健全的、科学的会计内部控制制度来保证。通过这种制度，会计核算有一个扎实的基础，无论原始凭证和各类账户都记录正确和翔实，能为管理决策及时提供有用的信息；通过这种制度，会计核算是分主次和层次的，对关键性的内容能及时传递到相关的管理决策层并能及时反馈到有关部门和人员，不同层次的管理人员需要不同要求的管理信息，所以，我们强调会计信息的完整性，并不是“眉毛胡子一把抓”，多多益善，而是根据管理决策的要求，要经过甄别、筛选的数据。

(四)确保财会法规和准则的执行

国家规定的一系列财会规章制度和财务会计准则要求各单位严格遵守和执行。要做到这一点，就需要各单位根据自身的特点，建立起一套会计内部控制制度。这样，每道核算环节都能按财会法规和准则来衡量，及时制止不合法的经济业务发生。有了一套良好的会计内部控制制度，再加上平日严格地执行，就可以为年终审计和经济效益评价打下基础。平时失控，那么就根本谈不上财会法规和准则执行得如何，也根本谈不上会计核算和监督职能的正常履行。

二、会计内部控制制度的内容

尽管单位与单位之间情况千差万别，但是建立会计内部控制制度主要应当体现以下三个内容。

(一)职权和责任的规定

会计内部控制制度必须明确规定各级会计人员的职权和责任。所谓职权，就是处理会计业务的范围和权力，把整个单位的会计业务进行纵向(上下级)分工和横向(部门间)分工，使每个会计人员，从主管到具体工作人员都有明确的岗位责任，即应当做什么，怎么做。管理工作最忌职权不清、责任不明，这样容易造成效率低下、损失浪费。职权和责任划分清楚了，那就不存在“有事无人管”或“有事大家都管又都不管”的情况，使企业能够正常有序地运转。职权和责任是结合在一起的，光有职权而无责任，就可能出现滥用职权的现象；光有责任而无职权，就会使会计人员无从负责。注意：在规定会计人员的职权和责任的同时，还必须建立考核和奖励制度，定期检查会计人员执行职权和责任的情况，奖励执行制度认真的人员，处罚不严格执行制度的人员，这样才能确保会计内部控制制度的行之有效。

(二)程序和手续的规定

我们已经介绍了会计核算、财产清查的必要程序和手续。这些程序是经过长期会计核算的实践总结出来的，这既体现了科学的记账方法，又包含了严格的内部控制含义。比如，企业在从事每项经济业务时，都应该填写或取得原始凭证，经过会计部门审核签证后，据以填制记账凭证(收款凭证、付款凭证和转账凭证)，再经有关人员审核签证后，据以登记账簿。这些程序看似简单，但包含了前后控制的道理。如果程序颠倒，就会使核算工作紊乱，给管理造成漏洞。对现金收支，银行往来，应收、应付账款，存货，固定资产等都有其特殊的控制程序和手续，需要严格遵守。

(三)相互联系和相互制约的规定

这是衡量企业会计内部控制制度是否严密的重要标志之一。它的基本要求是对容易发生差错、发生舞弊的会计工作实行分工、分隔，以达到相互制约的目的。比如，填制收款原始凭证(或收据)与收款的职责应当分开；核对凭证与收取和记录现金的职责应当分开；经手、记录和存入现金与收取和调整每月银行对账单的职责应当分开；掌握支票和记录支票使用情况与审批支出的职责应当分开；负责银行对账单余额调整与保管和记录支票簿的职责应当分开；票据保管与现金出纳、会计职责应当分开；采购与验收、记账和付款的职责应分开；保管财产物资与登记财产物资账册的职责应当分开；批准核销财产损失与申报财产损失的职责应当分开；审批经济业务与执行经济业务的职责应当分开，等等。所以要职责分开，主要是两类不同性质的工作是对应的、相互牵制的，一方出现的问题可以由另一方来检查、纠正，起到减少差错和舞弊的作用。这种相互牵制的机制，必须至少有一方具备必要的素质，才能奏效。如果两方相互勾结，这种机制也就失效了。因此，管理层应当经常考察会计人员业绩，必要时可轮换某些岗位，防止不良行为的发生。

第五节　会计档案管理

一、会计档案的内容

会计档案是指会计凭证、会计账簿和财务报表等会计专业资料，是记录和反映经济业务的重要史料和证据。各个企业应建立健全会计档案的立卷、归档、保管、调阅和销毁等管理制度，切实把会计档案管好。

会计档案是国家档案的重要组成部分，也是各企业的重要档案之一。它对于追查和明确历史上的经济责任、积累会计信息都有重要意义。

二、会计档案管理的要求

各企业每年形成的会计档案，都应由会计部门按照归档的要求，负责整理立卷和装订成册。当年会计档案，在会计年度终了后，可暂由本企业会计部门保管一年。期满之后，原则上应由会计部门编造清册移交本企业的档案部门保管。会计机构和会计人员必须按期将应当归档的会计档案，全部移交档案部门，不得自行封包保存。档案部门必须按期点收，不得推诿拒绝。

各种会计档案的保管期限，根据其特点，分为永久、定期两类。定期保管期限分类有 3 年、10 年、15 年、25 年 5 种。各种会计档案的保管期限，从会计年度终了后的第一天算起。

根据《会计档案管理办法》，全民所有制企业的会计档案保管期限如表 12-1 所示。

表 12-1　全民所有制有企业的会计档案保管期限表

顺序号	档案名称	保管期限	备　注
	一、会计凭证类		
1	原始凭证、记账凭证和汇总凭证	15 年	
	其中：涉及外事和对私改造的会计凭证	永久	
2	银行存款余额调节表	3 年	
	二、会计账簿类		
3	日记账	15 年	
	其中：现金和银行存款日记账	25 年	
4	明细账	15 年	
5	总账	15 年	包括日记总账
6	固定资产卡片		固定资产报废清理后保存 5 年
7	辅助账簿	15 年	
8	涉及外事和对私改造的会计账簿	永久	
	三、会计报表类		
9	主要财务指标快报	3 年	包括文字分析
10	月、季度会计报表	5 年	包括文字分析
11	年度会计报表(决算)	永久	包括文字分析
	四、其他类		
12	会计移交清册	15 年	
13	会计档案保管清册	25 年	
14	会计档案销毁清册	25 年	

会计档案保管期满，需要销毁时，由本企业档案部门提出销毁意见，会同会计部门共同鉴定，严格审查，编制会计档案销毁清册。会计档案经企业领导审查、上级主管单位批准后方可销毁。未结债权、债务的原始凭证，应单独抽出，另行立卷。

第十三章

计算机会计学概述

学习目的和要求：

1. 初步认识会计电算信息系统；
2. 了解计算机会计系统与手工会计系统的区别；
3. 了解国内外会计电算化的发展；
4. 了解计算机会计系统的结构。

会计作为经济管理的重要组成部分，是适应社会生产的发展和管理需要而不断发展和完善的。会计学术界普遍认为会计的发展经历了三次里程碑式的重大转折：第一次是意大利数学家、会计学家卢卡·帕乔利的《算术、几何、比及比例概要》的出版，在该书中他全面系统地介绍了当时威尼斯盛行的复式记账法；第二次是 1854 年爱丁堡会计师协会在苏格兰成立；第三次是 20 世纪 50 年代以后，随着新技术、新工艺在生产中的广泛应用，管理会计的产生。20 世纪 50 年代，计算机开始用于会计数据处理；到 20 世纪 90 年代，计算机会计系统的设立已经成为十分普遍的现象。这对传统会计产生了巨大的冲击，极大地丰富和强化了会计的管理和控制职能。可以说，会计电算化是会计发展史上的又一次重大变革，是一项具有历史意义的事业。

第一节　会计电算信息系统的基本概念与构成要素

一、会计电算信息系统的基本概念

(一) 数据和信息

数据是描述客观实体属性、属性值的文字、图形、数字等符号。单纯的数据本身并无意义，具有客观性；只有经过加工才成为信息。信息是经过加工对信息的使用者有用的数据。信息与信息的使用者相依存，因此具有主观性。

一般地，数据和信息不做严格的区分。

(二) 系统

系统是由处于一定的环境中相互联系相互作用的若干组成部分，为达到整体目的而结合建立的集合。相互联系的组成部分称之为系统的元素，它们都具有独立的功能，它们之间又相互联系。系统由输入、处理、输出、控制四大部分组成。

（三）会计数据处理技术

会计数据处理技术是指对会计数据进行采集、输入、加工、存储、输出和查询等处理过程中所采用的技术方法。随着数据处理技术的日益进步和经济管理要求的逐步提高，会计数据处理技术也在不断改进和发展，经历了手工操作、机械化和电算化处理几个阶段。

会计电算化的形成和发展，并不意味着手工操作、机械化操作阶段即完全消失；不同的数据处理方式具有不同的应用环境。但随着科学技术的进步，计算机会计正在以前所未有的速度替代手工处理和机械处理程序。

（四）会计核算软件

会计核算软件是一组指挥计算机进行会计核算工作的软件，包括计算程序、存储信息的文件及有关资料。例如，我们用 foxbase 研制一个产品成本核算软件时，要编写应用程序（.PRG），以指挥计算机进行成本核算工作；要构造数据库（.DBF），用来存储成本核算数据和结果；还要编写技术参数资料和操作手册等必要的文档资料，以便于有关人员掌握其操作，这些就构成了成本核算软件。会计核算软件是我国软件产业中应用较好、经济和社会效益显著的计算机应用软件，在我国计算机软件产业中占有重要的地位。

（五）电算化会计信息系统

电算化会计信息系统是一个处理会计业务，并为人们提供会计信息的实体，通过收集、加工、存储、传送和利用会计信息对经济活动进行控制。

电算化会计信息系统是使用电子计算机作为会计数据的主要加工工具的会计信息系统（Computer Based Accounting Information System，CBAIS）。它是一个人机系统。

电算化会计信息系统一般可分为电算化核算子系统、电算化管理子系统、电算化决策支持子系统。这三个子系统分别用于会计的事后核算、事中控制、事前决策。

（六）会计电算化与审计

随着会计电算化的发展，给审计带来了许多新的问题。人们通常所说的“审计电算化”和“电算化审计”是两个不同的概念，许多人把它们混为一谈。前者是指将计算机技术应用到审计工作中来，如编制计算机软件来提示审计步骤，记录审计线索等，而后者是指对电算化会计信息系统的审计，它要比前者复杂得多，所采用的方法有绕过计算机的审计、通过计算机的审计等。

二、会计电算化信息系统的构成要素

会计电算化信息系统主要包括以下几方面内容：(1)电子计算机硬件和其他有关设备；(2)会计核算软件和其他支持计算机运行的软件；(3)工作人员，主要有会计人员、会计软件使用人员，以及硬件和软件维护人员；(4)数据；(5)会计规范。

第二节　计算机会计系统与手工会计系统的区别

会计数据处理方式从手工操作转变为电算化操作后，使传统（手工）会计产生了一系列变化。

一、数据流程发生了变化

我们以记账凭证账务处理程序为例，说明其区别，分别如图 13-1 和图 13-2 所示。

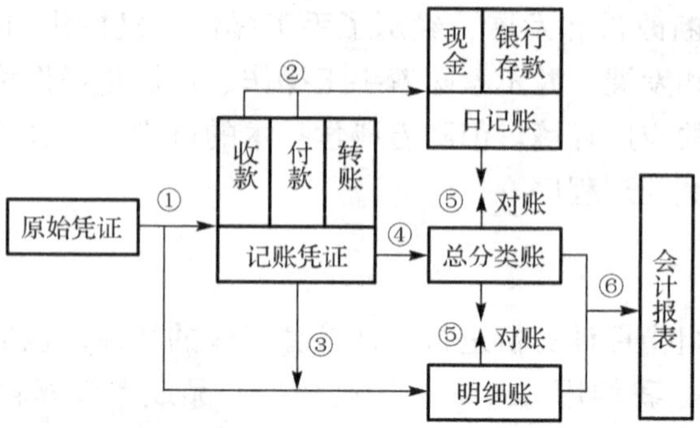

图 13-1　手工记账凭证账务处理流程

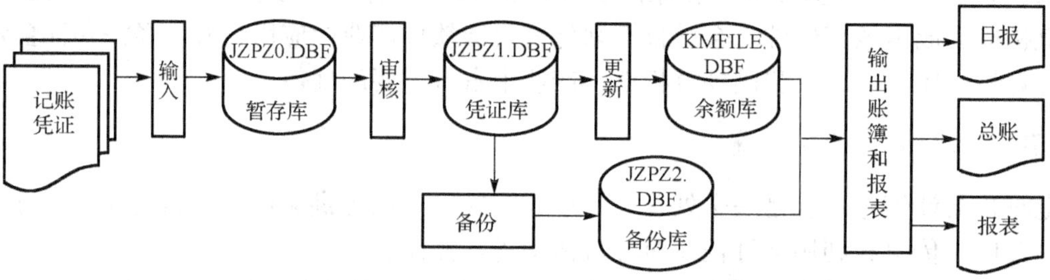

图 13-2　电算化记账凭证账务处理流程图

比较上述流程，其区别主要表现在以下几个方面。第一，手工系统中，尽管存在不同的账务处理程序，但是，其基本流程仍然依照“原始凭证→记账凭证→账簿→报表”的流程进行；这是由于报表的编制必须依赖序时分类的账簿记录，而不可能根据零星的一笔笔业务来编制。电算化后由于计算机的应用则摆脱了手工的限制，完全可以根据凭证直接汇总得到发生额等数据，其流程变为“凭证→报表”。第二，手工系统的核心在于对账，计算机则强调录入数据的完整和真实。在手工方式下，不同的人员掌管登记不同的账簿，总分类账与明细分类账是平行登记的(这种做法与数据的两次录入非常相似)。为了验证记账的正确性，平行登记的账簿需要定期核对，当不存在数据错位、漏记、串户、重复登账等错误时，其结果应是相符的。当明细账与总账的数据核对不符时，则必然有一方或双方出现记账错误。因此，账账核对对手工方式来说是必要的，也是行之有效的查错方法。电算化后，由于数据的来源相同，计算机不会产生计算错误，结果必然账账相符，明细账与总账之间的核对工作也就没有必要了。但是，如果输入了错误的数据或输入过程中产生的差错没有得到纠正，则得不到正确的输出。因此，对于新输入的数据，我们将其存储于临时凭证文件，只有经过检测后，才作为正式的会计资料转存于记账凭证文件。第三，手工系统存在数据的大量重复，计算机则强调发挥其优越性。会计凭证是账务处理子系统的数据源，从一定的意义上可以这样说，它所包含的信息量几乎等于各种明细账、总账及会计报表所包含的信息量之和；亦即，从信息量的角度来看，后者并没有比前者增加什么。但由于手工处理设置了明细账、总账等环节，使得记账凭证上的数据被多次转抄。同一数据的大量重复，不仅造成存储浪费，还极易导致数据的不一致。手工会计下，常出现账证不符、账表不符的现象，这与手工方式下数据的大量重复有直接关系。因此，电算化后，各种账簿不再作为专一的存储，仅仅变为系统的不同输出，既简化了设计，又节约了资源。第四，原系统信息提供不及时。会计报表是账务处理子系统的“最终产品”，是投资者、债权人、受托身份的企业管理者、政府机构、职工与工会及企业的顾客等了解企业的经营状况和经营成果的重要资料，也是这些部门进行有关决策的依据。由于账务处理的工作量大，再加上手工处理速度缓慢，往往又有很多调账事项发生，这就需要延迟一个相当长的时间才能编制出各种会计报表，严重削弱了会计资料的作用。电算化后，由于计算速度很高，可以随机输出任一会计信息，因此会计信息的时效性大为提高。当月末或年末，因为发生调账事项而不能够及时结账时，我们可以将下一期的会计凭证输入临时凭证文件中，由于临时凭证文件区别于记账凭证文件，存储的是非正式会计资料，因此并不影响当期未结账会计数据的正确性；在上一个会计期结账后，即可对已输入的凭证进行审核，这样又不会产生凭证积压，不影响下一个会计期的数据处理。这就是我们所说的跨月记账、跨年记账问题。而临时凭证文件、记账凭证文件、备份凭证文件的设计为解决这一问题提供了可能。第五，可以多种账务处理流程并存于一个账务系统中。由前所述，不同的账务处理流程仅是总账的登记的方法不同，我们只要分别编制总账输出的程序，就可以实现一个账务处理系统可有多个账务处理流程并存。这样做丝毫不影响计算机的速度和效率，关键看有无必要这样做。

二、数据采集、传输自动化

手工方式下，最初的原始数据是原始凭证；但这些数据必须经过计量、确认、记录后才用以登记有关账簿。而电算化后，不同的数据要作不同的输入。

(1)自制凭证，来源于单位本身，规范性好，标准化程度高，如收料单、限额领料单、百货大楼的销售小票等，通过单据本身即可确定业务内容，因此可以直接输入；工资、材料、固定资产、成本、销售等各子系统的数据即以本单位的自制原始凭证输入。

(2)外来原始凭证，来源复杂，各单位的发货票，出差报销的车船票，飞机票，借条等都是原始凭证，这些原始凭证尺寸不一致，反映经济业务的方式也不一致。而用于登账的记账凭证，却要求分类清晰，科目正确，包括业务的日期、凭证字号、业务摘要、发生额、附件等信息，原始凭证或者没有上述信息，或者信息不全，因此，用外来原始凭证为输入数据必然有很多困难。此外，外来原始凭证很多，不加整理就输入势必加大操作人员的输入工作量。因此，国内外的商品化账务处理系统基本上都用记账凭证输入数据。

由此可知，电算化条件下，账务处理子系统的原始数据主要有以下几个来源：记账凭证、机制凭证、派生凭证和网络传输。除却记账凭证须由手工编制外，其余均可自动采集。

三、存储材料磁性化

手工方式下，信息的载体主要是纸张，包括凭证、账簿、报表等；电算化方式下，信息的载体是多级存储结构的磁性材料，包括软盘、硬盘、磁带、光盘及微缩胶片等。这些新的磁性载体体积小、容量大，易于传递和备份；但也有其缺点，如易于被删改且不留痕迹等，容易形成新的失真的会计信息。

四、会计数据结构发生了变化

如账簿中的固定属性数据往往要进行编码；订本账、多栏账的性质也发生了变化，都是由计算机临时计算生成再输出；而凭证类别既可以简化为一种通用格式，又可以进一步进行详细划分，以便于信息的查询和使用。

五、数据处理方式发生了改变

计算机会计系统改变了手工系统由许多人共同完成记账、算账、报账的工作方式。各种凭证一经输入，便由计算机自动完成记账、编表和财务分析工作，不能够进行人工干预。

六、会计的管理职能进一步强化

由于受手工工作条件的限制，会计的主要内容是记账、算账、报账，即会计的主要内容是一些简单的重复劳动；在新的系统中，由于计算机的信息反馈速度和数据加工深度比手工有较大提高，使得预测未来、辅助决策、财务分析及会计控制完全变为可能，从而实现真正意义上的会计管理。

七、组织机构发生了变化

组织机构的改变表现在以下两方面。一方面，企业为加强对计算机应用工作的管理，或者在企业内部设立专门的信息处理机构和计算机管理部门，或者在各专业业务部门设立计算机应用机构。另一方面，计算机的应用在会计系统各部门也引起了变化，其工作岗位可分为基本会计岗位和电算化会计岗位；前者包括会计主管、出纳、会计核算各岗、稽核、会计档案管理等工作岗位，后者包括直接管理、操作、维护计算机及会计软件系统的工作岗位。

八、系统运转环境要求提高

在计算机系统环境下，要求能够防磁、防湿、防尘、防震，以及其他一些以外情况的发生，如突然断电等；如此，才能保证系统的正常运行。

九、会计信息系统的研制方式不同

由于计算机会计系统与手工会计系统的物质基础、运行环境和内部结构都相同，因此，研制方法也有较大差别，计算机科学和会计学的复杂性使得计算机会计系统的研制必须采用软件工程的方法分步骤、分阶段地进行。

十、会计档案的保管形式也有所不同

由于计算机会计系统的档案保存以磁性介质为主，因而不仅要建立纸介质会计档案的管理制度，还要建立严格的数据备份、数据恢复、档案借阅与归还等与计算机磁性介质相关的数据保管制度。

十一、系统与外部信息交换的内容和方式有所改变

网络传递、各种日报表的出现使得计算机会计系统所提供的信息无论在数量上还是在质量上都远远优于手工系统。

十二、内部控制制度和方法发生了较大变化

在手工方式下，有一套严密的控制体系保证账簿记录的正确，如平行登记、不相容职务的分割等；计算机的使用使这些原有的控制几乎不复存在。计算机的重点在入口，因此其控制中心也放在了数据输入的检测上，而不在对账；计算机使用的磁性介质极易被修改且不留痕迹，这又不同于手工系统的挖、擦、刮、补、涂、抹等技法。此外，计算机在硬件结构、环境要求、文档保存等方面的特点也给电算化后的内部控制提出了更新的要求。控制范围已从财务部门转变为财务部门和计算机处理部门；控制的方式也从单纯的手工控制转化为组织控制、手工控制和程序控制相结合的全面内部控制；控制的要求也比以前严格，包括组织控制、职能分割控制、系统使用权限控制、输入输出正确性控制、操作过程控制、系统运行环境控制、系统文档管理控制等。

第三节　国内外会计电算化的发展

一、国外会计电算化的发展

1954年美国通用电器公司首次利用电子计算机计算职工薪金的举动，引起了会计数据处理技术的变革，开创了利用计算机进行会计数据处理的新纪元。随着电子技术的迅速发展，计算机不断更新换代，电子计算机在会计中的应用范围在不断扩大，应用水平在不断提高。这是会计发展史上的又一次重大革命，不仅是会计发展的需要，也是经济和科技的发展对会计工作提出的要求，是时代发展的要求。

(一)发展概况

1．电子数据处理系统(Electronic Data Processing Systems，EDPS)

(1)单项事务处理阶段。国外会计电算化是从20世纪50年代开始发展起来的。在工业发达国家，会计电算化起步于第二代计算机。由于当时计算机硬件价格昂贵，程序设计复杂，加上只有少数的计算机专业人员能够掌握这门技术，限制了会计电算化的发展。这一阶段的代表是工资计算、统计产量等。

(2)综合事务处理阶段。随着第三代大、中、小型计算机的大规模生产及软件工具的不断改进，会计电算化开始普及。这时各类信息报告系统应运而生。

2. 管理信息系统及会计数据系统处理阶段

20世纪70年代以后，计算机硬件、软件的性能得到进一步改进，价格不断降低，特别是微型计算机的出现，以及网络技术的应用和会计专用计算机的研制开发，给会计电算化开辟了广阔天地。会计人员也不再把会计电算化看成是技术人员的工作，而是积极地参加到这一工作中来，成为这方面的专家。国际会计师联合会(IFAC)1987年10月在日本东京召开的第十三届世界会计师大会的中心议题就是会计电算化，这标志着会计电算化在全球范围内进入新的发展阶段。

日本通产省1986年对制造业、批发商业和零售商业会计电算化的调查表明，在日本大型企业中，上述三个行业会计电算化的比例分别是88.2%、88.5%和76.2%；在中小型企业中，

上述比例分别是 61.5%、41.3%和 55.5%。前苏联有关部门的调查表明， 截至 1987 年 1 月 1 日，全苏联在某个环节或部分实现会计电算化企业的比例为 36%，全面实现会计电算化的企业为 6%。

(二) 会计软件产业与会计电算化管理

会计软件产业(包括服务业)，在西方发达国家已成为软件产业的一个重要分支，会计软件的开发、销售和售后服务，多由专业会计软件公司承担。一方面专业化、商品化、社会化的服务，减少了用户自己开发软件带来的一系列麻烦，加快了会计电算化的进程。另一方面，20 世纪五六十年代在日本、西德、法国、中国香港等国家和地区兴起了一种服务于税务审计的计算机服务行业——代理客户记账业，即由会计师事务所等单位联合为中小企业代理记账。由于这一行业的发展，促进了企业、会计师事务所、计算中心三个层次的网络会计信息系统的建立。据报道，1992 年全世界会计软件的营业额为 20.59 亿元，比 1991 年增长 12.6%，其中，美国 15.06 亿元。

会计信息的处理关系到各方面的经济利益，因此世界各国特别是工业发达国家对会计电算化管理非常重视。美国注册会计师协会(AICPA) 1976 年发布了管理服务公告第 4 号即《计算机应用系统开发和实施指南》。国际会计师联合会(IFAC)分别于 1984 年 2 月、10 月和 1985 年 6 月公布了三个有关会计电算化的《国际审计准则》，即准则 15《在电子数据处理环境下的审计》，准则 16《计算机辅助审计技术》和准则 20《电子计算机数据处理环境对会计制度和有关的内部控制研究与评价的影响》。前苏联中央统计局和财政部门也于 1985 年 4 月 2 日批准了《建立和运用各部门企业(联合公司)自动化管理系统会计子系统的指导方法条例》，对会计子系统设计和管理的一系列问题做出了详细的规定。

二、我国会计电算化的发展

(一) 我国会计电算化发展的三个阶段

1．尝试阶段(1983 年以前)

我国第一台电子计算机诞生于 1956 年，从那时开始到 1983 年，会计电算化发展一直比较缓慢。其主要原因，一是会计电算化人才缺乏，既懂会计又懂计算机的人才寥寥无几；二是设备缺乏；三是财会人员普遍对电子计算机有神秘感，认为这门技术高不可攀；四是会计电算化还没有引起各级领导的重视。这一阶段，我国会计电算化主要是进行理论研究和实验准备阶段。

2. 自发发展阶段(1983—1987 年)

1983 年国务院成立了电子振兴领导小组，号召全国人民迎接新技术革命的挑战。因此，从 1983 年下半年起在全国掀起了一个应用计算机的热潮，特别是微型机开始在国民经济各个领域得到广泛应用。短短的 2～3 年，在财务主管部门和基层单位财务部门配备的计算机以几倍、十几倍、几十倍的速度增长。但是，由于经验不足，理论准备与人才培养跟不上客观形势发展的需要，一方面许多单位的财务部门因得不到合适的软件，而使计算机闲置；另一方面又因组织管理工作的滞后而造成了许多盲目的低水平重复开发，浪费了大量的人力、物力和财力。

3．有组织、有计划地稳步发展阶段（1987 年至今）

1987 年下半年，在计算机应用于管理工作进入低潮的时候，会计电算化的发展却一直保持良好势头，初步走上了有组织、有计划的发展轨道。1988 年初财政部对全国 3 万多个大中型单位的调查表明，有 13.99%的单位开展了会计电算化工作。进入稳步发展阶段的主要标志：一是涌现了一批会计电算化先进单位，开发了一批技术较高的专用会计核算软件，并且已替代了手工记账；二是会计软件的开发向通用化、专业化、商品化方向发展，许多商品化会计核算软件专业开发单位和部门相继成立；三是各级财政部门和业务主管部门加强了对会计电算化工作的管理，制定了相应的管理制度和发展规划；四是会计电算化理论研究取得成果，一些高水平的会计电算化专著相继出版；五是急于求成的思想逐渐得到克服。

（二）会计软件产业

我国的商品化会计软件产业始于 1988 年底，至今正处于发展之中，而且会计软件的商品化程度在各种软件中还居领先地位。这主要是财政部对会计核算软件的商品化采取了鼓励扶植的政策，并制定了相应的管理办法，使其走上了健康的发展轨道。

我国会计软件应用的发展经历了以下几个过程。

（1）非商品化的开发过程。我国的会计软件发展始于 1979 年，但由于当时受技术、应用、人才等诸方面因素的制约，从 1979 年到 1988 年的 10 年间，在应用和技术上我国的会计软件都处于探索和积累阶段，进行的是大量的低水平的重复开发。

（2）单一模型会计软件阶段。这一时期的会计软件主要以单一模型为主，如账务、报表、工资、固定资产等，每一模块只能实现单一功能，数据共享性差。

（3）核算型会计软件。随着电算化的普及，财务软件也从账务、工资等单项处理，过渡到全面的会计核算，如往来、存货、成本等，形成了以核算为体系的会计软件。目前国内主要会计软件，都具有这些功能。但核算型软件缺乏管理思想，很难与管理信息系统融为一体。

（4）管理型会计软件。为适应经济和提高企业自身管理水平，许多企业迫切需要会计软件能够具有资金管理核算、项目管理核算、财务分析、辅助决策的功能，这就形成了管理型会计软件。它突破了会计软件只局限于会计核算的界限，向全面参与管理决策发展。

（5）ERP 会计软件（战略型会计软件）。随着我国企业从重视内部管理，以提高生产效率、降低成本为核心的生产管理时代，到面向市场的、以建立全面竞争优势为核心的新管理时代，会计软件将从管理型发展到战略型，实现企业内部物流、资金流与信息流的一体化管理，实现管理与决策的有机统一，并将适应在 Internet/Intranet/Extranet 上，实现与外部资源的统一，会计软件将从离散的部门级应用走向整体的企业级应用。

第四节　会计电算化的管理

一、会计电算化管理制度概论

俗话说“没有规矩不成方圆”。会计电算化是一新兴事物，必须用制度引导其走上规范化、科学化的轨道，这是会计电算化宏观管理的主要任务。进行会计电算化制度建设，既要坚持统一领导的原则，又要发挥各级财政、财务部门的积极性、主动性和创造性。财政部制定全国统一的会计电算化管理制度，各地区和部门在与全国统一的会计电算化管理制度不抵触的情况下，可制定本地区、本部门的会计电算化管理制度，报财政部审核批准或备案。

1994年以来，财政部分别发布了《关于力发展我国会计电算化事业的意见》、《会计电算化管理办法》、《商品化核算软件评审规则》、《会计核算软件基本功能规范》和《会计电算化初级知识培训大纲(试行)》。这标志着我国会计电算化的宏观管理制度已建立起来，并走上了正轨。这些规定主要体现在以下几个方面：(1)在会计电算化管理中突出对会计核算软件(指用于会计核算工作的计算机应用软件)的管理，既包括设计管理，也包括使用管理；(2)在评审工作中，着重抓商品化会计核算软件的评审；(3)强调替代手工记账的重要性；四是加强对财政部评审的商品化会计核算软件的后期管理；(5)抓人才的培养。

二、对会计核算软件的基本要求

《会计核算软件基本功能规范》对会计核算软件提出了38条基本要求，这是最低要求，达到了38条要求，即为合格软件。现行会计电算化管理制度对会计核算软件的基本要求是从输入、处理、输出、安全四个方面提出的。由于客观条件的限制，这38条要求不可能定得很细、很具体，因此软件技术水平高低的评价有待于将来通过会计核算软件评优标准加以判别。

(一)会计核算软件的数据输入

计算机会计系统是一个数据处理系统，要处理数据，首先要收集数据，即把会计数据输入计算机中。

(1)会计核算软件的会计数据输入采用键盘输入、软盘转入和网络传输等几种形式。

(2)输入的内容包括初始化、记账凭证、原始凭证、外汇牌价等。

① 会计核算软件具备的初始化功能，主要应当包括以下内容。

会计核算所必需的期初数字及有关资料，包括总分类会计科目和明细分类会计科目名称、编号、年初数、累计发生额及有关数量指标等。

输入需要在本期进行对账的未达账项。

选择会计核算方法：记账方法、固定资产折旧方法、存货计价方法、成本核算方法等。

定义自动转账凭证(包括会计制度允许的自动冲回凭证等)。

输入操作人员岗位分工情况，包括操作人员姓名、操作权限、操作密码等。

② 会计核算软件输入的记账凭证，输入项目包括填制凭证日期、凭证编号、经济业务内容摘要、会计科目或编号、金额等。输入的记账凭证的格式和种类应当符合国家统一会计制度的规定。

记账凭证的编号可以由手工输入，也可以由会计核算软件自动产生。会计核算软件应当对记账凭证编号的连续性进行控制。

③ 会计核算软件提供的原始凭证输入项目应当齐全，主要项目有填制凭证日期、填制凭证单位或填制人姓名、接受凭证单位名称、经济业务内容、数量、单价和金额等。

会计核算软件对需要输入的原始凭证，可以按照以下方法进行处理。

输入记账凭证的同时，输入相应原始凭证；输入的有关原始凭证汇总金额与输入的记账凭证相应金额不等，软件应当给予提示并拒绝通过；在对已经输入的记账凭证进行审核的同时，应对输入的所附原始凭证进行审核；输入的记账凭证通过审核或登账后，对输入的相应原始凭证不能直接进行修改。

对于直接输入的原始凭证，可由会计核算软件自动生成记账凭证；会计核算软件应当提供对已经输入但未予审核的原始凭证进行修改和审核的功能，审核通过后，即可生成相应的记账凭证；记账凭证审核通过或登账后，对输入的相应原始凭证不能直接进行修改。

在已经输入的原始凭证审核通过或相应记账凭证审核通过或登账后，原始凭证确需修改，会计核算软件在留有痕迹的前提下，可以提供修改和对修改后的机内原始凭证与相应记账凭证是否相符进行校验的功能。

(3)由于会计数据非常重要，软件应采取相应的措施防止数据输入时发生差错。主要的防范会计数据输入差错的措施有：

① 正在输入的记账凭证编号是否与已输入的机内记账凭证编号重复；

② 以编号形式输入会计科目的，应当提示该编号所对应的会计科目名称；

③ 正在输入的记账凭证中的会计科目借贷双方金额不平衡，或没有输入金额，应予提示并拒绝执行；

④ 正在输入的记账凭证有借方会计科目而无贷方会计科目或有贷方会计科目而无借方会计科目的，应予提示并拒绝执行；

⑤ 正在输入的收款凭证借方科目不是“现金”或“银行存款”科目、付款凭证贷方科目不是“现金”或“银行存款”科目的，应提示并拒绝执行。

(4)错误凭证的修改。由于磁性介质的修改不留痕迹，因此对数据的修改就应当十分谨慎，以防止有意或无意的人为破坏。

① 会计核算软件应提供对已经输入但未登记会计账簿的机内记账凭证(不包括会计核算软件自动产生的机内记账凭证)进行修改的功能，在修改过程中，应同样给出上述第(3)条的各项提示。

② 会计核算软件应当提供对已经输入但未登账记账凭证的审核功能，审核通过后即不能再提供对机内凭证的修改。会计核算软件应当分别提供对审核功能与输入、修改功能的使用权限控制。

③ 发现已经输入并审核通过或登账的记账凭证有错误的，可以采用红字凭证冲销法或补充凭证法进行更正；记账凭证输入时，红字可用“-”号或者其他标记表示。

(二)会计核算软件的数据处理

会计核算软件的数据处理阶段，是指从数据输入计算机内到输出会计账表之间，软件指挥计算机对会计数据进行运算的阶段。《会计核算软件基本功能规范》规定，会计核算软件应当提供记账、银行对账、多种会计核算方法的选择、编表、报表自定义、结账、年度结账、跨年记账的功能，并对每一功能做了规范。

(三)会计核算软件的输出

会计核算软件的目的是要输出会计账表和提供临时性的数据查询。首先，《会计核算软件基本功能规范》第三十条就规定“会计核算软件应当提供对机内会计数据的查询功能”；第三十一条规定“会计核算软件应当提供机内记账凭证打印输出的功能，打印格式和内容应当符合国家统一会计制度的规定。”其次，会计报表在输出阶段不得被修改，否则将造成账证、账表不一致，也就是《会计核算软件基本功能规范》第三十四条“对根据机内会计凭证和据以登记的相应账簿生成的各种机内会计报表数据，会计核算软件不能提供直接修改功能”的要求。

(四)会计核算软件的安全

会计核算软件的安全包括程序、数据和开发文档的安全。威胁会计核算软件安全的因素：(1)人为地通过软件本身提供的功能去扰乱正常数据；(2)人为地采取某种技术手段，对程序和数据进行非法操作，或进行破坏或编造假数据；(3)计算机发生故障，使软件无法运行，机内数据无法调用或被破坏。因此,《会计核算软件基本功能规范》最后四条就是在这方面做出了规定。即第三十六条“会计核算软件具有按照初始化功能中的设定，防止非指定人员擅自使用的功能，和对指定操作人员实行使用权限控制的功能”；第三十八条“对存储在磁性介质或者其他介质上的程序文件和相应的数据文件，会计核算软件应当有必要的加密或者其他保护措施，以防止被非法篡改”；第三十九条“会计核算软件应当具有在计算机发生故障或者由于强行关机及其他原因引起内存和外存会计数据被破坏的情况下，利用现有数据恢复到最近状态的功能”；第三十七条“会计核算软件遇有以下情况时，应予提示，并保持正常运行：①会计核算软件在执行备份功能时，存储介质无存储空间、数据磁带或者软磁盘未插入、软磁盘贴有写保护标签；②会计核算软件执行打印时，打印机未连接或未打开电源开关；③会计核算软件操作过程中，输入了与软件当前要求输入项目不相关的数字或字符”。

三、会计核算软件的评审和评审后的管理

(一)为什么要对会计核算软件进行评审

在手工条件下，各级财政、税务、审计等部门要对各单位的会计数据进行检查，以监督和验证会计工作中是否正确贯彻和执行了国家的法规和制度。会计电算化后，计算机替代了手工记账，仍需要对会计数据进行检查。在电算化会计信息系统中，会计凭证一旦输入计算机，其后的运算则主要由会计核算软件自动进行。因此，审查会计核算软件的记账程序、记账规则和计算方法是否遵循国家统一的财务会计制度，已成为对会计数据进行有效检查的前提条件。由此可以看出，会计核算软件是一种比较特殊的技术产品，它的使用涉及财务会计制度的贯彻执行，涉及会计信息的合法、安全、准确、可靠。因此，在会计核算软件投入使用前由主管会计工作的财政、财务部门对其进行评审是十分必要的。

(二)会计核算软件评审的程序

会计核算软件大致可划分成如下 3 类。

(1)商品化会计核算软件，即软件研制单位开发的用于作为商品销售的会计核算软件。

(2)各级主管部门在一定范围内推广的会计核算软件,这类软件免费提供使用或象征性收取工本费。

(3)在某单位定点开发和应用的会计核算软件。

其中，商品化会计核算软件影响范围大，财政部在《商品化会计核算软件评审规则》第

一章中对其评审做了明确规定，即商品化会计核算软件评审由省、自治区、直辖市财政厅(局)或财政部组织。具备条件的计划单列市财政局经财政部批准也可以组织评审。

软件的评审程序如下。

(1)申请评审的商品化会计核算软件，应当具备以下基本要求：

① 软件开发研制单位是在我国注册的经济实体，具有与软件开发规模相适应的专职软件开发人员；

② 软件经销单位(包括分支机构和代理销售机构)，其经营范围包括软件产品，且具有与软件销售规模相适应的专职售后服务人员；

③ 软件开发和经销单位(包括分支机构和代理销售机构)能够依法开展经营活动。

(2)申请省、自治区、直辖市、计划单列市财政厅(局)评审的商品化会计核算软件，除具备以上要求外，还要达到以下基本条件：

① 有3种或者3种以上功能模块，其中包括账务处理功能模块；

② 在3个或者3个以上单位运用并与手工会计核算同时运行3个月，取得与手工会计核算相一致的数据，且至少有两个单位运用了软件的全部功能模块；

③ 各省、自治区、直辖市、计划单列市财政厅(局)要求的其他条件。

(3)如果是商品化会计核算软件申请财政部评审，那么除具备上述的要求外，还要达到以下基本条件：

① 有6种或6种以上功能模块，其中包括账务处理和报表处理功能模块；

② 在10个或10个以上单位运用并与手工会计核算同时跨年度运行，取得与手工会计核算相一致的数据，且至少有5个单位运用了软件申请评审的全部功能模块并已经开始替代相应模块的手工记账；

③ 通过省、自治区、直辖市、计划单列市财政厅(局)的评审一年以上；

④ 由省、自治区、直辖市、计划单列市财政厅(局)或者国务院业务主管部门、中国人民解放军总后勤部推荐。

(4)财政部门接到要求商品化会计核算软件评审的申请后，应当审查其是否具备评审条件，在两个月内做出是否进行评审的决定，并将决定通知申请单位或推荐单位。

(5)申请商品化会计核算软件评审的单位接到财政部门同意评审的通知后，应当及时向组织评审的财政部门提交下列资料：

① 会计核算软件简介(包括开发和经销单位介绍、会计核算软件开发过程、基本功能介绍、销售情况及用户使用情况)；

② 会计核算软件概要设计说明书；

③ 用户操作手册；

④ 规定数量的用户单位意见(加盖用户单位公章)；

⑤ 用户单位打印输出的会计凭证、会计账簿、会计报表样本。

评审工作是一项非常严肃的工作，主持评审单位在评审工作中必须坚持客观、公正的立场，坚持按规定办事，抑制不正之风。

(三)商品化会计核算软件评审后的管理

会计核算软件通过了评审只能说明达到了基本要求，要把软件使用好，还需要对财会人员进行培训，并提供维护服务。因此，加强商品化会计核算软件评审后的各项管理，督促软件开发单位做好维护服务工作，是非常必要的。

评审后的管理，首先，要督促软件销售单位做好售后服务工作，配备与销售规模相适应的售后服务人员，健全培训体系，掌握用户使用软件的动态情况；其次，要监督软件销售单位按评审意见进行广告宣传。为此，财政部 1994 年 6 月 30 日发布了《商品化会计核算软件评审规则》，要求商品化会计核算软件开发经销单位在每年 2 月底前，将上一年度的用户情况报组织评审的财政部门，以便财政部门对用户使用会计核算软件的情况进行调查；组织评审的财政部门抽送一部分用户进行问卷调查，并采用适当方式公布调查结果。

四、替代手工记账的管理

(一) 替代手工记账的基本条件

采用计算机替代手工记账使广大财会人员摆脱了繁重的手工操作，是会计电算化的目标之一。但是，有了一个好的会计核算软件，并不能保证会计数据处理的安全、可靠，因此，采用计算机替代手工记账的单位，必须具备相应的条件。按照《会计电算化管理办法》第九条和《会计电算化工作规范》第三章的要求，替代手工记账的基本条件可概括如下。

(1) 采用电子计算机替代手工记账，是指应用会计软件输入会计数据，由电子计算机对会计数据进行处理，并打印输出会计账簿和报表。替代手工记账是会计电算化的目标之一。

(2) 采用电子计算机替代手工记账的单位，应当具备以下基本条件。

① 使用的会计核算软件达到财政部发布的《会计核算软件基本功能规范》的要求。

② 配有专门或主要用于会计核算工作的电子计算机或电子计算机终端并配有熟练的专职或兼职操作人员。

③ 用计算机进行会计核算与手工会计核算同时运行 3 个月以上，取得相一致的结果。

④ 有严格的操作管理制度。主要内容包括：

a．操作人员的工作职责和工作权限；

b．预防原始凭证和记账凭证等会计数据未经审核而输入计算机的措施；

c．预防已输入的原始凭证和记账凭证等会计数据未经核对而登记机内账簿的措施；

d．必要的上机操作记录制度。

⑤ 有严格的硬件、软件管理制度。主要内容包括：

a．保证机房设备安全和电子计算机正常运转的措施；

b．会计数据和会计核算软件安全保密的措施；

c．修改会计核算软件的审批和监督制度。

⑥ 有严格的会计档案管理制度。

(3) 具备条件的单位应尽快采用计算机替代手工记账。替代手工记账之前，地方单位应根据当地省、自治区、直辖市、计划单列市财政厅（局）的规定，中央直属单位应根据国务院业务主管部门的规定，计算机与手工并行 3 个月以上（一般不超过六个月），且计算机与手工核算的数据相一致，并应接受有关部门的监督。

(4) 替代手工记账的过程是会计工作从手工核算向电算化核算的过渡阶段，由于计算机与手工并行工作，会计人员的工作强度比较大，各单位需要合理安排财务会计部门的工作，提高工作效率。

(5)计算机与手工并行工作期间，可采用计算机打印输出的记账凭证替代手工填制的记账凭证，根据有关规定进行审核并装订成册，作为会计档案保存，并据以登记手工账簿。如果计算机与手工核算结果不一致，要由专人查明原因并向本单位领导书面报告。

(6)记账凭证的类别，可以采用一种记账凭证或收、付、转三种凭证的形式；也可以在收、付、转三种凭证的基础上，按照经济业务和会计软件功能模块的划分进一步细化，以方便记账凭证的输入和保存。

(二)替代手工记账的审批

由于会计数据的处理关系到国家、集体和个人三者利益，准备替代手工记账的单位应报请有关部门，依据替代手工记账的基本条件，对其进行审批。特别应当注意的是，“审批”决不能搞成二次评审，如果是定点开发和应用的会计核算软件，则可将评审和审批结合起来进行。

(三)替代手工记账后会计核算资料的生成和管理

会计核算资料是会计工作中制成的凭证、账簿、报表及相关资料的总称。在手工进行会计核算工作的情况下，工作过程之中就有序地一步步生成了一系列看得见、摸得着的会计核算资料。对此，财政部、国家档案局制定了详细的《会计档案管理办法》，财政部在《会计人员工作规则》中也有相应规定。一个单位全部或部分替代手工记账后，会计核算资料如何产生和管理，《会计电算化工作规范》第三章专门做了规定，主要内容如下。

(1)计算机内会计数据的打印输出和保存是替代手工记账单位的重要工作，根据会计电算化的特点，各单位应注意以下问题：

① 关于账表保存形式。采用电子计算机打印输出书面会计凭证、账簿、报表的，应当符合国家统一会计制度的要求，采用中文或中外文对照，字迹清晰，作为会计档案保存，保存期限按《会计档案管理办法》的规定执行。

② 关于总账。在当期所有记账凭证数据和明细分类账数据都存储在计算机内的情况下，总分类账可以从这些数据中产生，因此可以用“总分类账户本期发生额及余额对照表”替代当期总分类账。

③ 关于订本账。在手工条件下，现金日记账和银行存款日记账均采用订本账登记；在电算化条件下，由于受到打印机条件的限制，打印订本日记账目前是做不到的，因此，现金日记账和银行存款日记账的打印，可采用计算机打印输出的活页账页装订成册。

④ 关于凭证、账簿打印。

日记账要求每天登记并打印，每天业务较少、不能满页打印的，可按旬打印输出。

一般账簿可以根据实际情况和工作需要按月、季、年打印；发生业务少的账簿，可满页打印。在保证凭证、账簿清晰的条件下，计算机打印输出的凭证、账簿中表格线可适当减少。

(2)关于数据存储。采用磁带、磁盘、光盘、微缩胶片等介质存储会计账簿、报表，作为会计档案保存的单位，应满足以下要求。

① 采用磁带、磁盘、光盘、微缩胶片等介质存储会计数据，不再定期打印输出会计账簿，应征得同级财政部门的同意。

② 保存期限同打印输出的书面形式的会计账簿、报表。

③ 记账凭证、总分类账、现金日记账和银行存款日记账仍需要打印输出，还要按照有关税务、审计等管理部门的要求，及时打印输出有关账簿、报表。

④ 大中型企业应采用磁带、光盘、微缩胶片等介质存储会计数据，尽量少采用软盘存储会计档案。

(3)替代手工记账后，各单位应做到当天发生业务，当天登记入账，期末及时结账并打印输出会计报表；要灵活运用计算机对数据进行综合分析，定期或不定期地向单位领导报告主要财务指标和分析结果。

(4)通用软件、定点开发会计软件、通用与定点开发相结合会计软件的全套文档资料及会计软件程序，视同会计档案保管，保管期截至该软件停止使用或有重大更改之后的五年。

第五节　计算机会计系统的结构

计算机会计系统是管理信息系统的重要组成部分。成本及会计子系统的独立性体现了会计对“过程的控制和观念的总结”，表明会计以货币为计量单位，通过价值反映企业的资金流，同时又产生大量的信息流。

下面我们通过举例说明计算机会计系统的结构，如图 13-3 所示。

图 13-3 是一个生产单位的计算机会计系统结构示意图。由图可知，整个计算机会计系统由 5 部分组成。第一部分是各个独立核算子系统，包括工资核算、材料核算、固定资产核算、成本核算、销售核算等，分别完成各个子系统的数据处理和数据分析；第二部分是账务处理部分，主要完成凭证的初始化、输入、审核、记账、结账、银行对账、跨年记账，以及往来管理、项目管理、部门核算、领导查询等功能；第三部分是自动转账部分，解决各个子系统和账务系统之间的控制和数据传递；第四部分是内部评价与监测，通过价值核算达到对企业经营“过程的控制和观念的总结”，利用价值指标进行数据处理、预测未来、辅助决策，主要包括进销运存管理、合同管理、劳动统计管理等功能；第五部分是财务报告，分别向各利害相关者提供财务报告，包括资产负债表、损益表、现金流量表，以及主营业务收支明细表、利润分配表、应交增值税表等报表和财务分析报告。

上述各个部分之间存在极其紧密的联系。以第一部分、第二部分为例，二者之间不仅存在数据传递关系，而且存在系统间的控制关系，包括调用控制、时序控制等。

从数据传递关系上，二者之间数据的接收与传递主要包括单向接收、单向发送、双向传递、多向传递等。如报表子系统只接收来自其他子系统的数据，这是单向接收。工资子系统计提工资费用和福利费，需要传递给账务系统记账，同时又要传递给成本系统计算产品的生产成本；其他如材料子系统、固定资产子系统亦然，这是单向发送。销售子系统接收来自成本子系统的产品的单位成本，同时又将数据传递给账务子系统，这是双向传递。而成本子系统、账务处理子系统既向其他子系统传递数据，又接收来自其他子系统的数据，这是多向传递。

上述数据传递关系的实现一般有三种方式：直接传递、以账务处理为中心进行传递、建立自动转账系统进行传递。直接传递、以账务处理为中心进行传递、建立自动转账系统进行传递的示意图分别如图 13-4、图 13-5 和图 13-6 所示。

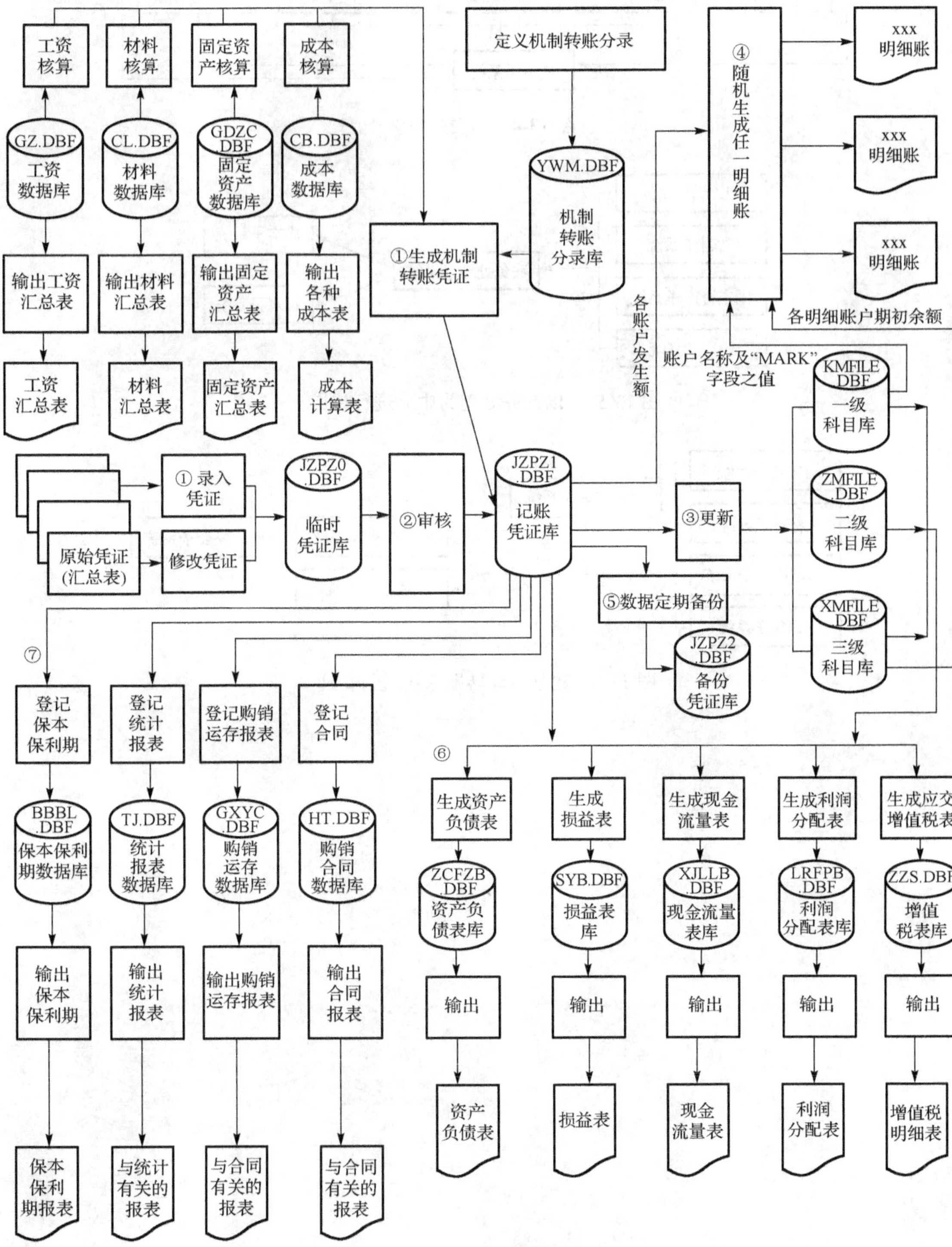

图 13-3　计算机会计系统的结构

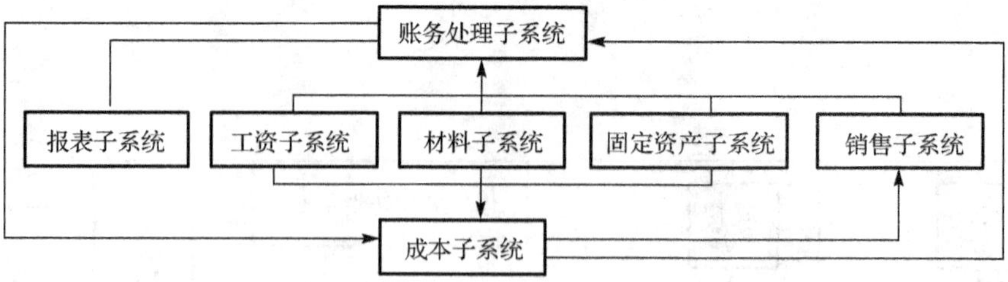

图 13-4　直接传递

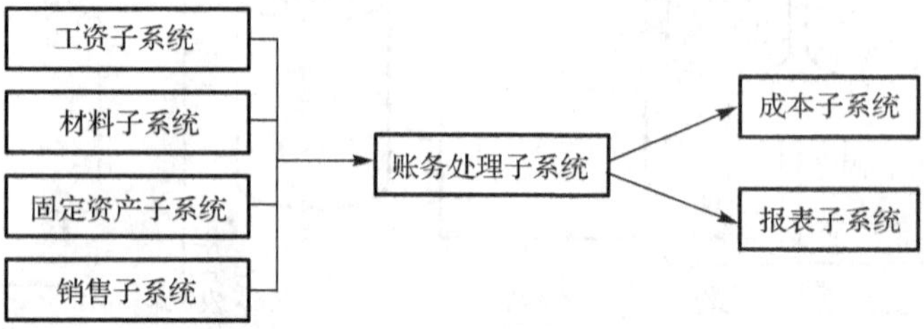

图 13-5　以账务处理为中心进行传递

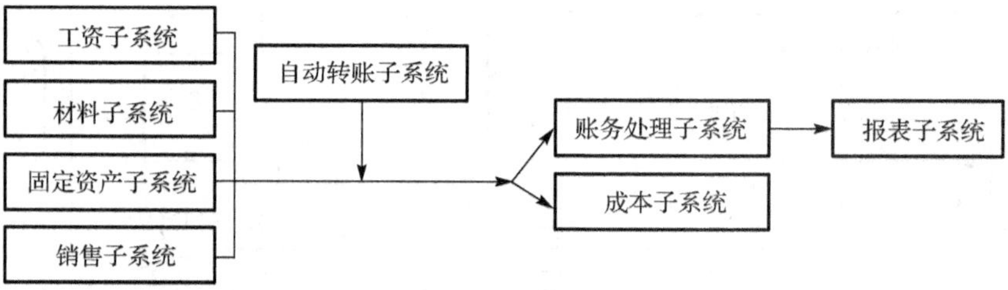

图 13-6　建立自动转账系统进行传递